Um semeador no campo das humanidades

Dados Internacionais de Catalogação na Publicação (CIP)
(Câmara Brasileira do Livro, SP, Brasil)

Um semeador no campo das humanidades : Junito Brandão e seu legado na mitologia / Amós Coêlho da Silva, Carlinda Fragale Pate Nuñez, Walter Boechat (orgs.). – Petrópolis, RJ : Vozes, 2024.

ISBN 978-85-326-6692-5

1. Brandão, Junito, 1924-1995 2. Humanidades 3. Linguagem – Estudo e ensino 4. Mitologia 5. Tradução I. Silva, Amós Coêlho da. II. Nuñez, Carlinda Fragale Pate. III. Boechat, Walter.

23-170592 CDD-410.7

Índices para catálogo sistemático:

1. Linguagem : Estudo e ensino 407

Tábata Alves da Silva – Bibliotecária – CRB-8/9253

Amós Coêlho da Silva
Carlinda Fragale Pate Nuñez
Walter Boechat
(orgs.)

Um semeador no campo das humanidades

Junito Brandão e seu legado na mitologia

EDITORA VOZES

Petrópolis

Rua Frei Luís, 100
25689-900 Petrópolis, RJ
www.vozes.com.br
Brasil

Editoração: Maria da Conceição B. de Sousa
Diagramação: Monique Rodrigues
Revisão gráfica: Michele Guedes Schmid
Capa: Eduarda Ribeiro

ISBN 978-85-326-6692-5

Este livro foi composto e impresso pela Editora Vozes Ltda.

Sumário

Apresentação – Junito Brandão: homenagem e legado, 7
DEONÍSIO DA SILVA

1 O lirismo: de Sólon a Cartola, 9
JUNITO DE SOUZA BRANDÃO

I – O lírico, 9

II – A elegia: Sólon, 16

III – A ode: Safo, 21

IV – A ode: Anacreonte, 26

V – A ode coral: Píndaro, 28

VI – Literatura latina: missão e compromisso, 42

VII – Quinto Horácio Flaco, 52

Parte I – Sobre tradução, 63

2 Junito Brandão, tradutor de *Os persas*, de Ésquilo, 65
CARLINDA FRAGALE PATE NUÑEZ

3 Junito, tradutor de *Alceste*, de Eurípides, 83
TEREZA VIRGÍNIA RIBEIRO BARBOSA

Parte II – Sobre o simbolismo da linguagem, 101

4 A família de Zeus e Hera, 103
PAULA PANTOJA BOECHAT

5 A linguagem simbólica do *homo sapiens: nil satis*, 115
AMÓS COÊLHO DA SILVA

6 Metamorfoses da literatura cabo-verdiana, do nascimento à contemporaneidade – Homenagem a Junito Brandão, 131
SIMONE CAPUTO GOMES

7 Mito e inconsciente, 149
WALTER BOECHAT

8 "*Ni olvido, ni perdón*": uma leitura das Madres de Plaza de Mayo à luz do Mito das 5 Idades, 169
MARIA FERNANDA GÁRBERO

9 "O furor de Hércules": uma leitura possível, 183
MIRIAM SUTTER

10 O herói, a morte e a escatologia, 197
MÁRCIA REGINA DE FARIA DA SILVA

11 O simbolismo dos ritos de passagem no mito grego do rapto de Perséfone e no conto *O búfalo*, de Clarice Lispector, 211
ISABELA FERNANDES / FELIPPE CARVALHO

12 O toque das musas – O entrelaçar de um *páthos* transformador nas obras de Junito de Souza Brandão e Calímaco de Cirene, 231
DULCILEIDE V. DO NASCIMENTO BRAGA / FERNANDA LEMOS DE LIMA

13 São José de Anchieta e a cultura clássica na América portuguesa – Considerações sobre a recepção do humanismo renascentista português, 239
LEONARDO FERREIRA KALTNER / MELYSSA CARDOZO SILVA DOS SANTOS

14 Grafites do trágico, 257
MARCO LUCCHESI

Sobre os/as autores/as, 261

Apresentação
Junito Brandão: homenagem e legado

Deonísio da Silva

Junito de Sousa Brandão, fluminense de Aperibé, na época distrito de Santo Antônio de Pádua, nasceu em 1924 e morreu em 1995, aos 71 anos. Partiu cedo, embora seja bom lembrar que a taxa de mortalidade é alta entre imortais como ele, que ocupava a cadeira 29 da Academia Brasileira de Filologia, cujo titular atual é Ricardo Stávola Cavalieri.

Mas o que pode tornar imortal um autor é sua obra, e nosso homenageado, aliás sucedido à altura, deixou livros referenciais e permanece na memória de muitos de seus alunos.

Atualmente, no Brasil, é raro encontrar pessoas abaixo de meio século de existência que tenham perfil semelhante ao de Junito Brandão, nome pelo qual é mais conhecido. Formado também em Direito, era um intelectual da velha cepa, de formação clássica, tendo estudado História da Grécia e outras disciplinas de domínio conexo, como Arqueologia e Epigrafia, na Universidade de Atenas, depois de formado em Letras Clássicas pela então Universidade do Estado da Guanabara, hoje Uerj.

Junito Brandão foi um pioneiro em seu duplo ofício e como tal deve ser considerado. Na PUC-Rio, Pontifícia Universidade Católica do Rio de Janeiro, fundou a cátedra de Mitologia Grega e Latina, traduziu obras de Virgílio, Eurípides e Aristófanes, entre outros autores das antigas Roma e Grécia, mas é mais conhecido dos leitores por seus dicionários, como o *Dicionário de Mitologia Grega* e o *Dicionário Mítico-etimológico: Mitologia e Religião Romana.*

Os textos que seguem contemplam muito apropriadamente o legado de nosso confrade, sob o viés pertinente a cada um dos autores, e sua organização é fruto do operoso presidente da Academia Brasileira de Filologia, o Prof.-Dr. Amós Coêlho da Silva.

O leitor tem diante de si, não apenas a justa homenagem a um dos grandes pesquisadores das chamadas Humanidades, que é o longo espectro de cada estudo filológico, mas uma oportunidade de situar e aprofundar a esplêndida contribuição que Junito Brandão deu à cultura brasileira, à universidade brasileira de modo especial.

1
O lirismo: de Sólon a Cartola

Junito de Souza Brandão

I – O lírico

1 Introdução

Do ponto de vista etimológico, lírico procede do grego *lyrikós*, que, por sua vez, é um adjetivo proveniente de *lŷra*, lira, instrumento musical com quatro e, depois, com sete cordas. Assim, o vocábulo *lírico* ou *lírica* está estreitamente ligado à sua própria etimologia: de princípio, era uma *canção* que se entoava ao som da lira. Há, pois, no lírico um vínculo indissolúvel entre a poesia e a música (e na Grécia, como veremos, entre a música, a poesia e a dança.) A lírica, inaugurada pelos gregos no século VII a.C., permaneceu com o sentido de "poesia cantada" até a Renascença, quando esse primitivo significado caiu em desuso. Dessa forma, a Renascença, em relação ao lírico, é um divisor de águas: num primeiro estágio (do século VII a.C. ao Renascimento) a lírica é quase sempre uma atividade poética destinada ao canto, acompanhada pela lira ou, durante a Idade Média, por outros instrumentos de corda, como o alaúde, a viola, a guitarra, o saltério e, num segundo momento, estabelecida a separação entre a letra e a pauta musical, o poema lírico passou a ser composto para ser lido. Note-se, no entanto, que, embora tenha desaparecido o canto, a *musicalidade* permaneceu como característica fundamental do lírico.

É bom acentuar que muito antes dos gregos já se encontram documentos concernentes à poesia lírica entre os egípcios, como, por exemplo, nos célebres *Textos das pirâmides* do ano 2780 a.C., mais ou menos, e então os hebreus, com a lindíssima *Canção de Débora* ("a mãe em Israel", Jz 5,7), Jz 5,2-31.

Entre egípcios, hebreus e gregos, no entanto, a lírica associava-se, de princípio, unicamente às práticas religiosas. Mas, os próprios Gregos, a partir do século VII a.C., e sobretudo os romanos, caudatários dos helenos, enfatizaram-lhe o *aspecto estético*, ou seja, consideraram-na tão simplesmente uma poesia de natureza musical, acompanhada pela lira e destinada a ser lida, ouvida e também a ser cantada, ao menos em determinadas circunstâncias.

Uma coisa, todavia, é certa: ao longo de todas essas transformações, um núcleo perdurou, um núcleo que permite utilizar o termo *lírica* para rotular um objeto determinado e definido. Tal "essência" não reside na forma (e por isso os gregos e mesmo os latinos utilizaram, para expressar o lírico, uma multiplicidade de clichês, de "metros"). Em linguagem mais simples: a natureza da lírica não se dimensiona pelo recurso ao *soneto*, à *elegia*, à *balada*, à *ode*, que também podem expressar o épico. O que, na realidade, caracteriza e diferencia a lírica é um *tipo de conteúdo*. Assim sendo, um soneto ou uma ode não serão líricos porque *soneto* ou *ode*, mas por conterem uma dada experiência, uma dada postura mental, uma dada disposição anímica. Georg Wilhelm Friedrich Hegel em suas *Vorlesungen über die Aesthetik* (*Preleções sobre estética*) p. 293 e 296, sintetiza com precisão o grande conteúdo da lírica, a preocupação com o "eu":

> o conteúdo da poesia lírica é [...] o modo como a alma, com seus juízos subjetivos, alegrias e perplexidades, dores e sensações, toma consciência de si mesma no âmago deste conteúdo; na realidade, o que interessa, antes de mais nada, é a expressão da subjetividade como tal, das disposições anímicas e dos sentimentos, e não a de um objeto exterior, por muito próximo que seja.

Assim, enquanto no épico, o distanciamento entre o sujeito e a ação é essencial, daí a monometria (um só clichê métrico: o *hexâmetro* na épica greco-latina e o *decassílabo* na épica ocidental), o que confere ao épico uma simetria, que equivale à inalterabilidade do ânimo do poeta, no lírico, não havendo distanciamento, o que, na realidade, existe é a fusão do sujeito no objeto, "um-no-outro", com a dissolução do próprio "eu". O lírico deita-se na janela do *eu* e fala para si próprio. Na lírica não existe, por isso mesmo, tempo nem espaço, porque, como diz Paul Valéry, "a música suprime o espaço", a lírica, que é "música", volatiliza o tempo e consome espaço, daí o tempo verbal do lírico ser o *presente*, mesmo que o tempo referido seja o passado ou o futuro, porque, ao debruçar sobre seu mundo interior, o poeta lírico age como quem se *recorda* (*re- cor, cordis* = coração): "sempre com o ouvido atento para escutar novamente a voz que soou uma vez em seu íntimo, recriando-a de novo, do mesmo modo que a recria na alma do leitor", ou seja, o passado e o futuro "se presentificam", graças ao recordar ..., sobretudo o amor, já que amor e poesia lírica caminham de braços dados! Daí, a curta duração do poema lírico: a brevidade é a característica essencial do lírico" (Staiger, E. *Conceitos fundamentais da poética*, p. 67s.). Para o lírico não existe substância, mas apenas acidentes. Uma paisagem lírica tem cores, luzes, aromas, mas não possui terra que a sustente: as raízes são o próprio *eu* do poeta ...

Por isso em nada lhe importa o mundo circundante: "o lírico é um ser solitário, ignora a existência de um público e poetiza para si mesmo, daí ser a poesia lírica uma como que arte solitária, uma arte que se percebe unicamente entre duas almas harmonizadas em idêntica solidão" (Staiger, E. *Conceitos fundamentais da* poética, p. 149). E quando acontece de o poeta ultrapassar o círculo estreito do *eu*, "os objetos do mundo exterior tornam-se apenas o esteio, o fundamento, o impulso de onde nascem os sentimentos, as emoções, as reflexões...", tornando-se esses objetos exteriores apenas um prolongamento do próprio *eu* e o que "está fora" se converte em vivência interior. Em síntese, uma atitude egocêntrica, introvertida, mesmo quando os "temas" possam confundir ou iludir o leitor. Afinal, "o poeta é um fingidor!" Uma outra característica fundamental do lírico é o lançar mão constantemente de imagens arrancadas da esfera do corpo humano (olhos, braços, ouvido, boca...), porque aí o estado do corpo reflete o estado do espírito.

Assim, a lírica pode conceituar-se como a poesia do *eu*. poesia da confissão e poesia da emoção. E é através da confissão de seu estado íntimo que o poeta comunica sentimentos acessíveis a todos, que com ele se identifiquem. Quem quiser compreendê-lo, terá que *submergir* com ele.

O poeta lírico é como Loreley, aquela espécie de ninfa do Reno, diante da qual tem que haver entrega total.

Du bist min, i ch bin dín

És minha, eu sou teu.

E se a música é "o alimento do amor" e "o amor pensa em sons", o lírico se dissolve em Lereley...

2 *Os fatos sociais e a eclosão do lirismo grego: contexto histórico social*

Os fins do século VIII a.C. marcam o término da Idade Média grega na Hélade. E assinalam também o desaparecimento da realeza, que é substituída pela nobreza; isto é, pelos Eupátridas, os bem-nascidos.

A posse das terras era a grande forma de riqueza. A tática militar predominante na época era o combate singular, o que exigia que o guerreiro fosse suficientemente "rico" para adquirir cavalos, carros de guerra e armamento. Os aristocratas, por isso mesmo, tornaram-se não apenas os donos das terras, do sacerdócio e da justiça (não escrita, mas sob forma "temística", cf. *Thémis* e *fas*, que se opõem a *nómos, ius* e *lex*), mas também e principalmente os senhores da cidade.

Nos inícios do século VII, todavia, ocorreram no mundo grego profundas transformações que muito contribuíram para enfraquecer os Eupátridas. Com a criação do sistema monetário (foi certamente do Oriente que os gregos trouxeram o sistema de pesos e medidas e o uso de moedas de ferro e prata) e o consequente desenvolvimento do comércio, surgiu na Hélade uma nova classe social: a classe dos mercadores e dos artesãos, que rapidamente se enriqueceu, tornando-se rival dos Eupátridas. A posse de terras deixa de ser a única forma de riquezas.

As mudanças operadas na tática militar desempenharam também papel importante nas transformações sociais. As armas de guerra (escudo, lança e espada) diminuem de tamanho, tornando-se acessíveis à nova classe média.

Surge, nessa época, o guerreiro típico da Hélade: o *hoplita*, que, pelas próprias condições de seu armamento) não adia lutar sozinho. Aparecem então as falanges. Os navios de guerra (o comércio marítimo aperfeiçoou a construção de naus) adquirem grande importância, crescendo com isso o número de remeiros.

Dependendo dos hoplitas e dos remeiros para proteger a cidade, os Eupátridas perderam o monopólio de defendê-la.

E como a defesa da cidade implicava o direito de dirigi-la, a "nova classe" passa a fazer constantes reinvindicações políticas.

De um outro lado estavam os camponeses endividados, cuja situação era degradante. Vigorava desde a época dos Eupátridas a hipoteca somática, que conduzia fatalmente à escravidão.

O empobrecimento e a miséria levaram os camponeses ou à fuga "para o outro lado do mar" (nascem, desse modo, muitas colônias), ou a reivindicações políticas: abolição das dívidas; divisão das terras e a publicação de leis escritas, ou seja, a substituição da *thémis* pela *díke* ou *nómos*. Com mais clareza: a *thémis,* no antigo direito grego é uma espécie de *ordálio* – isto é, a justiça é de caráter divino –, cujo depositário é o rei ou o *eupátrida*, que decidem *em nome de deus*... É o juízo divino! *Díke* ou *nómo*s é a justiça baseada nas *leis*, que o povo grego exigiu fossem *escritas*.

Para contornar a grave situação, recorre-se primeiramente dos legisladores. Grande e séria foi a contribuição de *Sólon*, em Atenas: suprimiu a escravidão por dívidas, libertou os escravizados; estendeu o direito de voto a todos, de acordo com suas posses, e retirou os marcos hipotecários das terras (cf. Aristóteles. *Constituição de Atenas,* XII, 4). Era a famosa *seisákhtheia (retirar o peso)* e o germe da democracia.

Curioso é que toda a legislação solonina foi expressa em versos elegíacos. Sólon é, de fato, o criador da *Elegia* moral-filosófica, uma das formas mais estimadas do lirismo grego, como explicaremos.

Voltemos, todavia, aos fatos históricos. Incapazes de satisfazer totalmente às aspirações populares, os legisladores, a partir do século VI a.C., foram substituídos pelos *Týrannoi*, os Tiranos, que não têm absolutamente culpa da conotação hodierna... O *tirano* é, as mais das vezes, um líder proveniente da aristocracia e que se une ao povo e à classe média para protegê-los contra os nobres. O século VI na Grécia é dominado pela tirania: Pisístrato, em Atenas; Cípselo em Corinto; Polícrates, em Samos; Fálaris, em Agrigento; Gelão, em Siracusa.

A julgar por Atenas (Pisistrátidas), Corinto, Siracusa e Samos, a tirania incentivou a agricultura; despendeu grandes somas em construções públicas, dando oportunidade de trabalho a milhares de operários; apoiou os concursos competitivos, incentivou a formação musical e atlética do povo grego; acolheu em suas cortes luxuosas poetas e artistas, sem deixar de dar, isto em Atenas, uma atenção especial à publicação da *Ilíada* e da *Odisseia* (Pisístrato, Hípias), bem como dar início oficialmente ao *Teatro grego* (534 a.C.).

Os grandes movimentos de populações que se extraviaram para fugir aos Eupátridas e para fundar Colônias, no entanto, quebraram a forte união religiosa e moral da família e da sociedade patriarcal. O *guénos* se rompeu (cf. o fecho da *Oréstia*, de Ésquilo) e as leis escritas (o "voto de Minerva") não mais reconhecem a responsabilidade da *hamartía* coletiva. A *pólis* se individualiza. A mesma evolução se produziu na religião: as consciências se revoltam com a ideia de que os deuses, pelo crime de um, venham a punir todos os membros da família. A *Moîra* não raro é substituída pela *Týkhe*; isto é, pela *sorte,* pelo *acaso*. Os deuses se humanizam com o antropomorfismo que Hesíodo (*Os trabalhos e os dias* e *Teogonia*) lhes impôs. As doutrinas órficas e os Mistérios de Elêusis "prometem" justiça divina, que castiga os maus e premia os *mýstai*, isto é, os iniciados, na outra vida.

Éros recebe permissão para alvejar os corações, mostrando aos homens que existe o amor subjetivo...

A todo esse individualismo e evolução moral e religiosa correspondem grandes progressos nas artes e literatura.

Arquitetura: aos palácios com seu *mégaron* sucedem os templos, já com suas três partes (*prónaos*, *naós*, *opistódomos*) e seus dois cânones de colunas (dóricas e jônicas), surgindo daí sua classificação em templos *in antis*, *hipostilo*, *anfiprotilo*, *peristilo*...

Escultura: as *Ksōana*, quer dizer, as imagens esculpidas em madeira, são substituídas por estátuas em pedra e mármore, embora ainda presas, a princípio, à lei da frontalidade.

As figuras humanas já apresentam o *Kóros*, o jovem, em posição vertical, nu, com o pé esquerdo um pouco avançado e a *Kóre*, a jovem, também em pé, sempre vestida e com um dos braços sobre o corpo.

Cerâmica: trai o estilo orientalizante. As peças são extremamente decoradas com animais e vegetais.

Com o individualismo surgem as pesquisas filosóficas e científicas: Tales, Anaxímenes, Xenófanes, Heráclito e Anaximandro.

Os logógrafos preocupam-se com as origens míticas das cidades e as genealogias das famílias importantes.

O grande Hecateu de Mileto cria a história e a geografia.

2.1 Origem, modalidades e instrumentos

As origens do Lirismo se confundem com as origens da poesia, já que as formas primitivas desta estão ligadas ao canto. Antes de se tornar um "gênero literário" a poesia lírica já preexistia nos cantos religiosos e mesmo na canção popular. E é a poesia religiosa que certamente deu origem aos hinos. Também os acontecimentos da vida profana eram cantados: na *Ilíada* encontramos alusões tanto ao canto religioso (c. XXII, 391s., no qual se fala do *peã*; c. XXIII, 12, há referência ao *treno*) quanto à poesia profana (c. XVIII, XVII, 492s., onde se canta o *himeneu*). De qualquer forma, desde suas origens, o lirismo grego consta de dois elementos essenciais: o elemento musical e o elemento literário. O poeta lírico era tanto o compositor da música quanto o da poesia.

A respeito da música grega pouco se sabe. Ao que parece, a escala musical se constituía de sete notas, cujas combinações deram origem aos três modos musicais: o *dório*, solene e grave; o *frígio*, agitado e entusiástico e o *lídio*, sensual, solente e fúnebre.

Os instrumentos usados eram: *aulós*, a flauta; *lȳra*, a lira (com as variantes *kithára*, cítara; *phorminx*, fórminx; *bárbitos*, o bárbito e *sámbyx*, o sâmbix).

A poesia, se fosse cantada a uma só voz, denominava-se *monódica*; se por um coro, *coral*.

Na primeira, o poeta canta seus sentimentos, ideias e paixões; na segunda, entoada nas cerimônias cívicas e religiosas, o poeta se faz intérprete da coletividade.

No primeiro caso estão a *Elegia* (Calino, Tirteu, Mimnermo, Sólon, Teógnis e Focílides); o *Iambo* (Arquíloco, Simônides de Amorgo e Hipônax) e a *Ode* (Alceu, Safo e Anacreonte); no segundo, o *Peã*, o *Hiporquemo*, o *Parteneu*, o *Ditirambo*, o *Treno* e o *Encômio*, com sua variante, o *Epinício* (Píndaro e Baquílides).

É preciso deixar bem claro, de uma vez por todas, que na lírica grega haverá tantas *estruturas métricas* quantos os climas a se expressarem: o lirismo grego é classificado exatamente em função dessas estruturas diferenciadas. Assim é que *Elegia*, *Ode*, *Peã*, *Epinício*... A unidade não pertence ao metro, mas ao *eu*.

II – A elegia: *Sólon*

1 Etimologia: elegia

A etimologia de *elegeía*, fonte do nosso vocábulo elegia, ainda não está bem esclarecida. Provindo de *élegos*, "flauta de caniço", talvez elegia significasse simplesmente flauta, instrumento que apoiava os cantos de luto e tristeza, sendo estes, a princípio, o assunto básico do poema elegíaco.

Além do acompanhamento de flauta, a característica essencial da elegia é a métrica: toda elegia é ritmada em *dístico elegíaco* – isto é, um *hexâmetro* (seis pés métricos) seguido de um *pentâmetro* (cinco pés métricos) –, passando a chamar-se elegia todo e qualquer poema assim estruturado, mas com uma variada gama de assuntos: o pranto, o lamento, a exortação bélica, o sentimento patriótico, o caráter sentencioso e didático, o tom moral e filosófico...

Com os poetas Calino, de Éfeso, e Tirteu, provavelmente de Atenas, mas ambos do século VII a.C., a elegia é predominantemente bélica; ainda século VII a.C., com Mimnermo, de Cólofon, e, na segunda metade do século VI, com Teógnis, de Mégara, os prazeres, melancolia e o ódio apossaram-se do poema elegíaco; em Sólon, de Atenas, dos séculos VII-VI a.C., o tom há de ser outro.

"Derivada, como acentua Massaud Moisés, em seu *Dicionário de Termos Literários,* p. 167, da poesia épica e com ela mantendo apreciável semelhança, a elegia, em sua origem, girava em torno dos mais variados assuntos: em realidade, consistia numa das formas líricas", "onde a pessoa do poeta, consoante Alfred Croiset (*Histoire de la littérature grecque*, p. 90-91), mais francamente se põe em cena. Ele queixa-se e louva; moraliza; geralmente exorta".

De qualquer forma, chorando ou sorrindo, a elegia sempre se identificou, como dizem os gregos, por seu caráter gnômico, quer dizer, procurava transmitir conceitos e máximas morais com a finalidade de ensinar normas de bem servir e suportar os impactes do destino. Cantada, a princípio, com acompanhamento de flauta, a elegia acabou por desligar-se da música, tornando-se, com o correr dos séculos, apenas um poema destinado à recitação e à leitura.

Levada para Roma no decorrer do século I a.C., mais herdada dos Alexandrinos do que dos "clássicos" helênicos, a elegia alcançou uma extraordinária perfeição de forma e de conteúdo nas mãos de três poetas: Álbio Tibulo (54-mais ou menos 19 a.C.), Sexto Propércio (54/43-16/15 a.C.) e sobretudo Públio Ovídio Nasão (43-17/18 d.C.), que lhe injetaram uma forte dose de melancolia e a temática amorosa, proveniente dos Alexandrinos.

Após uma longa Idade Média, o gênero foi ressuscitado por Villon, Manrique e Petrarca, e, no século XVI, voltou com todas as forças, graças ao Classicismo. A partir daí, pode-se dizer que todas as literaturas tiveram poetas e poemas elegíacos: de Tasso e Ariosto, passando por Milton, Lamartine, Musset, Keats, Garcia Lorca, Rilke e Bocage a velha elegia chegou a Carlos Drummond de Andrade...

2 *Sólon: reformador e poeta*

Como já vimos, nos inícios do século VII a.C., a república ateniense era um feudo dos Eupátridas, dos aristocratas dos bem-nascidos. Com o desenvolvimento do comércio, porém, chegou ao auge uma nova classe, até então excluída do governo. A *riqueza* começou então a competir com o berço, como título de acesso aos privilégios políticos. O descontentamento político e econômico criou um ambiente de rebeldia e contestação ao governo. Em 630 a.C., um nobre Cilão, apoiado na classe média, tentou apoderar-se do governo e implantar a tirania. O golpe fracassou e os conjurados, a instâncias do eupátrida Mégacles, pagaram com a vida sua tentativa de apoderar-se da Acrópole.

Foi nesse ambiente de sangue e revolta que apareceu em 621 a.C. a figura de Drácon, que foi encarregado de rever a Constituição. Pouco se conhece da reforma draconiana, a não ser a parte que se refere à vingança do sangue, tradicionalmente reservada ao *guénos*, conforme expus em *Teatro grego: tragédia e comédia*. Rio de Janeiro: Mafc, 1978, p. 46s.

2.1 Reformas de Sólon

O severíssimo código draconiano, pelo que se sabe, não resolveu o problema. A situação dos camponeses era a mais crítica possível: cultivavam a terra e eram obrigados (porque a gleba cultivada tinha que *produzir*, querendo ou não os deuses, talvez o dobro de sua capacidade) a entregar aos Eupátridas a parte do leão... Endividados e insolventes de ano para ano, eram simplesmente transformados em escravos com toda a sua família e vendidos como tal. Também os empréstimos se faziam com *garantia da pessoa* e os insolventes, em função dos juros altíssimos, eram vendidos como mercadorias.

Era iminente uma revolta social sangrenta, quando Sólon, um eupátrida moderado e de comprovado patriotismo, foi nomeado, em 549 a.C., "reconciliador e arcontele", com carta branca para rever a Constituição e estabelecer novas leis. Em síntese, são as seguintes as reformas de Sólon:

a) Cancelamento de todas as dívidas públicas e privadas e proibição, para o futuro, de qualquer empréstimo com garantia da pessoa. É este o sentido exato da famosa *seisákhtheia*, que significa, etimologicamente, "retirar o peso, o fardo de..."

b) Abolição de todas as leis de Drácon, exceto as relativas ao homicídio.

c) Revisão da Constituição ateniense, de tal sorte que, ainda o mais pobre dos cidadãos se tivesse alguma participação na administração pública.

Para isto usou de uma classificação já existente, que dividia os cidadãos em três classes, segundo suas posses: os *Pentacosiomedimnos*, os *Cavaleiros* e os *Zeuguitas*. A estas classes tradicionais ajuntou os *Tetes*; isto é, os cidadãos mais pobres. A cada classe social se assinalaram direitos políticos, de acordo com sua respectiva categoria. Só os membros da primeira classe eram elegíveis para o Arcontado; os da segunda e terceira para cargos menores e os *Tetes,* apesar de inelegíveis para cargos públicos, tinham direito de participar da *Ecclesía* – isto é, da assembleia do povo – o que acabou lhes proporcionando um poder respeitável.

A reforma solonina pode denominar-se, em seu conjunto, uma timocracia, ou uma hierarquização de direitos, segundo a riqueza. O direito ao voto dos *Tetes* na *Ecclesía*, no entanto, justifica que Sólon seja considerado como o iniciador da democracia ateniense. Deu-lhe, ao menos, uma moldura.

2.2 Poesia de Sólon

Como poeta, Sólon não tem o fôlego de Safo e muito menos o *furor poeticus* do grande Píndaro. A poesia desse ateniense ilustre é a de um cidadão que fala franca e contundentemente a seus concidadãos. Se há ardor bélico em alguns de seus poemas, como nos cantos em que ele exorta os Atenienses a reconquistarem a ilha de Salamina, a maioria de suas elegias tem um caráter político, religioso e gnômico. Através delas o legislador faz a apologia de sua constituição. Constituição equilibrada, que visa a proteger os pobres contra os ricos, mas salvaguardando o direito destes contra as pretensões excessivas daqueles. Esta moral da justa medida fundamenta sua política, que é uma mediação entre os dois extremos.

Do ponto de vista do legislador, a ideia mestra de Sólon é, pois, a busca do equilíbrio político-social. Em tudo o poeta procura o meio-termo e a conciliação. O célebre *medèn ágan*, nada em demasia, é a chave de sua filosofia política.

No que diz respeito à religião, o poeta se antecipa em quase um século à tragédia grega com a doutrina de *hýbris* – isto é, *demésure*, do descomedimento – que não se deve, a princípio, atribuir aos deuses, mas à ambição e à prepotência do homem.

Correto e implacavelmente franco, sempre defendendo a *Eunomia*, a ordem e a lei, sua poesia é o reflexo de seu caráter e integridade pessoal: uma defesa intransigente da verdade e da justiça. Em Sólon fala o legislador sem violências, o político sem demagogia, o sábio sem pedantismo, o poeta sem amargura.

Em defesa de sua famosa seisákhtheia conservamos um fragmento longo e justamente famoso (*Iambos*, frag. 36):

> Minha testemunha perante o tribunal da justiça
> Há de ser a grande Mãe dos deuses olímpicos,
> A Terra negra. Dela arranquei os marcos plantados
> Em todas as direções. Outrora escrava, agora é livre!
> Trouxe de volta a Atenas, a pátria fundada pelos deuses,
> Muitos atenienses, que haviam sido vendidos como escravos.
> Uns o foram ilegalmente, outros conforme o direito vigente.
> De tanto errarem pelo mundo, arrastados pela miséria,
> Alguns nem mais falavam a língua grega!

> Outros vegetavam em torpe escravidão, trêmulos diante de seus senhores.
> A todos eu os tornei livres. Eis o que realizei com minha autoridade,
> Apoiando a força na justiça. [...]

Para avaliarmos a extensão das ideias soloninas, vamos oferecer uma elegia completa:

> Nossa cidade jamais pelo desígnio de Zeus
> perecera nem pela vontade dos bem-aventurados deuses imortais,
> pois a magnânima e protetora Palas Atená,
> filha do poderoso pai, tem suas mãos sobre nós.
> Os próprios cidadãos, porém, querem destruir, com suas loucuras,
> nossa grande cidade, persuadidos pelas riquezas,
> e há também o injusto propósito dos chefes do povo,
> para os quais está reservado,
> por seu grande descomedimento, muitas dores sofrer:
> pois nem sabem controlar a fartura nem organizar
> com tranquilidade as alegrias do festim de hoje.
> ....
> enriquecem, por ações injustas, deixando-se persuadir
> ....
> nem os bens sagrados nem os do Estado
> poupam, mas furtam-nos em pilhagem cada qual por seu lado,
> nem guardam os veneráveis fundamentos da justiça,
> a qual, silenciosa, ciente do que acontece e do que aconteceu,
> com o tempo vem para executar cabal vingança.
> Esta ferida inevitável já atinge a cidade toda,
> leva-a rapidamente à nociva escravidão,
> que desperta a sedição civil e a guerra adormecida,
> esta que foi a ruína da juventude encantadora de muitos homens;
> pois, pelos inimigos rapidamente uma cidade formosa
> é arruinada nas associações em que se comprazem os injustos.
> Esses os males que envolvem o povo; muitos
> pobres chegam a uma terra estranha
> vendidos e, com desonrosas correntes, amarrados.

Assim o infortúnio público atinge cada um em sua casa;
as portas do pátio não podem detê-lo,
por cima do elevado muro salta, e encontra por certo o morador,
mesmo que fuja para a parte mais recuada de seu quarto.
Ensinar isto aos atenienses é o que o coração me ordena:
de que modo os mais numerosos males a uma cidade
disnomia causa,
e de que modo eunomia garante ordem e justiça plena
e sempre aos injustos acorrenta;
ela aplaina as asperezas, faz cessar a fartura,
aniquila o descomedimento,
seca as flores da desgraça, quando brotam
corrige os julgamentos errados, modera as ações
orgulhosas; faz cessar as obras de discórdia,
faz estancar o ódio da terrível sedição, e, graças a ela,
todas as ações humanas são justas e sábias.

III – A ode: *Safo*

1 *Etimologia: Ode*

Etimologicamente ode, do grego *oidé*, significa simplesmente canto e, por extensão, um poema destinado ao canto. Sinônimo, por conseguinte, de canção, "reduzia-se a um cantar monódico, interpretado pelo próprio autor", ao som da lira mais comumente do *bárbitos*, instrumento com maior número de cordas que a lira.

No tocante à ode ligeira (da ode coral falaremos mais tarde com Píndaro), três são as temáticas principais: *erotiká*, canções de amor; *sympotiká*, canções entoadas nos banquetes e *stasiotiká*, canções políticas ou guerreiras. Essas canções são muito antigas na Grécia, mas só aparecem na história literária nos fins do século VII a.C., na ilha eólia de Lesbos em Safo e Alceu e com o jônico Anacreonte.

A forma poética incorpora versos de metros variados, de acordo com os efeitos musicais e emocionais que o poeta deseja provocar, mas são sempre dispostos em quartetos, formando as estrofes. As combinações mais importantes são a estrofe alcaica, do nome de Alceu e a estrofe sáfica, do nome de Safo.

Entre os Romanos a ode ligeira alterou-se muito, primeiramente quanto às estrofes: Catulo usou apenas duas vezes a estrofe sáfica e nunca a alcaica; depois com Horácio que, como assinalaremos, vai despojar a ode de seu caráter musical e cênico e transformá-la numa peça de leitura individual.

Em nossa língua, o verso sáfico passou a decassílabo com cesura na quarta e sexta sílabas e a estrofe sáfica passou a estruturar-se de três versos decassílabos e um de quatro sílabas.

2 *Ilha de Lesbos*

Mitilene era a capital da ensolarada Ilha de Lesbos, no mar Egeu, ilha que, desde o século XII a.C., estava sob o domínio dos eólios. Foi exatamente em Lesbos, que, por sua própria posição geográfica, a punha em contato direto com a Ásia Menor, de que ela herdou a riquíssima tradição musical, o sensualismo, e mais que tudo, a grande liberdade em que vivia a mulher, que nasceu esse lirismo simples, delicado e sensual.

A representante maior da ode monódica, foi exatamente a maior poetisa que o mundo antigo conheceu: Safo de Lesbos. Seria inútil insistir em determinados aspectos da vida pública e íntima da grande poetisa, porque a vida de Safo, se de um lado é mal conhecida e está envolta num emaranhado de lendas, de outro a maior das líricas foi muito denegrida pela Comédia Grega. Basta ler nas célebres *Heroides* do poeta latino Públio Ovídio Nasão (43-17/18 d.C.), a Carta XV, de Safon a Fáon, para se ter uma ideia de como a cantora das rosas, sete séculos depois ainda era tão mitizada e discutida... e o é até hoje!

O que de positivo se sabe é que Safo viveu no século VII a.C. e fundou em Mitilene o que ela própria (frag. 101) denominou de Residência das Discípulas das Musas – e havia outras "Residências" rivais –, que se apresentava juridicamente sob a forma de *thíasos*; ou seja, de uma Confraria religiosa, dedicada às deusas da cultura. Sob a direção de Safo aquilo a que a Residência aspirava, era o culto do belo conjugado à cultura (frag. 64). Tecnicamente, a Escola de Safo poderia ser comparada a um *Conservatório de música e de arte*: lá se praticava a dança coletiva, a música instrumental, o canto e o culto do físico. A vida comunitária era ritmada por uma série de festas, cerimônias religiosas e banquetes.

A educação mitilênica não era, todavia, apenas artística: o físico era também grandemente valorizado. Sem serem Espartanas, as jovens de Lesbos dedicavam-se muito aos esportes atléticos, quando não para conservarem a beleza do corpo, a graça e os encantos femininos. Se ainda não era a conjugação ideal que os gregos criaram do *kalón* e *agathón*, do *belo* e do *bom* a Residência andou muito perto de ambos...

3 *Safo, afinal...*

Pois bem, foi nesse ambiente de cultura, de graça e de elegância, falando de rosas e de amores, que nasceu a poesia violentamente apaixonada de Safo.

Creio, firmemente, não ser aqui o momento apropriado, vamos enfatizar, para se discutir o lesbianismo de Safo. Que *Eros* fosse o deus predileto da poetisa, isto é um fato mais que comprovado pelos fragmentos que dela nos chegaram. Mas, mutilados como estão, é difícil separar o amor que ela sente do amor que ela faz sentir! Se a poetisa canta *seus amores* ou empresta sua Musa para celebrar os amores de alguém, pouco importa: é sempre sua alma que se extravasa e se consome:

> Eu desejo e me consumo em chamas.
> O amor me tortura, e me aniquila os membros.
> Doce e amargo, esse monstro invencível!
> O amor sacode minha alma, o amor semelhante
> Ao vendaval das montanhas, que se abate sobre carvalhos!
> (frag. 23).

Claro, o amor em Safo ainda não havia recebido em suas veias a transposição metafísica que há de lhe dar Platão: uma aspiração da alma em direção à *Ideia*. O amor da morena de olhos negros e faiscantes da Ilha de Lesbos é "amor-consumação":

> Eros novamente
> Arranca-me os membros e me atormenta...
> Eros amargo e doce, monstro invencível.
> E tu, minha Átis, tu, magoada comigo,
> Tu te foste, voaste para Andrômeda (frag. 97-98).

Apaixonada pelas rosas, e não era necessário que Filóstrato nos informasse acerca desse fato, um dos mais belos poemas de Safo é precisamente a exaltação ou a nostalgia da eternidade de um só dia... das rosas!

> Era uma rosa,
> Colhendo-a, colhi todas as rosas.
> Era apenas uma rosa:
> Colhendo-a, rosa de um só dia,
> Sepultei com ela a minha rosa,
> A eternidade de um só dia...

Já mencionamos o apelo que faz o lírico a determinados órgãos do corpo humano. Observe-se a *beleza* que se estampa e se irradia através do sorriso do ser amado. Uma *beleza* num sorriso que provoca *um amor* que arde, queima, enlouquece, pois alastra-se, consome e devora o corpo inteiro...

A carne e a alma se esticam na dor, dor amargamente doce, em busca do belo. Alma, que se estica como as cordas da lira. Mas, se estas não se esticassem, certamente não vibrariam...

> Parece-me semelhante aos deuses
> Aquele que, sentado junto a ti,
> Ouve tua voz suave e teu sorriso inebriante:
> Um sorriso que enlouqueceu meu coração...
> Quando furtivamente te olho,
> Minha voz se me prende na garganta;
>
> A língua se entorpece e um fogo ligeiro
> Escoa-me subitamente sob a pele...[1]
> Com os olhos nada mais vejo, um estampido
> Tapa-me os ouvidos. Escorre-me o suor...
> Um tremor invade meu corpo e empalideço
> Mais que a grama seca e percebo bem perto
> De mim, minha Agális, as trevas da morte...

Imitados por Teócrito e "quase traduzidos" por Catulo, depois por Racine e Boileau, estes versos de Safo ficaram como marca de um amor violento e profundo – uma doce tortura física...

Vamos oferecer a "tradução" de Nicolas Despreaux Boileau, para que se tenha uma ideia de como o século XVII sentia a *décima musa*.

> Hereux! qui près de toi, pour toi seule soupire,
> Qui jouit du plaisir de t'entendre parler,
> Qui te voit quelquefois doucement lui sourire.
> Les dieux dans son bonheur peuvent-ils l'égaler?
>
> Je sens de veine en veine une subtile flamme
> Courir par tout mon corps, sitôt que je te vois
> Et dans les doux transports où s'égare mon âme,
> Je ne saurais trouver de langue ni de voix.

---

1. Apelo aos sentidos.

Un nuage confus se répand sur ma vue.
Je n'entends plus; je tombe en de douces langueurs;
Et pâle, sans haleine, interdite, éperdue,
Un frisson me saisit, je tremble, je me meurs
(*Traité du Sublime*, c. VIII).

Safo teria escrito nove livros de *Poemas líricos*, de que se destaca um de *Epitalâmios*. De tudo isto ficaram-se unicamente fragmentos e apenas uma *ode completa*, dedicada a Afrodite.

De um pomar inteiro, apenas uma rosa!
Vamos transcrevê-la inteira, para que seja analisada:

A Afrodite

Tu que te assentas em trono multicor, ó imortal Afrodite,
Filha de Zeus, tecedora de enganos, que tramas ardis, eu te suplico,
Não me submetas com desgostos nem dores,
Ó senhora, o coração[2].

Mas, aqui vem, se um dia, em outros tempos,
A minha voz ouvindo de longe,
Atendeste, e deixando a mansão de ouro de teu pai, vieste,
Depois de teres atrelado teu carro; belos te conduziam
Velozes pássaros, ao redor da terra negra,
Agitando densas asas, desde o céu.
Através do ar.

E logo chegavam; tu, ó bem-aventurada,
Mostrando um sorriso em teu rosto imortal
Perguntava por que de novo eu estava sofrendo,
Por que de novo te chamava.

E o que tanto desejava que se realizasse
Em meu coração desvairado: "quem, de novo, desejas que eu,
Eu que persuado, conduzi a teu amor? Quem, ó Safo, te injuriou?"

E, assim, se ela te foge, logo te assediará;
Se presentes não aceita de ti, pelo contrário te oferecerá;
Se não te ama, bem logo te amará,
Mesmo sem desejá-lo!

---

2. Na tradução "coração", em grego está termo correspondente a "fígado". A tradução com a palavra "coração", mais adiante: está no início, no meio e no fim; por isso, se tornará a chave da ode.

Vem a mim também desta vez, liberta-me de terríveis angústias!
Tudo quanto meu coração
Deseja que se realize, concede-o, e sê
Tu própria minha aliada nesta guerra.

IV – A ode: *Anacreonte*

1 Introdução

Com Safo e Alceu aquela inspiração espontânea, simples, carregada de um amor e paixão violenta, desapareceu. Com Anacreonte a *ode* seguirá outros rumos.

Nascido na cidade de Teos, ao norte de Éfeso, na Jônia, lá pelos meados do século VI a.C., o poeta foi obrigado a fugir, por causa das invasões persas, que, por algum tempo, conquistaram quase todas as cidades gregas da Ásia Menor. A partir de então Anacreonte tornou-se o mais cobiçado menestrel dos ricos e refinados tiranos do século VI a.C. Viveu, a princípio, longos anos na corte luxuosa do requintado Polícrates, tirano da ilha de Samos e, com a morte deste, passou-se para a não menos faustosa corte de Hiparco, tirano de Atenas.

Os Alexandrinos conheciam do lírico de Teos cinco livros de poesias: elegias, iambos e sobretudo *odes ligeiras*. Lamentavelmente, de tudo isto só nos ficaram *fragmentos*. É através destes que podemos concluir que Anacreonte é um poeta essencialmente áulico, um poeta dos grandes e ricos tiranos do século VI a.C. Poeta do prazer, passou meio século coroado de rosas, cantando o vinho, o amor e a mulher. Com Anacreonte, Zeus foi exilado e Eros ocupou-lhe o trono. O Olimpo transformou-se num eterno salão de festas, onde as setas do amor são disparadas em todas as direções:

Eros de cabelo de ouro
Lançou-me uma bola de púrpura:
É um convite para que eu me divirta
Com uma jovem de sandálias bordadas.
Ela, porém, é uma menina da linda Lesbos
E zomba de meus cabelos brancos.
Depois, com um olhar e a boca sensual, volta-se para outro...
(frag. 14).

A impressão que se tem é de que o poeta serviu, e prazerosamente, de confidente e de secretário dos amores de seus mecenas. Na realidade, Anacreonte é um apaixonado por procuração...

Mais que qualquer outro, o poeta de Teos inspirou-se em temas mitológicos, daí as múltiplas invocações a Afrodite.

Eros, senhor dos deuses e "doce verdugo dos homens", é comparado a um lenhador que, brandindo o machado, provoca feridas terríveis e incuráveis. Percebe-se claramente, todavia, que esses ferimentos e torturas são convencionais.

De qualquer forma, as poesias de Anacreonte tiveram uma grande influência literária. Seus versos, manipulados por Eros gracioso e sensual, versos bem temperados por uma excelente erudição mitológica, entusiasmaram loucamente os poetas eruditos da época helenística, que os imitaram até a saciedade.

Modelo de alguns poemas de Catulo e Horácio, Anacreonte voltou triunfante na Renascença, quando foi imitado sobretudo por Ronsard e seus discípulos.

2 *A imitação renascentista*

A imitação renascentista, no entanto, foi indireta, porque tendo desaparecido quase todas as obras do poeta Jônio, o que serviu de modelo foram as chamadas *Anacreônticas*. É quase certo que nenhum desses poemas pertença ao poeta: os mais antigos datam da época alexandrina (século IV a.C.) e a maioria remonta a uma época bem mais recente.

É curioso, porém, que Anacreonte se tornou famoso exatamente por aquilo que não lhe pertence. Acrescente-se, no entanto, que existem nas *Anacreônticas* poemas de grande beleza, e é interessante verificar, através deles, o conceito que "os pósteros" tiveram do poeta de Teos e como ainda foram buscar inspiração na Musa que lhe pertencera... E como Eros jamais pôde *crescer*, continuou menino travesso também nas *Anacreônticas*...

Vamos transcrever, por inteiro, um desses poemas anacreônticos, para que também nós possamos prestar nossa homenagem à Musa eterna do Eros – menino.

Ao amor

Um dia, lá pela meia-noite,
Quando a Ursa se deita nos braços do Boieiro,
E a raça dos mortais, toda ela, jaz, domada pelo sono,
Foi que Eros apareceu e bateu à minha porta,

“Quem bate à minha porta,
E rasga meus sonhos?”
Respondeu Eros: “Abre, ordenou ele;
Eu sou uma criancinha, não tenhas medo;
Estou encharcado, errante
Numa noite sem lua”.
Ouvindo-o, tive pena;
De imediato, acendendo o candeeiro,
Abri a porta e vi um garotinho:
Tinha um arco, asas e uma aljava.
Coloquei-o-junto ao fogo
E suas mãos nas minhas aqueci-o,
Espremendo a água úmida que lhe escorria dos cabelos.
Eros, depois que se libertou do frio:
“Vamos, disse ele, experimentemos este arco,
Vejamos se a corda molhada não sofreu prejuízo”.
Retesa o arco e fere-me no fígado,
Bem no meio, como se fora um aguilhão.
Depois, começa a saltar, às gargalhadas:
“Hospedeiro, acrescentou, alegra-te,
Meu arco está inteiro, teu fígado, porém, ficará partido”.

V – A ode coral: *Píndaro*

1 A ode coral

Se a ode ligeira já apareceu literariamente pronta e perfeita, a *ode coral*, de estrutura bem mais complexa, teve um desenvolvimento lento e progressivo. Num primeiro momento (século VII a.C.), Esparta, com Terpandro da Ilha de Lesbos; Taletas, de Creta, e sobretudo Álcman, da Jônia, foi o centro do movimento.

Na primeira metade do século VI a.C. a *ode coral* progrediu muito nas mãos de Estesícoro, da Magna Grécia, poeta que pela primeira vez substituiu a ode monótona de Álcman pelas *tríades*, constando cada tríade de estrofe, antístrofe e epodo. Mas o lirismo coral só atingiu seu clímax nos fins do século VI a.C. com Simônides, Baquílides e Píndaro. Com eles a ode triunfal ganha maior desembaraço formal e passa a celebrar temas heroicos: exaltam-se os vencedores na guerra e particularmente nos Jogos Olímpicos, bem como as famílias e as cidades, que serviram de ancestrais e berço dos heróis celebrados. Assim, a ode ligeira, de inspiração pessoal, é substituída por um lirismo de expressão coletiva. A lira é substituída pela flauta, bem mais adequada às execuções corais. O poema com os três grandes poetas citados adquire uma estrutura mais ou menos definida: inicia e termina por um *encômio* (canto de exaltação) aos heróis, suas cidades e famílias, tendo de permeio a narração de episódios míticos. Cada uma das três partes da ode, como já assinalamos, consoante a marcha do pensamento, da emoção e um ritmo e melodia próprios, compunha-se de estrofe, antístrofe e epodo. Essa tripartição pressupunha movimentos de dança do coro, de sorte que cada metade dele se deslocava na *estrofe* e na *antístrofe*, para uma das extremidades da orquestra e ambas se reagrupavam, ao mesmo tempo, no centro, para cantar o epodo, conforme ilustra o esquema abaixo:

Note-se que o desenho da orquestra[3] é circular.

Primeiro movimento

a) Estrofe: cada metade se deslocando: uma para sua direita; outra para sua esquerda.

b) Epodo. Em círculo, na frente circular do palco, o conjunto fica parado.

Segundo movimento

a) Antístrofe: cada metade, ao fundo, ao contrário da estrofe: uma para a esquerda e outra para o círculo da direita.

b) Epodo. Em círculo, ao fundo do palco, o conjunto fica parado.

Da ode coral virá o teatro grego. Observe-se que nessa fase de sua evolução (circular), a ode coral, também denominada ode triunfal, aproxima-se nitidamente da *atividade teatral*, que está surgindo e a qual a ode triunfal ajudará muito...

Na passagem para a nossa língua, a estrofe pindárica emprega quase sempre o decassílabo e o hexassílabo ou heroico quebrado, entrelaçados.

Os poetas líricos romanos preferiram Alceu, Safo e Anacreonte a Píndaro, aliás bem mais difícil e complexo. Abandonada na Idade Média, a ode renasce no Humanismo (século XV), principalmente com a publicação na It[alia], em 1513, das obras de Píndaro.

3. O termo grego ὀρχηστής, pelo latim *orchestra, -ae*, dançarino, assim a sua significação em Castro Alves (*Navio negreiro: tragédia no mar*): "Orquestra – é o mar, que ruge pela proa".

A partir do século XVII a ode pindárica sofreu alterações em sua estrutura: o poeta inglês Abraham Cowley adapta livremente o esquema pindárico (*Pindarique Odes*, 1656), abolindo, entre outras coisas, a tripartição primitiva.

A partir do Romantismo a ode perdeu muito de seu fascínio, mas continua até hoje a ser cultivada, embora em "tons e estruturas muito diversos", desde Victor Hugo, Paul Claudel, T.S. Eliot, Bocage, Cláudio Manuel da Costa, Castro Alves, Tobias Barreto, Fernando Pessoa, Carlos Drummond de Andrade...

2 Os Jogos Olímpicos

Se Píndaro é o príncipe dos poetas e o *poeta dos príncipes*, exatamente porque suas odes triunfais celebram os grandes campeões, principalmente dos Jogos Olímpicos, não é possível escrever sobre o poeta de Tebas, sem antes dar uma ideia dessas competições, que paralisavam e apaixonavam a Grécia inteira.

Olímpia é, antes de mais nada, conhecida na história como berço dos jogos Olímpicos. Com o tempo, o culto dos heróis e dos deuses, em cuja homenagem os Jogos eram celebrados, perdeu sua simplicidade primitiva e transformou-se num festival esportivo e cultural, muito mais que espiritual. A princípio, em honra de Zeus Olímpico, a competição única era a corrida de 192,27m, comprimento exato do Estádio de Olímpia. Essa primeira disputa foi aos poucos sendo enriquecida com várias outras modalidades esportivas e, com isso, também o sentido religioso dos Jogos e o amadorismo acabaram paulatinamente sendo substituídos pelo espírito de competição e de profissionalismo.

Para permitir a vinda a Olímpia de todo mundo grego, da Ásia Menor à Ilha de Sicília, os Jogos realizavam-se de 4 em 4 anos, o que contribuiu para colocar certa ordem no calendário grego. Entre os fins de junho e inícios de setembro, em pleno verão, em época de lua cheia, Olímpia fazia pulsar o coração da Hélade.

Os Jogos Olímpicos têm uma longa história, pois, de 776 a.C.-393 d.C. foram eles disputados aproximadamente 290 vezes!

A primeira competição, vamos repetir, que o mundo conheceu foi a corrida de 192,27m, mas, a partir de 520 a.C. introduziu-se a modalidade denominada *hoplítes* (homem armado) em que os atletas corriam levando o capacete, o escudo e as grevas. Em 708 a.C. surgiu o *péntathlon*, pentatlo, a mais apreciada modalidade esportiva dos espectadores de Olímpia: tratava-se de uma série de cinco provas combinadas, sendo cada uma, de per si, eliminatória. Da primeira, o *salto*, podia participar um número ilimitado de atletas, que carregavam halteres, que soltavam ao saltar. A marca mínima a ser atingida era de 1,70m. Os que conseguiam atingir a distância prescrita, passavam para a segunda prova: o *lançamento do dardo*. Os quatro mais bem classificados disputavam a célebre *corrida de 192,27m*. Eliminava-se, nesta, apenas um e os três restantes partiam para o *lançamento do disco* e, finalmente, os dois melhores atletas disputavam a *pále*; isto é, a *luta*. Vencedor era quem lançava por terra três vezes o adversário, numa luta corpo a corpo.

Em 648 a.C. mais duas competições apareceram: as corridas hípicas no Hipódromo, nas quais os jóqueis montavam sem sela e sem estribo e a distância a ser percorrida era de 768m e as corridas de carros, com bigas ou quadrigas. Nos inícios do século VI a.C., finalmente, surgiu *pankrátion*, "pancrácio" ou "força total": era uma fusão da luta e do pugilato e só era proclamado vencedor o atleta que lançasse ao solo seu adversário e o obrigasse a confessar-se vencido.

À época clássica, os Jogos Olímpicos duravam sete dias: no primeiro os atletas, numa cerimônia de caráter religioso, prestavam juramento diante da estátua de Zeus Hórkios (guardião dos juramentos). Esse juramento encerrava a promessa solene e sagrada, segundo a qual, o competidor "não usaria de estratagemas desleais e respeitaria lealmente as regras". Os jogos propriamente ditos começavam no segundo dia com a corrida dos 192,27m, seguida no terceiro pelo pentatlo. O quarto dia era consagrado à luta, ao pugilato e ao "pancrácio", o quinto à corrida denominada *hoplítes*; no sexto disputavam-se as corridas de cavalos e de carros. O sétimo e último dia era consagrado às cerimônias oficiais, aos sacrifícios e às procissões.

Todos os concorrentes deveriam ser homens livres (as mulheres não participavam dos jogos) e jamais ter incorrido nas penas da lei. Observe-se que, exceto nas corridas de carros, todos os atletas disputavam os jogos completamente despidos. Após cada disputa, o vencedor recebia uma palma, mas, no último dia, durante as cerimônias oficiais, todos os campeões eram premiados com um ramo de oliveira, de alta significação religiosa, já que a árvore, plantada, como acreditavam, por Héracles, estava localizada no recinto do Templo de Zeus. Claro está que objetos de valor e dinheiro eram também outorgados aos heróis olímpicos!

O grande prêmio da vitória para os atletas campeões nos Jogos Olímpicos, porém, eram os aplausos e as honrarias que lhes tributavam gregos e estrangeiros no próprio local das competições. De retorno às suas cidades, derrubava-se até os muros, para que fossem recebidos em triunfo os grandes heróis, que ficavam isentos do imposto e tinham lugares reservados nos espetáculos públicos. Após três vitórias podiam mandar erigir suas estátuas e viver o resto de seus dias às expensas do Estado.

Um grande vencedor sempre merecia uma *Ode*, por isso mesmo denominada *Epinício* (hino triunfal *após a vitória*) por parte de um grande poeta. As Musas do maior dos líricos da Hélade, *Píndaro*, não fizeram outra coisa... E as de Baquílides também!

Diga-se aliás, de passagem, que a afluência de gregos e estrangeiros a Olímpia, durante os jogos, era uma oportunidade única para que os pintores, escultores, atores, poetas, músicos e escritores exibissem seu talento. Foi, precisamente, a partir do século V a.C., que talentos como Píndaro, Heródoto e Platão se consagraram "internacionalmente".

O que importa é que os Jogos Olímpicos não existiram sozinhos: eram uma parcela de um grande festival sagrado em honra dos deuses. Simbolizavam o esplendor da força humana, das qualidades do corpo conjugadas aos valores do espírito.

Se Epidauro e Olímpia, geograficamente, não estão muito distantes, espiritualmente estão muito próximas: afinal, algo muito importante as unia: *mens sana in corpore sano*.

O preito da força e da beleza física contraiu, na Grécia, núpcias indissolúveis com as qualidades do espírito: o belo e o bom, eis aí a síntese de uma visão humanística que somente a Hélade possuiu.

Os Jogos Olímpicos, de 394 d.C. a 1896, dormiram um sono profundo de 1502 anos, quando o idealismo do Barão Pierre de Coubertin, em nome da confraternização da humanidade, acendeu novamente a tocha olímpica. E apesar de tantas diferenças de espírito e das condições de ontem e de hoje, Olímpia continua como um símbolo: símbolo da confraternização e símbolo da paz.

Neste momento, exatamente agora, quando a paz no mundo apagar-se, é hora de se acender, mais uma vez, a tocha olímpica. Afinal, ainda existem dois olhinhos verdes na caixinha de pandora!

São precisamente as grandes disputas atléticas que a musa lírica do poeta de Tebas vai cantar.

3 O poeta

O lirismo grego atingiu seu clímax, no século V a.C., com o príncipe dos poetas e o poeta dos príncipes, Píndaro, o bardo de Tebas, que atingiu o auge da glória, levando o epinício ao apogeu literário. Esses epinícios, como já se disse, são odes triunfais em honra dos vencedores nos jogos diversos que se celebravam na Hélade. Abrangem quatro livros dentro da obra pindárica, denominados segundo as disputas em que se obtinham as vitórias: *Olímpicas*, *píticas*, *ístmicas* e *nemeias*. Voltaire cognominou Píndaro de "sublime cantor dos aurigas gregos e dos combates a punhadas", mas essas disputas atléticas, se no tempo do irônico Voltaire, eram ridículas, para os gregos eram tão importantes como uma vitória militar, Cícero nos lembra que para os gregos uma vitória nos Jogos Olímpicos era tão importante quanto o era o *Triunfo* em Roma.

Na Hélade, o atleta vencedor era acolhido em sua cidade natal como se fora um deus. Penetrava nela em Carro de Triunfo, revestido de espléndidas indumentárias. Faziam-lhes seus concidadãos solenes cortejos e ofereciam-lhe lautos banquetes. A *pólis* inteira estava em festa, porque um de seus filhos acabava de honrá-la aos olhos da Grécia inteira. Pois bem, o epinício é composto exatamente para ser cantado, em honra do atleta vencedor, no cortejo ou durante o banquete que a cidade lhe oferecia.

Píndaro é virtualmente desconhecido entre nós e no mundo moderno. No entanto, os pontos de tangência de sua poesia condoreira com os interesses modernos são múltiplos e bem marcados. Hoje, como em seus dias, os jogos atléticos movimentam cidades e nações; como então, os campeões são distinguidos com honras nacionais e cortejos de triunfo. É pena que não possuam também os atletas hodiernos um Píndaro que lhes eternize no verso as vitórias olímpicas. Tem-se dito e escrito que a ruína da Grécia se deveu à falta de união política. Esse pequeno país tão recortado de montanhas e de invejas, foi, todavia, profundamente unido na afirmação e defesa dos valores étnicos do Helenismo, na medida em que se opunha a tudo que não fosse grego... *bárbaro*, é, precisamente, o que não é da Grécia... Era esse amor à raça, que diluía ódios dispersivos num só vozerio de torcida entusiasmada, durante as competições esportivas. Ao lado do elemento racial e patriótico estava também o sentimento religioso, como outro fator de união. Os Jogos Olímpicos não existiam sozinhos: eram parte de um festival sagrado em honra dos deuses. Simbolizavam o esplendor da força humana, das qualidades do corpo conjugadas aos valores do espírito: *kalón kai agathón*, o belo e o bom, eis a síntese de uma visão humanística que somente a Hélade possuiu.

Pois bem, a poesia de Píndaro é precisamente um atestado do *kalón* e do *agathón*, porque o condor de Tebas possuía asas largas demais para limitar-se a cantar apenas vitórias, origem dos jogos, o vencedor e sua ascendência e os deuses que lhe outorgaram a vitória, como era de praxe em todo epinício. A ode triunfal de Píndaro extrapola cânones e competições, o atleta e sua família, conjugando o *kalón* com o *agathón*. Sua poesia deixa claro que a pátria de Ésquilo via nos seus jogos mais que o estrépito de uma solenidade profana. Os próprios trágicos, tão altos em seu coturno de um drama psicológico, moral e transcendente, não denegavam apresentar em cena alguma descrição olímpica. Sófocles em sua grandiosa tragédia *Electra* nos dá uma bela tirada de versos, em que se descreve uma corrida de carros atrelados.

Homero, Platão, Aristófanes, entre muitos outros, põem a formação física e a excelência nos jogos como base necessária do aperfeiçoamento intelectual.

Voltemos a Píndaro. Os gregos estavam habituados a considerar o homem menos como indivíduo do que como membro de um Estado ou família. Adstringindo-se a essa tendência, Píndaro, ao cantar a glória de seus campeões, estabelece uma conexão entre eles e o passado de sua raça ou país. Havia, além disso, dois aspectos sob os quais o poeta podia considerar seu herói: o do destino e o do mérito; em outros termos, podia cantar sua boa estrela ou sua habilidade – é o que se denomina, em grego, *ólbos kai areté*. Quando a ênfase recaía sobre o destino feliz – isto é, a sorte do vencedor – seguia-se, de imediato, nas odes pindáricas, a admoestação, que representava a *hýbris*, a *démesure*, causa imediata da *némesis*. Nesse ciúme divino, Píndaro se mostrava profundamente grego e, mais do que isso, um precursor dos grandes trágicos, sobre tudo do portentoso poeta de Elêusis, Ésquilo.

Por isso mesmo, não podia faltar, como norma ética do relacionamento entre deuses e homens, num poeta grego do quilate de Píndaro, a ideia da moderação, do *medèn ágan*, o *ne quid nimis* dos latinos, "o nada em demasia", do *gnôthi sautón*, do "conhece-te a ti mesmo", A esperança desmesurada e insensata é sinônima de *hýbris* fatal. É mister saber encontrar a *mesótes*, o meio-termo, de que tanto fala Aristóteles na *Ética a Nicômaco*, *In médio est virtus*, repetiram os latinos.

Essa justa dose de esperança, essa *mesótes*, essa moderação, essa medida constitui a dimensão divina do homem. Ela é, em última análise, a versão humana do absoluto e a garantia única do futuro.

Na *Pítica VIII*, 76, escreve o poeta tebano:

> Somente a divindade outorga sucessos:
> Ora eleva este ao céu, ora sua mão rebaixa aquele.
> Saibas encontrar o teu caminho, observando a moderação.

Esta moderação, esse *métron*, consistirá, antes de tudo, em confinar-se o homem dentro dos limites humanos e não atirar olhares cobiçosos para as estrelas do céu, nem para as neves eternas do Olimpo, onde, em taças de ouro, Ganimedes serve néctar aos imortais.

Na *Olímpica XIII*, 47, nos aconselha ele, na pessoa de seu herói:

> Não se deve pedir aos deuses, senão o que convém
> a corações... mortais. É mister ter o olhar fixo
> nos próprios pés, para nunca esquecer sua condição.
>
> Não aspires, minha alma, a uma vida imortal;
> pelo contrário: exaure o campo do possível.
> Todas as coisas têm sua medida.

O homem pindárico é realmente limitado por suas próprias misérias, mas ajudado pelos dois olhinhos verdes, que ficaram na caixinha de Pandora, o homem pode erguer-se de sua própria limitação: basta que sobre ele descanse o olhar divino:

> Seres efêmeros! Que é cada um de nós?
> O que não é cada um de nós?
> O homem é o sonho de uma sombra
> Mas, quando os deuses pousam

Sobre ele um raio de sua luz,
então vivo fulgor o envolve
e adoça-lhe a existência.

Que pena, escrevia com muita propriedade o grande Charles Péguy, que pena, "os gregos não tiveram os deuses que mereciam".

Contemplando, quase cinco séculos depois, a majestade olímpica de Píndaro, escreveu outro gigante e enamorado das Musas, Quinto Horácio Flaco, cod. IV, 2,1-8:

Pindarum quisquis studet aemulari,
Iulle, ceratis ope Daedalea
nititur pennis, vitreo daturus
nomina ponto.
Monte decurrens uelut amnis, imbres
quem super notas aluere ripas,
fervet immensusque ruit profundo
Pindarus ore.

Aquele que pretende emular Píndaro
e se estriba em penas unidas com cera de Dédalo,
ó Iulo, há de dar seu nome ao vítreo oceano.
Rio solto da serra, a quem as chuvas
fizeram transbordar do leito habitual,
tal ferve e de profunda boca
rui Píndaro imenso!

***

Forja tua língua numa bigorna de verdade
e o que daí saltar, seja embora centelha, há de ter peso,

escreveu a Águia de Tebas.

E, uma vez que Píndaro escolheu para pedestal de sua poesia a verdade, que é eterna, sua arte não podia e não pode sucumbir com o tempo.

Há de ser, como a respeito de sua própria história escreveu o grande Tucídides, um κτῆμα εἰς ἀεί, *Ktêma eis aei*, *uma aquisição para sempre*[4]. Compete a nós, que amamos a Grécia, vocês e eu, não permitir que se extinga a faísca que Prometeu trouxe do céu. "A humanidade teve um sonho: o helenismo; e um êxtase: o cristianismo."

4. Tucídides 1, 22,4, conforme Renzo Tosi, no v. 182: κτῆμα εἰς ἀεί.

Se os gregos não tiveram os deuses que mereciam, porque, carentes da revelação e dominados pelo fatalismo das causas cegas, acabaram esmagados pelo peso de chumbo dos braços da Moîra, nós temos, no Gólgota, dois braços abertos prontos para um abraço de eternidade.

Vamos, agora, apresentar uma ODE TRIUNFAL pindárica completa, para que, ao menos em parte, possamos observar-lhe a estrutura e as ideias básicas do poeta dos príncipes.

Pítica I

A Hierão de Etna (Vencedor na corrida de carro)

Estrofe 1

Lira de ouro de Apolo e das Musas
de tranças violáceas, comum apanágio; a teu som
a dança inicia a festa e
obedecem os cantores a teus sinais,
quando dos prelúdios, que guiam os coros,
as primeiras notas fazes vibrar.
Apagas a ponta do raio
de fogo eterno. Adormece, sobre o cetro
de Zeus, a águia, as rápidas
asas, dos dois lados, tendo deixado pender

Antístrofe 1

o rei dos pássaros; uma sombria
nuvem, sobre sua
cabeça inclinada, doce venda
das pálpebras, estendeste; dormindo,
o flexível dorso ele soergue, pelos teus
sons possuído. Pois até o violento
Ares, tendo arreado a rude
ponta das lanças, deixa abrandar-se o coração
em sono profundo. Teus acordes também dos deuses
encantam os corações, graças à arte
de Apolo e das Musas de roupas pregueadas.

Epodo 1

Mas todos a quem não ama
Zeus, estremecem, o canto
das Piérides ouvindo, por terra e
pelo mar invencível.
E assim também aquele que no horrível Tártaro jaz,
inimigo dos deuses,

Tifão de cem cabeças. Ele um dia
cresceu, no renomado antro de Cíclica; agora
as escarpas que sobre Cumas o mar detém,
e mais a Sicília, lhe calcam
o peito cabeludo, e uma coluna
celeste o contêm,
o – nevoso Etna – que todo ano
gelo picante provê.

Estrofe 2

são expelidas as mais puras
fontes abissais
do fogo inabordável, e, de dia, rios
derramam um fluxo de fumaça
ardente; nas trevas, porém, pedras
uma rubra chama, rolando, ao mar
profundo, atira com estrondo.
E é aquele monstro que as lavas de Hefesto
terribilíssimo lança: prodígio
maravilhoso de ver,
maravilha também de ouvir dos que o viram,

Antístrofe 2

como ele está preso entre as negras
folhagens dos cimos e o solo
do Etna, cujo leito lacerando-lhe todo
o dorso reclinado o fere.
Oxalá, ó Zeus, oxalá, te agrademos,
a ti que esta montanha dominas, esta fronte
de terra fecunda, com cujo nome
o ilustre fundador glorificou a cidade
vizinha; e no estádio dos jogos píticos
o arauto proclamou-a
quando anunciou a bela vitória de Hierão

Epodo 2

na corrida de carros. Para navegantes
a primeira graça.
ao iniciarem a travessia, é que os conduza
um vento favorável, pois é de supor-se
que, ao terminá-la, melhor
retorno hão de lograr. A palavra do arauto,
nestas circunstâncias, à cidade glória anuncia:
no porvir ela será, pelas coroas de suas vitórias
hípicas, gloriosa,
e por suas festas de sons harmoniosos, renomada.

Da Lícia e de Delos senhor,
ó Febo, que no Parnaso a fonte
Castália amas,
oxalá, consintas, de coração, essas predições
e que se torne de heróis esta terra.

Estrofe 3

É dos deuses, com efeito, que todos os
recursos das qualidades humanas
– a sabedoria, a força dos braços, a eloquência –
provêm. Eu a tal homem
louvar intentando, espero
não lançar o dardo de faces de bronze como
aquele que, brandindo-o com a mão, fora do
campo o arremessa,
mas, atirando-o à grande distância, ultrapassar meus rivais.
Oxalá, o tempo sempre não só felicidade tal
e posse de bens lhe outorgue,
mas também das fadigas o esquecimento lhe conceda.

Antístrofe 3

Sim, o tempo vai lembrar-lhe
os combates de guerra em que,
de coração valoroso, resistiu, quando os seus
obtiveram das mãos dos deuses uma honra
tal como nenhum grego colhe,
coroamento glorioso de sua opulência. Hoje, em verdade,
a via de Filoctetes seguindo,
ele se pôs em campanha. Em apuros, como amigo,
até certo orgulhoso o adulou.
Dizem que a Lemnos, onde vivia pela chaga
arruinado, vieram

Epodo 3

heróis semelhantes a deuses, a fim de buscar
o arqueiro, filho de Peante.
Ele que a cidade de Príamo destruiu
e pôs termo às penas dos Dânaos,
fraco, mal podia andar,
mas cumpria-se o destino.
Assim, que a Hierão um deus seja guia seguro
por todos os dias, de tudo o que
almeja, a oportunidade lhe concedendo.
Musa, também junto a Dinômene celebrar
permite-me a vitória das quadrigas;

não é alheia a alegria
da vitória de um pai.
Vamos, pois, para o soberano de Etna,
criemos um hino de amizade.

Estrofe 4

Para ele esta cidade, com a liberdade
instituída pelos deuses,
dentro das leis da disciplina de Hilo, Hierão
fundou. Querem os filhos de Pânfilo,
sim, os descendentes dos Heraclidas.
que sob as encostas do Taígeto habitam
sempre reger-se pelas leis de Egímio,
dórios que são, fixaram-se em Amiclas, prósperos,
vindos de Pindo, dos Tindáridas
de brancos corcéis nobres
vizinhos, cuja glória floriu na ponta das lanças.

Antístrofe 4

Zeus, que tudo realizas, que, sempre,
ao longo do Rio Ámenas,
tal destino para os cidadãos e para os reis
assine a voz irrefutável dos povos.
Que, graças a ti, ó príncipe,
com a ajuda do filho, governando e honrando o povo,
dirija-o para a concórdia pacífica.
Suplico-te, consente, ó Crônida, que em sua morada
tranquilo permaneça o Fenício, enquanto também o grito
de Guerra dos Tirrenos permaneça sufocado,
depois que viram
sua indolência chorar a perda da frota em Cumas.

Epodo 4

Quanto sofreram, submetidos
pelo princípe de Siracusa,
que, deles, de seus rápidos navios, ao mar
lançou a juventude,
a Grécia livrando de pesada
servidão. Reclamo
para Salamina a gratidão dos Atenienses
como recompensa; em Espata falarei
da batalha do Citerão
– batalhas em que sucumbiram os Medos de arcos curvos –
mas depois de ter cantado, aos filhos

de Dinômene, o hino que, às margens do caudaloso
Hímera, mereceram por sua coragem,
quando os inimigos sofreram a derrota.

Estrofe 5

Se com propósito falas, se de muito conteúdo
o essencial concentras
em poucas palavras, menos te acossa a censura dos humanos
pois o fastio deplorável
embota esperanças breves.
Aos cidadãos, no íntimo de seu coração, importuna
ouvir em demasia o alarde dos méritos alheios.
Entretanto, pois é preferível à piedade a inveja,
não descures o belo. Dirige com o leme
da justiça o teu povo; e na bigorna
da verdade forja tua língua.

Antístrofe 5

Se uma faísca, embora insignificante, escapa,
isso é grave, sem dúvida, se é provocado por ti.
De muitos tu és senhor.
Muitas – são as testemunhas fiéis de teus
atos, quaisquer que sejam eles.
No teu florescente espírito perseveram
e se queres sempre coisas agradáveis
ouvir, não te canses logo de gastar.
Dá, como um bom piloto,
vela ao vento. Não te iludas,
amigo, com lucros enganosos.
A reputação de glória que sobreviveu ao homem

Epodo 5

só revela o modo de vida dos que já se foram
aos prosadores e poetas. Não perecem
aos benevolentes disposições de Creso.
Aquele que em touro de bronze
queimava, com alma impiedosa, suas vítimas,
Fálaris, conserva por toda parte um renome odioso,
Nunca as liras de nossos lares em doce
harmonia com os cantos das crianças o acolhem.
Ser feliz é o primeiro dos bens;
ter fama, o segundo que o destino concede;
tanto um como outro, o homem,
que os encontra e conquista
a coroa suprema recebe.

VI – Literatura latina: missão e compromisso

1 *Introdução*

A literatura latina é caudatária da grega. Isto é ponto pacífico. Pode-se afirmar que as musas gregas chegaram a Roma lá pelo século III a.C., ou mais precisamente, em 272 a.C.[5], quando Roma se apoderou do último baluarte grego ao sul da Itália, a cidade de Tarento. A partir daí começou realmente a helenização da capital dos Césares, apesar da tenaz resistência de Catão e de uma parcela da nobreza romana. Com a queda da Grécia continental, em 146 a.C. e o avanço das legiões em direção à Ásia menor grega ou helenizada, a cultura grega se apoderou de Roma, segundo confessa um dos maiores poetas latinos, Quinto Horácio Flaco (65-8 a.C.):

> Graecia capta, ferum victorem cepit et artes
> intulit agresti Latio (*Epístolas* II, 1, 157).
>
> A Grécia vencida pela força bruta levou de vencida seu feroz vencedor
> e introduziu as artes e as letras no Lácio inculto.

Omnium Virtutum et utilitatum rapacissimi [Os romanos eram avidíssimos por tudo quanto representasse valor e utilidade] (Plinio o Velho (23/24-79 d.C.). *Nat. Hist.* XXV, 2, 4), o que fez com que esse povo não pudesse realmente criar uma literatura sua e, por isso mesmo, com seu inegável dom de assimilação, adotou a literatura grega inteira, que chegou a Roma de uma só vez: epopeia, lirismo, teatro, oratória, história, filosofia...

Pois bem, foi exatamente esse poder de assimilação que deu à literatura latina um profundo toque de romanização. Seja em que gênero for, haverá sempre, percorrendo a obra literária o espírito e o ideal desse extraordinário povo romano.

Homem de ação, antes de tudo, cultivou pouco o lirismo, mas dedicou-se com paixão à história, à eloquência, à filosofia moral e mesmo à epopeia, onde o heroísmo, muito caro a seus ideais, é a tônica.

Além do mais, imitação não é plágio. O processo, sobre ser artístico, é altamente emulativo. Não se trata de fazer algo de novo, mas de criar

---

5. Roma fecha o ciclo histórico dos seus reis etruscos em 509 a.C. e começa a existir para os latinos no século VI a.C. Na data de 272 a.C., Lívio Andronico apresenta a Roma a *Odisseia*, de Homero.

sobre o já criado, pois que *mímesis*, imitação, enquanto criação artística é *poíesis*, criação. O problema situa-se num levantamento geral, gradativo, crítico dos valores intrínsecos da imitação e da criação. O que interessa ao leitor de uma obra clássica latina, uma vez que ela é *mímesis*, está precisamente no modo de ser dessa *mímesis*. O que vale em semelhante obra de arte (*Dichtung* = poesia, ficção) é o que vem depois, é o quilate humano e artístico que nos dá o filtro criador do poeta.

Precisamente isto procuraram fazer os poetas e prosadores latinos: imitaram, criando, e criaram, imitando, numa ânsia de superar o modelo.

De outro lado, é preciso observar que Roma deu ao mundo o primeiro modelo de um estado poderosamente organizado e associou-lhe a literatura latina, que conquistou todo o mundo civilizado. Os grandes escritores latinos não são apenas italianos ou romanos, mas gauleses, espanhóis, africanos. Dirigem-se eles, por conseguinte, aos leitores de todo o império. Este caráter de universalidade da literatura latina explica seu interesse sempre atual e a poderosa influência exercida sobre a literatura ocidental.

Mas, herdeira da Grécia, Roma possuía a sua missão e seu poeta maior, Públio Vergílio Marão (70-19 a.C.), soube destacá-la, colocando lado a lado, mas em polos divergentes, dois universos do pensamento, o grego e o romano:

> Excudent alii spirantia mollius aera,
> Credo equidem; uiuos ducent de marmore uultus;
> Orabunt causas melius, caelique meatus
> Describent radio; surgentia sidera dicent:
> Tu regere imperio populos, Romane, memento.
> Hae tibi erunt artes, pacisque imponere morem,
> Parcere subiectis et debellare superbos
> (*Aeneis*, VI, p. 847-853).
>
> Outros saberão com mais arte dar vida ao bronze,
> Assim o creio; outros farão surgir do mármore figuras humanas;
> Saberão pleitear mais eloquentemente as causas, calcularão os movimentos
> Do céu e o surgir dos astros. Tu, Romano, lembra-te
> De que nasceste para governar o mundo.
> Eis aí as tuas artes: impor a paz,
> Poupar os vencidos e esmagar os soberbos.

Voltando ainda um pouco a esses "empréstimos" que a Grécia fez a Roma, é preciso assinalar que a cultura romana não assimilou simplesmente a cultura grega, mas a traduziu e, portanto, a transformou. Heidegger no ensaio *A origem da obra de arte* (*Chemins qui ne menent nulle parte*. Paris: Gallimard, 1962, p. 16; tradução francesa do livro *Holzwege*) observa com muita argúcia as consequências do uso na língua latina de termos gregos e essa observação é também válida para explicar o encontro dos dois universos do pensamento: "É pois verídico que esta tradução de termos gregos para o latim não é, em hipótese alguma, algo tão inofensivo, como se pensa até hoje. Esta tradução aparentemente literal (e, por isso mesmo, aparentemente salvaguardante), na realidade, uma tra-dução (trans-ducere, transpor para além), uma transferência da experiência grega para um outro universo do pensamento. O pensamento romano retoma as palavras gregas sem a apreensão original correspondente ao que elas dizem, sem a palavra grega".

Donde se depreende que, "traduzindo" a experiência cultural helênica, a missão de Roma é também compromisso!

2 Catulo: o lirismo erudito e violentamente apaixonado

O lirismo latino é relativamente pobre, ou porque não possui grandes poetas (é o caso de Tibulo [Albius Tibulus: 54-mais ou menos 19 a.C.] e Propércio [Sextus Propertius: 54/43-16/15 a.C.]) ou porque seus líricos (exceto Catulo [Caius Valerius Catullus: por volta de 77-57/54 a.C.) dedicaram o melhor de sua inspiração a outros gêneros, como Horácio e Ovídio (Publius Ouidis Naso: 43 a.C.-17/18 d.C.).

Na *mímesis*, na transposição do lirismo grego para Roma, exceto em parte, o nosso Catulo, os modelos preferidos dos latinos foram Safo, Alceu, Anacreonte, Arquíloco e, às vezes, Píndaro.

Vamos enfocar aqui somente Catulo e assim mesmo apenas um lado, um dos ângulos do lirismo do poeta latino.

Após uma ligeira ideia de quem foi Catulo e de seu "amor terrível", vamos dividir-lhe a obra e, após mostrar "suas fontes" de inspiração, focalizaremos as chamadas poesias pessoais, oferecendo delas alguns exemplos sugestivos.

Caio Valério Catulo forma com Tito Lucrécio Caro (por volta de 98 a.C. e suicidou-se aos 44 anos) o grande oásis poético dentro do atormentado século I a.C.[6]

Com efeito, o predomínio da prosa no chamado século de Cícero, com o próprio Marco Túlio Cícero (106-43 a.C.), César (Caius Iulius Caesar: 100-44 a.C.), Salústio (Caius Sllustius Crispus: 86/87-34/35 a.C.) e Varrão (Marcus Terentius Varro: 116-26 a.C.), para citar apenas os principais, é uma consequência lógica dos graves acontecimentos políticos que, antes de transformarem a orgulhosa *Respublica Romana* em Império, fizeram dela, no século I a.C., talvez a mais sangrenta das arenas, onde peculato, orgulho, corrupção, ditadura, ateísmo, ambições desenfreadas e crimes infames envergonharam a memória heroica de Atílio Régulo (Marcus Atilius Regulus, eleito cônsul por duas vezes: 299-246 a.C.) e a honradez destemida de Catão (Marcus Porcius Cato. "o Antigo ou o Censor": 243-149 a.C.). O que importa é dizer logo que, se a poesia filosófica de Lucrécio é um refúgio e uma grave reflexão para as almas entristecidas com o espetáculo sangrento desse período, a obra de Catulo, em seu conjunto, fugindo às agitações políticas do século I, é uma explosão de juventude, de amor, de ódio e uma alta lição de técnica e versatilidade.

Nascido em Verona, na Gália Cisalpina, aos 20 anos encontramo-lo em Roma, onde o poeta, culto e erudito, frequenta os grandes meios literários e sobretudo os meios sociais e mundanos, em que o jovem poeta esbanjou muito da fortuna de sua aristocrática família e consumiu a saúde. Em 57 a.C., Catulo partiu para a Ásia em companhia de C. Memmius, magistrado diserto e culto, a quem Lucrécio dedicara e seu *De rerum natura*, *A natureza das coisas*, e que obtivera o governo da Bitínia.

Se Catulo não conseguiu com essa viagem retirar as teias de aranha que lhe enchiam a bolsa vazia, o que muito o irritou (poema XXVIII, 7-15), teve a grande ventura de, no retorno, visitar o túmulo do irmão querido falecido na longíngua Tróada (poema CI).

O mais importante acontecimento, todavia, da vida de Catulo foi sua amante Clódia[7], a quem o poeta imortalizou sob o pseudônimo de Lésbia (Ovídio. *Trist.* 11, 427; Apuleio. *Apol.* 10).

6. Toda a literatura da primeira metade do século I a.C. é política. É um período marcado por lutas civis, busca de poder: muita tensão política. Prevalece a prosa: a eloquência retórica.

7. Catulo, em seus poemas, chama-a de Lésbia, não só em homenagem à poetisa Safo, como também para despistar por ser ela esposa de político influente.

Ao que parece, essa famosa Clódia, célebre pelo número de maridos e amantes, não menos que pelo fausto, devassidão e homicídios, era irmã do caudilho P. Clodius Pulcher, inimigo de Cícero. Diga-se, de passagem, que o grande orador nos deixou dessa mulher terrível e audaciosa um retrato magnífico, quando da defesa de seu constituinte, P. Caelius Rufus, um dos amantes de Clódia, por ela acusado de tentar envenená-la (cf. *Pro Caelio*, sobretudo 13, 15, 16, 20, 22, 23, 26, 29, 32 e Gaston Boissier, *Cicéron et ses Amis*, p. 167-219).

A identidade de Lésbia com a devassa Clódia, posta ainda por vezes em dúvida, é hoje admitida pela maioria dos estudiosos de Catulo. Após mais ou menos quatro anos de amores, ódios e traições (poema LXXVI), alternados de brigas e reconciliações (poemas VIII, 4-5; CVII; CIX), gritos de raiva e desespero, ultrajes inomináveis e protestos de ternura e amor eterno (poema XXXII, XLIII, LVIII, LXX, LXXII, XCII, CIV) a ligação amorosa entre Lésbia e Catulo chegou ao fim. Este adeus definitivo, que dilacerou a alma do poeta, como se lê em *Difficile est longum subito deponere amarem* (LXXVI, 13), "É difícil desfazer-se repentinamente de um longo amor" Certamente foi consequência das constantes e intermináveis infidelidades de Clódia; Egnatius, Rauidus, Rufus, Quintius, Gellius são alguns dentre os rivais (poemas XXXVII, XXXIX, XL, LXXVII, LXXXII, XCI) com quem lutou o poeta de Verona pela posse do coração de Lésbia.

Seja como for, Lésbia foi a grande musa de Catulo.

Foi indiscutivelmente a responsável pelas mais inspiradas e explosivas criações poéticas do extraordinário lírico da Gália Cisalpina.

Catulo faleceu jovem, consumido pela tuberculose.

2.1 A obra de Catulo

A obra de Catulo nos chegou incompleta: ao todo 116 poemas. No que diz respeito à inspiração, os poemas de Catulo podem dividir-se em três grupos: o primeiro abrange as composições líricas em metros variados (1-60); o segundo, poemas de maior extensão, os "alexandrinos": (61-68); o terceiro, os epigramas e dísticos elegíacos (69-116). Para efeito didático, no entanto, vamos dividi-los em poesias impessoais, traduzidas, inspiradas, contaminadas ou apenas formalmente imitadas dos Alexandrinos e poesias pessoais, cujo assunto é o próprio Catulo com seus amores, seus ciúmes, ódios e sua alma sensível e irriquieta.

2.1.1 Os poemas alexandrinos e os Neóteroi

Não é o momento oportuno para se fazer um estudo crítico dos chamados poemas alexandrinos, aos quais não se tem dado a importância que merecem no contexto da obra de Catulo e da própria literatura latina, mas não parece de todo inútil, talvez por isso mesmo, uma breve referência à *Literatura Alexandrina*, aos *Neóteroi* e aos *Poemas Alexandrinos*.

Alexandre Magno, com a conquista do Oriente no século IV a.C., liquidou de uma vez com a liberdade da Grécia. Essa perda da liberdade política refletiu-se profundamente nas letras, uma vez que a atividade artística e literária deslocou-se para fora da Hélade. A arte e a literatura já não mais se acotovelavam na *pólis*; sua cidade agora era o mundo. Já não mais se pode falar em arte e literatura grega clássica, mas *arte e literatura helenística.*

A conquista do Oriente pela civilização grega foi obra dos reinos do Egito com *Alexandria*; da Síria com *Selêucia* do Tigre; *Antioquia* e *Laodiceia* e de Pérgamo com a cidade do mesmo nome.

Alexandria, que nos interessa no momento, a partir do século III a.C., tornou-se a capital do helenismo com seu *Museu*, verdadeira cidade universitária, com uma biblioteca de 700 mil volumes, salas para cursos e dissecação de cadáveres, jardim zoológico... Os Ptolomeus, mecenas pródigos, atraíram para a corte as figuras mais eminentes do mundo grego nas ciências, nas artes e letras.

Os poetas alexandrinos, sem os pruridos nacionalistas dos grandes escritores de Atenas do século V a.C., rebelando-se contra as tradições literárias de um passado tipicamente democrático, fizeram literatura para a elite, em cujo meio viviam. Julgando anacrônicos os poemas cíclicos, a época alexandrina se caracteriza pela predominância dos pequenos gêneros. Não é em vão que o papa da poesia alexandrina, o bibliotecário Calímaco de Cirene, dizia que "um grande poema é um grande mal" e quando a *Inveja* sopra nos ouvidos de Apolo "que só lhe agrada o poema que é vasto como o mar", a resposta do deus não se fez esperar: "imenso é o curso do Eufrates, mas em suas ondas ele arrasta lodo e impurezas".

Eis aí por que os alexandrinos preferem os poemas curtos, já que pela técnica do estilo e da versificação, os áulicos de Ptolomeu tentaram rivalizar com as artes plásticas. Sua arte é de certa maneira uma miniatura em que se acentua o aspecto formal com excessivo preciosismo. Vivendo numa época em que o gosto da pesquisa científica e da erudição é uma verdadeira mania, os alexandrinos são antes de tudo poetas eruditos. Abandonando de uma vez o século V a.C., voltaram-se para os mais antigos: Homero, Hesíodo, Safo, Alceu, Anacreonte, Arquíloco, não para imitá-los servilmente, mas para criar algo de novo sobre o já criado. A água mansa dos regatos substitui as correntezas do Eufrates. O *epýllion*, idílio mitológico, substitui a epopeia; a elegia, o epigrama, o epitalâmio, o hino e a ode amorosa substituem os poemas de longo fôlego. A natureza com sua fauna e flora substitui a *'pólis'*. A mitologia clássica despe-se de seu caráter sacro e ético e torna-se galante, requintada, romanesca e culta. A religião torna-se uma liturgia sem fé. A literatura transforma-se num exercício artístico e erudito.

Eis aí, em síntese, a herança outorgada aos *Cantores Euphorionis*. Em oposição aos moldes estéticos da "envelhecida poesia nacional", surge em Roma, no século I a.C., uma *Escola Nova* que tentou e conseguiu aclimatar na *Urbs* a poesia mitológica, galante, requintada e culta dos alexandrinos gregos. Poetas da alta sociedade escreveram para um público aristocrático, seguindo as pegadas de Calímaco, que devia "evitar o caminho por onde se arrasta a multidão e não bebe na fonte comum", porque "repugna-me tudo quanto é público".

Anteciparam-se, destarte, os *poetae noui* ao *Odi profanum uulgus et arceo*, "odeio e repilo o vulgo profano", de Horácio (*Odes*, III, 1. 1).

O programa da Escola é calcado no modelo alexandrino: fugir ao "anacrônico" e à banalidade constitui o artifício fundamental. Os temas são arrancados da nova mitologia dessacralizada, erudita e galante, ou por vezes da própria vida dos poetas: aventuras amorosas, sentimentos pessoais. Por isso mesmo cultivaram e cultuaram os gêneros preferidos dos alexandrinos: o *epýllion*, o epitalâmio, a elegia, o epigrama, a ode amorosa, gêneros enfim onde pudessem demonstrar seu virtuosismo artístico. A técnica formal é levada em alta conta, já que ela deve traduzir o exotismo do fundo. Daí o emprego de termos rebuscados e de epítetos raros. Condenando todas as licenças métricas, estabeleceram leis severas para a versificação, fazendo alarde ao mesmo tempo de metros raros, como hexâmetros espondaicos, o galiambo, o ferecrático, o hendecassílabo e o coliambo.

Como diz o próprio Catulo no poema XCV, 1-2, seu amigo Hélvio Cina trabalhara e limara durante nove anos o poema *Smyrna*.

Desta forma, quando o poema apareceu, já precisava de um comentário escrito por L. Crassício (cf. Suet. *Gramm.* 18), parecendo antecipar-se de vinte séculos os *poetae noui* à Escola Parnasiana e sonhar com os "ninhos e as pedras preciosas" de Alberto de Oliveira e com a "lima" de Bilac.

Os principais corifeus do movimento alexandrino em Roma foram, todos mencionados por Catulo, P. Valério Catão, L. Licínio Calvo (82-47 a.C.), Hélvio Cina (século I a.C.), M. Fúrio Bibáculo (103 a.C.-(?)), e Catulo.

Com exceção dos 116 poemas de Catulo, das obras dos demais componentes do "Cenáculo" quase nada chegou até nós, a não ser fragmentos e citações de gramáticas e lexicógrafos.

São estes os célebres *poetae noui* (Cícero. *Orat.* 161), *Cantores Euphorionis* (Cícero. *Tusc. disp.* III, 45), "Cantores de Euforião" (poeta obscuro de Cálcis, na Eubeia, certamente "afetado") ou *neóteroi* – isto é, "mais jovens, modernistas" (Cícero. *Ad Att.* VII, 2, 1) – como lhes chama ironicamente Cícero.

2.1.2 *Poesias pessoais*

As denominadas *poesias pessoais* abrangem as composições líricas (1-60) em metros variados (devendo-se observar que o hendecassílabo falécio e o coliambo ocupam dois terços dessas composições) e os epigramas (69-116) em dísticos elegíacos.

Estes poemas pessoais, em que Catulo se aproxima bem mais de Safo, Alceu, Arquíloco e Anacreonte do que dos alexandrinos, são o eco direto da vida do poeta: a paixão, o ódio e o amor se fundem no ciúme e na sátira violenta; a tristeza e a dor brincam por vezes de alegria prazenteira e jovial: uma graciosidade encantadora, perfeita naturalidade e um tom por vezes ingênuo unem-se a uma forma irrepreensível.

É bom lembrar que Catulo é um poeta impetuoso que escreveu sob o impulso e o impacto de uma grande paixão. A figura de Lésbia, cujo pseudônimo evoca a lembrança de Safo, nascida na ilha de Lesbos, domina quase integralmente as composições líricas. Conjugando, em nome de *Lésbica*, a violência com a graça, a crueldade com a delicadeza, Catulo é extremado em tudo e, por isso mesmo, sincero em tudo.

Catulo é um poeta que soube encontrar uma *dictio*, um estilo apropriado a cada gênero, a cada poema.

Se nos alexandrinos é grave e erudito, nos poemas líricos é terno e violento, ingênuo e familiar, chegando não raro ao vulgarismo. Ao bom-tom, à *urbanitas*, contrapõem-se as explosões do ódio e do amor. À torturada linguagem alexandrina sucedem a ternura, os calões e os diminutivos.

Numa época em que poetas e prosadores se queixavam da pobreza da língua latina, os *Neóteroi,* Catulo à frente, deram direito de cidade a gêneros diversos, ode, elegia, epigrama, *epýllion*, preparando destarte a Horácio, Tibulo, Propércio e Marcial (Marcus Valerius Martialis: entre 38/41-64 d.C.). À força e ao brilho da taratantara das trombetas de Ênio (Quintus Ennius: 239-169 a.C.) e do gigantismo enervante de Pacúvio (Marcus Pacuvius: 220-132 a.C.) e Ácio (Lucius Attius ou Accius: 170-94 a.C.), Catulo adicionou a graça e a elegância de estilo.

Poeta erudito e terno, artista engenhoso e requintado, abriu caminho para os grandes mestres do século de Augusto (L. Augustus, título honorífico obtido em 27 a.C. por Júlio César Otaviano, L. Gaius Octavius: 63 a.C.-14 d.C.).

Pela primeira vez a *Urbanitas*, o bom-tom, a *Rusticitas*, a simplicidade, e a *Obscenitas*, os vulgarismos, deram-se as mãos.

Poema V

Viuamus, mea Lesbia, atque amemus,
Rumoresque senum seuerioruum
Omnes unius aestimemus assis
Soles occidere et redire possunt;
Nobis cum semel occidit breuis lux,
Nox est perpetua una dormienda.
Da mi basia mille, deinde centum,
Dein mille altera, dein secunda centum,
Deinde usque altera mille, deinde centum.
Dein, cum milia multa fecerimus,
Conturbabimus illa, ne sciamus,
Aut nequis malus inuidere possit,
Cum tantum sciat esse basiorum.

Vivamos e amemos, Lésbia minha,
E os murmúrios dos velhos mais severos
Desprezemos.

Ao sol é dado renascer a cada morte,
Mas, para nós, quando se apaga a breve chama,
Teremos a dormir a noite eterna.
Dá-me mil beijos, e mais cem, mais mil,
E ainda cem, e mais milhares e centenas.
E assim, depois de tantos mil,
Tudo confundiremos, a fim de que não saibamos,
Ou nenhum malvado nos possa invejar
Por saber de tantos beijos que nos demos.

Observem bem o poema que se segue: primeiro, lembremo-nos do apelo que faz o lírico a determinados órgão do corpo humano; segundo, coteje-se a composição poética com o poema de Safo que transcrevemos na seção III deste capítulo e com a "tradução" de Boileau.

Poema LI

Ille mi par esse deo uidetur,
Ille, si fas est, superare diuos,
Qui sedens aduersus identidem te
Spectat et audit
Dulce ridentem, mi.s ero quod omnis
Eripit sensus mihi; nam simul te,
Lesbia, aspexi, nihil est super mi
Vocis in ore,
Lingua sed torpet, tenuis sub artus
Flamma demanat, sonitu suopte
Tintinant aures, gemina teguntur
Lumina nocte.
Otium, Catulle, tibi molestum est;
Otio exultas nimiumque gestis.
Otium et reges prius et beatas
Perdidit urbes.

Parece semelhante a deus, ou se possível,
superar os deuses, este que sentado junto a ti
contempla e ouve, enquanto sorria docemente,
o que me faz perder o senso, pobre de mim;
pois, quando te vejo, Lésbia, fico transtornado.
Com as palavras presas na boca. A língua se entorpece;
vibram-me os ouvidos em zumbidos
e a noite desce sobre a luz dos meus olhos.

O ócio, Catulo, te é funesto,
tu te excitas com o ócio e te agitas demais;
o ócio fez perder
reis e cidades outrora felizes.

Poema LVIII

Caeli, Lesbia nostra, Lesbia illa,
Illa Lesbia, quam Catulus unam
Plus quam se atque suos amauit omnes;
Nunc in quadruuiis et angiportis
Glubit[8] magnanimi Remi nepotes.

Célio, a nossa Lésbia, aquela Lésbia,
Aquela Lésbia que Catulo amou
Mais do que a si próprio, mais que a todos os seus;
Agora ela esfola nas encruzilhadas e vielas[9]
Os heroicos descendentes de Remo...

VII – Quinto Horácio Flaco

1 Introdução

Amigo íntimo de Vergílio, a quem chamava *dimidium animae meae, metade de minha alma*; amigo estimadíssimo de Mecenas, ministro de Augusto, o Mecenas protetor incontável das artes e das letras, Horácio era filho de um "liberto". Roma racista e discriminatória se *transformara*: o filho de um ex-escravo em amigo íntimo do Imperador e de um poderoso ministro, ao lado de cujo túmulo foi erguido o do poeta!

Se, com toda a justiça, o século I a.C. é a *aetas aurea, a idade de ouro*, da literatura latina, pode ser também denominado *o século dos berços humildes*, que tinham talento: o socialmente desprezado Horácio, o campônio Vergílio e outros...

Completados seus estudos em Atenas, o poeta voltou a Roma e uma vez firmada a amizade com o Imperador e o ministro, pôde dedicar-se, em sua Quinta, nos montes Sabinos, única e exclusivamente à literatura. Era o seu otium cum dignitate, *lazer com dignidade*; na paz de uma *aurea mediocritas, mediocridade dourada (exaltação das vantagens de ficar num intermediário dos polos extremos)*!

8. Verbo *glubĕre, esfolar.*

9. Era como os romanos se referiam aos locais (= *quadrivium, encruzilhadas*) de prostitutas.

Sua obra, felizmente, nos chegou inteira e por ela se pode avaliar que o autor da *Arte poética*, escreveu pouco. O motivo desse fato se deve ao temperamento fleumático do poeta e à meticulosa escrupulosidade na elaboração técnica de suas poesias. A Horácio não estimulavam o entusiasmo poético e a alegria criadora do gênio: o que condicionava sua produção era a fria atividade racional do artista, que busca e aspira à perfeição da forma. Para tanto, segundo ele, é necessário ter cultura:

Scribendi recte sapĕre est et principium et fons (*Ars poética*, p. 309), O princípio e a fonte de escrever com perfeição é ter cultura.

Em outra passagem, o poeta é mais explícito:

> Ó vós, descendentes de Pompílio, condenai o poema,
> Que não tiver sido corrigido durante muito tempo
> E, mesmo que parelha sem defeitos,
> Terá que ser limado dez vezes, até a perfeição
> (*Ars poética*, p. 291-294).

2 *Odes horacianas*

De Horácio possuímos: as *Odes* (4 livros); *Epodos* (17 poemas); *Sátiras* (2 livros) e *Epístolas* (2 livros), de que se destaca *A arte poética* ou *Epístola aos Irmãos Pisões*, com 476 versos hexâmetros, na qual o autor expende os princípios da arte literária. Tomadas estas obras em bloco, o estilo horaciano é um modelo de arte, de bom gosto, de espírito inspirado, de lirismo e de compreensão total da missão do poeta.

Horácio se propôs nas *Odes* a transplantar para o solo romano o canto eólico de Alceu, Safo e Anacreonte. Era um "risco poético" muito sério, porque se tratava de reproduzir as formas polimétricas gregas sem trair a eufonia ou o caráter rítmico da língua latina. O poeta se saiu tão airosamente da empresa, que nenhum autor de ode, que se lhe seguiu, antigo ou moderno, poderá ser comparado com ele. Apesar do muito que tomou de empréstimo aos líricos da Hélade, inclusive a Píndaro e Baquílides, tanto nas ideias quanto nas formas métricas, Horácio alcançou uma assombrosa originalidade, porquanto infundiu em seus poemas um espírito autenticamente romano e um cenário puramente local.

Nas mãos do poeta de Venúsia a ode despoja-se de seu caráter musical e cênico, e principalmente dos arroubos das paixões violentas, para tornar-se objeto de leitura individual e sobretudo de reflexão.

Se o amor, ao menos aparentemente, só aparece em 20 das 104 odes, é porque Horácio soube sacrificar o individual nas aras do sentimento humano geral e isto explica por que seus poemas exercem um atrativo irresistível em todas as épocas e em todas as idades.

A tudo isto acrescente-se a linguagem, polida como pedra preciosa e a encantadora melodia de suas múltiplas formas métricas.

Consciente do valor e autenticidade de seus poemas, o lírico vaticinou a perenidade de sua obra:

> Exegi monumentum aere perennius
> regalique situ pyramidum altius,
> quod non imber edax, non Aquilo impotens
> possit diruere aut innumerabilis
> annorum series et fuga temporum
> (*Od.* III, 30, p. 1-5).

> Ergui um monumento mais perene que o bronze;
> mais alto que a caducidade das pirâmides reais.
> Nem os temporais, que tudo consomem, nem as lufadas do Aquilão,
> nem a cadeia infrangível dos anos, nem a voracidade do tempo
> poderão destruir a minha obra.

2.1 Classificação das odes

As *Odes* podem ser divididas em dois grandes grupos: a) odes cívicas, também chamadas odes romanas, entre elas, seis odes célebres do Livro III; canções do Livro IV, compostas por desejo manifesto do imperador Augusto, para celebrar as vitórias de Druso e Tibério e o famoso *Carmen Saeculare* (*Poema secular*), composto expressamente para os *Jogos* Seculares do ano 16 a.C. e executado no terceiro dia das festas por dois coros de 27 rapazes e 27 moças, pertencentes à aristocracia romana; b) odes ligeiras, uma celebração da natureza, de inspiração pessoal.

No primeiro, nas *odes cívicas*, visivelmente *engagées*, o poeta é sobretudo um "sábio" estoico e mais que isso, como bom romano, um amante de sua pátria. Sem bajulações, sem descer do pedestal de sua dignidade pessoal, o amigo de Mecenas, admira e, por isso, exalta as reformas políticas e sociais do Imperador e a nova ordem reinante, numa paz e tranquilidade que Roma não via, há mais de um século... Essas odes por vezes consideradas "muito objetivas e frias", com invocações a deuses nos quais o grande poeta não acreditava, têm sido mal interpretadas. Horácio, nas odes cívicas, é, a nosso ver, absolutamente sincero. Acredita nas formas de seu Imperador, e quanto aos deuses, nos quais ele realmente não acreditava, o poeta os vê, como era de praxe no seu século, como símbolos. Dessacralizando-os, sem desmitizá-los, ele os transforma numa força social, capaz de servir também de sustentáculo às reformas de Augusto. Dois exemplos apenas: Júpiter, vencedor dos Gigantes, traduz o triunfo do espírito sobre a matéria; Pólux, Hércules, Baco e Quirino convertem-se em símbolos de força moral.

Odes de caráter cívico e patriótico, nelas se estampam o amor à pátria, a gratidão e seus mecenas, a visão religiosa e, mais do que tudo, a pureza estilística do poeta. Sem poder ser Píndaro, Horácio preferiu ser Horácio.

No segundo grupo de *odes*, chamadas *odes religiosas*, de inspiração pessoal, é que se encontra, a nosso ver, o verdadeiro Horácio.

Diversificando os temas, essas odes são poemas de circunstância: anúncio de uma vitória, consagração de um templo, partida ou retorno de um amigo, convite para um jantar, a volta da primavera ou do outono, a natureza, a brevidade da vida...

Mas, seja qual for o assunto, a lírica horaciana está muito distante daquela paixão desesperada de Safo e Alceu e das tempestades amorosas dos poetas romanos mais jovens, como Catulo, que o antecedeu, Propércio e Tibulo, que o seguiram. Em suas odes predominam a razão, a moderação, que afogam os gritos do coração e a violenta excitação do corpo e do espírito. O poeta busca também o prazer, mas procura evitar as paixões, que perturbam o repouso. Nesses poemas, seguindo as tradições do gênero, Horácio canta o vinho e o amor, evoca com nostalgia antecipada e com melancolia as tristezas e os limites do destino humano, mas não para que o homem se entregue desesperadamente ao prazer, mas a fim de convidá-lo ao comedimento, à prudência e a uma certa resignação pelo amanhã incerto e indubitavelmente fatal.

Epicurista, sem o fanatismo de Lucrécio, respirando ar puro de sua quinta nos montes Sabinos, longe do tumulto e da política de Roma, buscou a paz, a tranquilidade, a solidão, lendo muito e compondo lentamente a obra que o imortalizou. Epicurista "romanamente" moderado, repetimos, tentou a impossível imperturbabilidade, a *ataraxía*, como lhe chamavam os gregos.

Sem a força e o impulso das poetas de Lesbos, sem ser profundo e condoreiro como Píndaro, sua musa lírica, não obstante, legou-nos uma poesia séria, escorreita, grave e profundamente romana.

Horácio soube criar, porque acreditava na força educadora da poesia, uma filosofia de vida despojada de todo individualismo, por isso universalmente compreendida, o que confere às suas obras, além de um inegável caráter político-nacional, um caráter cosmopolita.

2.1.1 Repercussão lírica de Horácio

Creio que a transcrição de duas de suas odes falará mais alto.

Na primeira ouviremos em tom epicurista, quase amargura, a ameaça constante do fechar das mãos de bronze das Parcas sobre nossas cabeças. Esperança? Não há esperanças... *Carpe diem*[10]*, vive hoje, colhe o dia*, (*Od.* I, 11, 8) como traduzirá literalmente Fernando Pessoa...

Ad Leuconem

Tu ne quaesieris (scire nefas[11]) quem mihi, quem tibi
finem di dederint, Leuconoe, nec Babylonios
Temptaris numeros. Vt melius quicquid erit pati!
Seu pluris hiemes seu tribuit Iuppiter ultimam,
quae nunc oppositis debilitat pumicibus mare
Tyrrhenum, sapias, uina liques et spatio breui
spem longam reseces. Dum loquimur, fugerit inuida
aetas: carpe diem, quam minimum credula póstero
(*Od.* I, p. 11).

A Leucônoe

Não procures investigar (é proibido sabê-lo) qual o fim, Leucônoe,
que os deuses nos destinam. Não tentes os Babilônios,
a fim de que melhor possamos suportar
tudo quanto nos acontecer. Quer Júpiter nos conceda
muitos invernos, quer seja este o derradeiro,
que, neste momento, açoita o mar Tirreno com ondas entrechocadas,

---

10. *Dead Poets Society, Sociedade dos Poetas Mortos,* filme de 1989, estrelado por Robin Williams, que recebeu indicação de Óscar como melhor ator.

11. *Nefas*, advérbio: impiedade, violação divina. Deu-nos *nefasto* por via erudita.

sejas sábia, purifica o vinho e colhe uma longa esperança num breve espaço de tempo. Enquanto falamos, foge o tempo invejoso. Aproveita o momento presente, não creias no amanhã.

Um século depois, o poeta latino, nascido na Espanha, M. Valério Marcial, perseguindo a temática da brevidade da vida, aconselha a viver ontem.

Cras

Cras te uicturum, cras dicis, Postume, semper.
Dic mihi, cras istud, Postume, quando uenit?
Quam longe cras istud! Vbi est? aut unde petendum?
Numquid apud Parthos Armeniosque latet?
Iam cras istud habet Priami uel Nestoris annos.
Cras istud quanti, dic mihi, possit emi?
Cras uiues? Hodie iam uiuere, Postume, serum est.
Ille sapit, quisquis, Postume, uxit heri
(*Epigr.* V, p. 58).

Sempre dizes, Póstumo, que viverás amanhã.
Dize-me, Póstumo, esse amanhã quando virá?
Quão distante esse amanhã! Onde está ele? Onde deverá ser procurado?
Por ventura se esconde entre os Partos e os Armênios?
Esse amanhã, dize-me, por quanto poderia ser comprado?
Viverás amanhã? Viver hoje, Póstumo, já é muito tarde!
Sábio, Póstumo, é aquele que viveu ontem...

Muitos e muitos séculos depois, Ricardo Reis, o nosso Fernando Pessoa, lembrou-se do *carpe diem.* Leiam, comparem, julguem...

Uns, com os olhos postos no passado,
Veem o que não veem; outros, fitos
Os mesmos olhos no futuro, veem
O que não pode ver-se.

Por que tão longe[12] ir pôr o que está perto –
A segurança nossa? Este é o dia,
Esta é a hora, este e momento, isto
É quem somos, e é tudo.

12. Claro que é o mesmo "longe" de Marcial.

Perene flui a interminável hora
Que nos confessa nulos. No mesmo hausto
Em que vivemos, morremos. Colhe
O dia, porque és ele.

Voltemos a Horácio. Tudo passa tão depressa. As trevas do reino de Plutão nos esperam. Tudo ficará por aqui...

Ad Postumum

Eheu fugaces, Postume, Postume,
labuntur anni nec pietas moram
rugis et instanti senectae
adferet indomitaeque morti,

non, si trecenis quotquot eunt dies,
amice, places inlacrimabilem
Plutona tauris, qui ter amplum
Geryonem Tityonque triste

Compescit unda, scilicet omnibus
quicumque terrae munere uescimur
enauiganda, siue reges
siue inopes erimus coloni.

Frustra cruento Marte carebimus
fractisque rauci fluctibus Hadriae,
frustra per autumnos nocentem
corporis metuemus Austrum:

uisendus ater flumine languido
Cocytos errans et Danai genus
infame damnatusque longi
Sisyphus Aeolides laboris.

Linguenda tellus et domus et placens
uxor, neque harum quas colis arborum
te praeter inuisas cupressos
ulla dominum sequetur;
absumet heres Caecuba dignior
seruata centum clauibus et mero
tinguet pauimentum superbo,
pontificum potiore cenis
(*Od.* II, p. 14).

A Póstumo

Ah! Póstumo, Póstumo, os anos se escoam rápidos
E a piedade não adiará as rugas, a velhice iminente,
A indomável morte! Não, mesmo que aplaques a cada dia,
Ó amigo, com trezentos touros, o inexorável Plutão,

Ele que retém o tríplice gigante Gerião e Títio
Na água sinistra, que será transposta por todos nós,
Que nos alimentamos dos frutos da terra, sejamos reis ou pobres colonos...
Inutilmente nos guardaremos do cruento Marte

E das ondas do Adriático que rugem, quando se quebram!
Em vão evitaremos no outono o austro nocivo.
Visitaremos o sombrio Cocito, que vaga em lânguida corrente.
Conheceremos os infames descendentes de Dânao e a Sísifo,

Filho de Éolo, condenado a um tormento sem fim.
Um dia deixaremos a terra, o lar, a esposa amada.
Nenhuma dessas árvores, que cultivaste, acompanhará
Seu senhor de um só dia, além dos odiosos ciprestes.

Um herdeiro mais digno consumirá o cécubo,
Fechado a cem chaves e tingirá o mosaico
Com o vinho generoso, melhor que o da ceia dos pontífices...

Também as *Anacreônticas*, bem antes de Horácio, tentavam fazer esquecer tudo no vinho, porque a morte virá...

Enquanto bebo o alegre vinho,
Os meus desgostos adormecem.
Para que penas e suspiros?
Por que cuidados, que aborrecem?
Hei de morrer, queira ou não queira,
– Por que na vida desgarrar-me?
Bebamos, antes, da videira
O dom, que vem de Baco ofertar-me.
Assim, as mágoas, de mansinho
Vão-se findando e desvanecem...
Pois, de beber o alegre vinho,
Os meus cuidados adormecem...
(*Anacreônticas*. Ode XXV).

Ricardo Reis nos acena também com as rosas, vinho, o amor, e depois... silêncio!

Tão cedo passa tudo quanto passa!
Morre tão jovem ante os deuses quanto
Morre! tudo é tão pouco!
Nada se sabe, tudo se imagina.
Circunda-te de rosas, ama, bebe
E cala. O mais é nada.

Agora, as rosas: na eternidade de um só dia, no pouco que duramos, por fim...

Safo

Era uma rosa,
Colhendo-a, colhi todas as rosas.
Era apenas uma rosa:
Colhendo-a, rosa de um só dia,
Sepultei com ela a minha rosa,
A eternidade de um só dia...

Ricardo Reis

As rosas amo dos jardins de Adônis,
Essas volucres amo, Lídia, rosas,
Que em o dia em que nascem,
Em esse dia morrem.

A luz para elas é eterna, porque
Nascem nascido já o sol, e acabam
Antes que Apolo deixe
O seu curso visível[13].

Assim façamos nossa vida *um dia*,
Inscientes, Lídia, voluntariamente
Que há noite antes e após[14]
O pouco que duramos.

---

13. A rosa é a eternidade porque dura a eternidade de um dia.
14. "Após" significaria "no ventre da terra".

Cartola, por fim...
As rosas não falam

Bate outra vez
Com esperanças o meu coração
Pois já vai terminando o verão
Enfim.
Volto ao jardim,
Na certeza que devo chorar,
Pois bem sei que não queres voltar
Para mim.

Queixo-me às rosas,
Mas, que bobagem, as rosas não falam,
Simplesmente as rosas exalam
O perfume que roubam de ti.
Ai!
Devias vir,
Para ver os meus olhos tristonhos,
E quem sabe sonhar com os meus sonhos,
Por fim.

Bibliografia básica

BOWRA, C.M. *Landmarks in Greek Literature*. Londres: Weidenfeld and Nicolson, 1966, cap. IV.

BRANDÃO, J.S. *Prova escrita do concurso de doutorado*. Rio de Janeiro: USU, 1976.

BURN, A.R. *The lyric Age of Greece*. Londres: Cambridge, 1960.

CANTARELLA, R. *Letteratura greca classica*. Firenze: Spes, [s.d.].

COLONNA, A. *L'Antica lirica greca*. Turim: F. Vallardi, 1955.

DEFRADAS, J. *Les Élégiaques grecs*. Paris: PUF, 1962.

DUCHEMIN, J. Essai sur le symbolisme pindarique: or, lumière et couleurs. *Revue des Études Grecques*, p. 465s., 1952.

GUDEMANN, A. *História de la literatura latina*. Barcelona: Labor, 1926.

LAFAYE, G. *Catulle, poesies*. Paris: Les Belles Lettres, 1932.

MARTIN, Ê. *Essai sur les rythmes de la chanson grecque antique*. Paris: Klincksieck, 1953.

MASARACCHIA, A. *Solone*. Firenze: Spes, 1958.

MOSSÉ, C. *La tyrannie dans la Grêce antique*. Paris: PUF, 1969.

PAGE, D.L. *Sappho and Alcaeus*. Londres: Oxford, 1955.

PINDARE. Texte établi et traduit par Aimé Puech. 5 vol. Paris: Belles Lettres, 1949.

REINACH, T. *Alcée et Sapho*. Paris: Belles Lettres, 1960.

TOSI, R. *Dicionário de Sentenças Latinas e Gregas*. Trad. de I.C. Bendetti. São Paulo, 1996 [Bibliografia acrescentada por A.C. Silva].

VILLENNÉUVE, F. *Horace: Odes et Epodes*. Paris: Belles Lettres, 1951.

WHIGHAM, P. *The Poems of Catullus*. Londres: Penguin, 1966.

WEBSTER, T.B.L. *Greek Chorus*. Londres: Oxford, 1970.

PARTE I

Sobre tradução

2
Junito Brandão, tradutor de *Os persas*[15], de Ésquilo

Carlinda Fragale Pate Nuñez
Professora Titular da Universidade do Estado do Rio de Janeiro (UERJ)

> *Para vivermos, precisamos da memória dos vivos.*
> Brandão, 2013, p. 272.

I

Se a invenção da imprensa teve por maior efeito promover a irrupção do Renascimento europeu, a publicação dos clássicos greco-latinos em tradução para as línguas modernas veio "a reboque", e roubou a cena. Deste então, firmou-se o lugar de *best seller* para traduções da produção intelectual da antiguidade greco-latina, provocando adesões explícitas ou dissensos figadais, jamais estoica indiferença. Constantes são os debates, pois não há tradução definitiva – a revanche inegociável das línguas ditas mortas. Fato é que o acesso aos clássicos, via tradução, despoletou uma revolução cultural cuja relevância se impõe até hoje. A arte tradutória foi não só o principal dispositivo de divulgação do imenso patrimônio intelectual, artístico e científico produzido em grego e latim no mundo antigo. Com ela

15. ÉSQUILO. *Os persas*. Ed. bilíngue. Trad. de J.S. Brandão. São Paulo: Mameluco, 2013.

se desselou o quase exclusivo usufruto monástico do conhecimento produzido entre as penínsulas balcânica, itálica e ibérica, ao longo do medievo, e capitalizado pela tradição europeia, sua legítima herdeira.

Traduções ganharam *status* e prestaram altos serviços às nações florescentes, que espanaram as sombras medievais graças, em grande parte, à produtividade dos tradutores. Via tradução, renasceram textos literários, filosóficos, políticos, religiosos, profanos e mistéricos, uns mais, outros menos fieis aos originais; muitos, disruptivos ou reinventados. Se é boa a tradução, tem a capacidade de preservar afetos e intuições cifrados em palavras; se não é, expõe o problema e impõe ao antigo novas embalagens. Ela demanda que o tradutor exuma o significado dissolvido pelo tempo e o converta em verve a se manter em chamas na palavra traduzida. Uma práxis acadêmica desta ordem foi celebrada por Junito Brandão: primeiro como semeador da cultura clássica – em aulas estupendas[16] e abordagem fascinante de obras que se revigoravam perante as turmas lotadas; segundo, em contraponto à vida antiga rediviva em seu discurso, incorporada ao longo da tarefa de tradutor de expressivo número de peças do teatro trágico e cômico, principalmente.

Junito inesquecível; privilégio dos que aprenderam com ele; exemplo de profissional, que transpirava o lírico, o épico e o dramático, o mito e a história, o sublime e o grotesco, a imaginação e a técnica perante suas turmas sempre lotadas; *scholar* acessível, hercúleo na produção acadêmica, quase epicurista quanto às condições do trabalho universitário *in illo tempore*, sem internet, com parco custeio de projetos de pesquisa (ainda que precisemos melhorar, a vida acadêmica galgou conquistas em nossas latitudes).

Foi pesquisador rigoroso, que desconhecia limites em suas prospecções. Foi também leitor de dicionários, bem como de poesia e de jornais. Devorava, de alfarrábios a panfletos, tudo que dizia respeito aos Antigos. Nele se encontravam o lente e o divulgador cultural afeito a novas abordagens da cultura clássica; um apaixonado pelo *métier* e devoto ao *scrip-*

16. Talvez devesse dizer "aulas que alforriaram" gerações de um insípido ensino de latim e grego, cultura clássica e tradução, calcados na "decoreba" ou numa realidade impalpável, de zumbis tormentosos. Mas preferi mencionar a guinada copernicana empreendida pela pedagogia "à la Junito" do clássico.

torium; intransigente defensor do *Recht der Antike*[17] ("direito do Antigo" (Dix, 2022; Friedrich, 1996, p. 41) e inseminador de inúmeros projetos de divulgação do clássico. Foi pioneiro nos estudos de recepção dos clássicos, ultrapassando o comparativismo tradicional (baseado em equações do tipo "antigo-moderno") e ousando em chave intermidial, onde quer que o cruzamento de fronteiras entre mídias se desse: em performances, no teatro, no cinema, na TV, na dança, em manifestações culturais (esportes, festas, ritos públicos etc.). Aliás, Junito alçou o mito ao *status* de conteúdo de mídia[18].

Graças a sua erudição, interdisciplinarizou com diferentes ramos das ciências humanas – das Letras à Psicologia, às Artes, à História... – e com epistemologias específicas[19] (simbologia, epigrafia, tradutologia, religiões comparadas, história das ideias, psicologia junguiana, semiologia dos objetos etc.). Foi franciscano para si e pródigo com a legião de alunos que não raro se tornaram amigos e seguidores, senão devotos. Foi a voz do tempo mítico em discussões de vária ordem: da cena política à vida privada. Junito encantava plateias fiéis, às quais ele regalava, sóbria e cirurgicamente, com simplicidade e afeto, em sala de aula ou nos lugares mais prestigiosos onde era recebido como celebridade. Ele era o "meio termo radical", como bem o definiu Antonio Medina Rodrigues (1940-2013), outro gigante das letras clássicas (USP), em depoimento que se acha na edição aqui comentada[20]. Tais embaixadores da enciclopédia clássica, tendo chegado ao empíreo, se associam a outros tradutores olímpicos, dentre os quais Madre Maria de Eucaristia Daniellou (Universidade Santa Úrsula) e Zélia de Almeida Cardoso (USP), que ali tem assento.

---

17. O "Antigo" (diferente do período histórico, a "Antiguidade") remete a uma Europa primitiva, na qual "certos aspectos da alta cultura antiga estão presentes de forma apenas latente (livros ou provas materiais) que são em algum momento redescobertos e despertados para uma nova vida" (Fuhrmann, 1996, p. 60). Friedrich considera o hexâmetro dactílico um exemplo cabal do Antigo, que sobreviveu à Antiguidade.

18. Narrativas literárias, tanto quanto orais, foram desde sempre transpostas para outras mídias. O mito é, das formas simples (Jolles, 1970), a que mais potencialidade e vocação possui para tal reinvestimento artístico.

19. Epistemologias específicas destacam controvérsias, retomam dados históricos por vezes secundários ou resgatados de apagamentos eventuais ou não, relacionados à aplicação de teorias em foco; relaciona-as, criticamente, com questões de fundo filosófico, histórico, psicanalítico etc. de vária sorte (cf. Japiassu, 1977, p. 17).

20. RODRIGUES, A.M. Junito, o meio-termo radical. In: ÉSQUILO. *Os persas*. *Op. cit.*, 2011, p. 23-39.

Nosso homenageado deixou inédita sua tradução da mais antiga das tragédias gregas preservadas, *Os persas*[21] (472 a.C.) de Ésquilo. Apontaremos signos de potenciação do trágico, que assomam na tradução desta peça única no gênero, a honrar o estilo e as estratégicas artísticas do dramaturgo, mas também a evidenciar a escrita e o eco memoráveis de Junito Tradutor de gregos e romanos, epíteto que tanto lhe convém.

Antes, porém, cabe falar sobre o livro publicado pela Editora Mameluco (2013), uma edição especial, bilíngue, em que se apresentam cotejados o texto esquiliano fixado por Denys Page para a *Oxford Classical Texts* e a tradução inédita do professor brasileiro, que adiou por duas décadas a oportunidade para publicá-lo. Aqui se impõe um comentário. Em 1976 foi publicada uma tradução da tragédia de Xerxes pela Universidade Santa Úrsula, assinada pela emérita helenista, a ursulina de olhos glaucos a quem todos chamavam "Madre Eucaristia" ou simplesmente "Madre", já que era ela uma presença constante, emblemática, atuante no ambiente universitário, e certamente a mais célebre. A esta tradução somavam-se outras, adotadas nas aulas de grego e literatura grega por ela ministradas. As brochuras, muito frágeis, não estavam à altura dos preciosos conteúdos, encadernadas com fitas espirais de plástico quebradiço. Era o que se tinha àquela altura. É muito possível que o respeito e a amizade à venerável e idosa Titular, cujos méritos acadêmicos a colocavam num patamar indisputável, tenham atuado de algum modo para o adiamento da publicação de *Os persas* traduzidos por Junito. Afinal, muitos outros projetos, tradutórios ou não, se acumulavam sobre a escrivaninha do prolífico livre-docente[22].

A espera de cerca de vinte anos compensou a longa expectativa. A tradução saiu num volume monográfico *sui generis* – pequeno grande livro, brochura em dimensões de *pocket book*, porém robusto (357 p.): capa em cartão de alta gramatura cinza claro com sobrecapa *couché* fosca, num azul acero (acinzentado); letras do título discretamente arabescadas; abaixo deste, a imagem pulsante, preto sobre cinza, de um hoplita avançando sobre um soldado persa, com Pégaso em seu escudo, pintada na copa duma *kýlix*[23]; o

21. O título da tragédia, em português, soaria imperfeito, segundo o intransigente conhecedor da NGB, Junito.

22. Junito foi dos primeiros a obter o grau à época em que os concursos para titular permaneciam suspensos, ainda sob custódia do regime militar. A promoção se deu entre os anos de 1985 e 1990.

23. *Cílice* ou *Cílix* (em grego, κύλιξ) é uma copa (taça pouco profunda de diâmetro largo) usada para beber vinho na Grécia antiga, com um corpo relativamente raso, um pé e duas asas dispostas simetricamente.

inimigo já ao chão, espada erguida, pronto a se despedir da vida. A forração interna da capa e da contracapa do livro traz o *fac-símile* da tradução manuscrita, no qual alguns reconhecerão a caligrafia do mestre tradutor.

Exemplar elegante, meticulosamente preparado por um grupo de amigos e especialistas que se impuseram ao *fatum* daqueles originais há tanto tempo engavetados. O projeto se efetivou, na forma de uma antologia sobre a tragédia de Xerxes, organizada em três partes. Integram a primeira parte uma nota do editor, uma tocante mensagem do organizador do volume, Luiz Seabra, o prefácio assinado por Medina e dois textos do próprio Junito, sendo estes um breve roteiro de *Os persas* e uma apresentação focalizando especificidades da tragédia em foco, ambos enriquecidos por notas preciosas. A segunda parte é a tradução, disposta em cotejo com o original grego. Quatro mapas sintonizam a tragédia com a segunda das três empreitadas históricas ousadas pelo imenso Império persa sobre a minúscula Hélade. As cartas geográficas dimensionam a gravidade do conflito em que padrões civilizatórios rivalizam até o limite da indistinção entre o grande e o pequeno naquele confronto. Da terceira parte constam uma breve análise da tragédia encontrada entre os escritos do tradutor e o alentado posfácio de Adriano Machado Ribeiro, professor de língua e literatura grega da USP, também responsável por parte das 68 notas que acompanham a tradução.

II

Salta aos olhos a peculiaridade desta tragédia, empreendida ainda sob o impacto de total desproporção de forças entre invasor e invadido, persas e gregos, a comprovar a disposição expansionista, ambiciosa dos primeiros. O grande Dario II perdera a guerra em Maratona dez anos antes, em 490 a.C. Seu filho, Xerxes – atacando simultaneamente por terra e por mar, robustecido por um aparelhamento bélico jamais ousado e dominado por uma *hýbris* proporcional à extensão territorial do império Aquemênida[24] – é vencido na segunda investida contra a Grécia, pelas minimalistas trirremes gregas. No ano seguinte, 479 a.C., Mardônio, sobrinho de Dario II, convence o insaciável Xerxes a voltar a campo de batalha contra a Península Bal-

24. Forma latinizada do antigo nome persa *Haxāmaniš* ("que tem mente de amigo"), por intermédio do grego Ἀχαιμενίδαι, *Akhaimenídai*, "da família de Aquêmenes". É grande a semelhança com Ἀχαιός, "aqueu", que designa diversos povos nascidos na Acaia, região que vai da Tessália às águas do Egeu, a Grécia. As diferenças antropológicas, todavia, pesam: atiçam o ἀγών, *agón* (luta) que fermenta a tragédia esquiliana.

cânica, na derradeira tentativa de conquistar a posição geográfica invejável do território grego e a joia maior do Egeu, Atenas – a 3.600km, em linha reta, de Susa, a capital do Império persa. Não foi bem-sucedido.

Interessa-nos, aqui, o confronto totalmente desigual, o segundo, que leva o nome da ilha onde se decidiu a guerra, Salamina: o monumental Império Aquemênida marcha milhares de léguas contra a minúscula e marítima Hélade; o sol inóspito, escaldante do deserto desafia o venturoso mar Egeu, em que o plácido Éter se mira.

Exceção à regra, no conjunto a que pertence, a peça leva também a pensar o ato tradutório, na perspectiva multíplice do *traducere* latino – passar versos gregos de remotos papiros para o italiano, o espanhol, o francês, o alemão, o inglês, o português – línguas aptas a conduzir (*conducere*) os sentidos do texto original, através das línguas modernas, à compreensão da época a que a tradução se destina, preservando os sentidos divisados pelo dramaturgo. Por outro lado, negociações "clandestinas", impasses e decisões concernentes à traduzibilidade se resolvem ao modo dos jogos de sedução (*sedūcere*, "transviar, levar à parte"), induzindo o idioma de partida a se render à expressividade do idioma de chegada, uma cópula idiomática que, por fim, agrega ao original sentidos (algo de si e do outro) cuja leitura "fiel" não consegue alcançar. Esta, a experiência fenomenal que fascina o tradutor: descobertas do texto original a que apenas a disrupção tradutória pode chegar.

A crescente circulação de traduções dos clássicos, nos contextos moderno e contemporâneo, não cessa de suscitar adaptações, apropriações, paródias, pastiches, hibridismos, intertextualidade, transmidialidade *etc*., ou seja, um espectro de remanufaturas idiomáticas, artísticas (em geral) e dramatúrgicas (em particular), bem como de denominações, para definir as sempre inovadoras reinvenções de temas de extração clássica, praticadas já no contexto da própria antiguidade greco-latina. Neste quesito, importa assinalar que tanto as traduções idiomáticas quanto as transculturais são como os mitos: jamais os mesmos a cada reedição. Apoiadas em traduções idiomáticas, as reformulações pósteras de obras do passado podem se tornar tão prestigiosas quanto os originais distantes.

O que isso tem a ver com *Os persas* de Ésquilo traduzidos por Junito?

A observação, que parece apartada do tema principal, ilustra o quanto a história externa dos textos interfere e pode até determinar a sua relevância para a leitura crítica da tradução aqui pretendida. A tragédia de Ésquilo participou de um concurso dramático e saiu vencedora, no conjunto de uma tetralogia sem unidade temática, quando o dramaturgo já era reconhecido por seus méritos cívicos, poéticos e dramatúrgicos. Não é irrelevante o fato de que, do conjunto vitorioso, só *Os persas* tenham sobrevivido. As duas tragédias (*Fineu* e *Glauco de Potnias*) e o drama satírico (*Prometeu*), que compunham o conjunto tetralógico, desapareceram. Na verdade, os textos dramáticos e todo o acervo cultural greco-latino foram sendo paulatinamente desvalorizados e, por fim, proscritos sob o estigma de "paganismo", a força adversária ao cristianismo, quando já assomavam as invasões "bárbaras" às fronteiras romanas. O trágico destino de Xerxes foi exumado "por acaso", de acervos esquecidos numa biblioteca monástica, cerca de 1 mil anos depois da queda do Império Romano (476 a.C.). Talvez por uma dessas ironias históricas, *Os persas* tenham sido a tragédia menos apreciada, em sua vida póstuma, justamente por causa do desvio temático que ela empreende, em relação ao teor preponderantemente mítico e existencial[25] do repertório teatral antigo sobrevivente. Ou por outra: a peça pode não ter agradado, no seu retorno à luz, devido à ambientação oriental, ainda inóspita aos bons ventos greco-romanos que voltaram a soprar, no humanismo europeu.

A cristianização da Europa ao longo da Idade Média, aliada ao bilinguismo dos povos que praticavam, no cotidiano, diferentes romanços e, nas práticas religiosas, profissionais, diplomáticas etc., de caráter específico, o latim, provocou um progressivo afastamento do grego, no contexto da cultura europeia medieval. Línguas e culturas remotas tornavam-se estranhamente indesejáveis, ameaçadoras.

No contexto de origem, a derrota dos persas em Salamina rendeu a glorificação de Ésquilo, em 472 a.C. Entre os espectadores daquela encenação encontravam-se cidadãos comuns e ex-combatentes que sobreviveram às guerras greco-persas, em Maratona (480 a.C.), Salamina (490 a.C.) e Plateias (479 a.C.), esta última na Beócia, derradeira tentativa inglória dos persas. Foram 11 anos de ameaças e confrontos entre os dois mundos paradoxais. Apenas sete anos após a miraculosa vitória ateniense, tudo o que o espectador ateniense queria era ver os persas humilhados, vencidos, desgraçados. Cada espectador sentiu dirigida a si, de fato e de direito, a fala do Mensageiro persa, ao anunciar a derrocada do exército persa no mar. Perante um público antropologicamente ligado ao mar e à praia, povo de

25. O termo é empregado aqui sem conotação filosófica.

navegantes ou simples amantes da vida marítima, foi glorioso ouvir – "*todo varão é rei de seu próprio remo*" (πᾶς ἀνὴρ κώπης ἄναξ[26], *Per.*, v. 378). Tiro certo do dramaturgo, colocar na boca do adversário – invasor – o maior elogio que um ateniense poderia ouvir, por ter milagrosamente conseguido desbaratar a poderosa armada de Xerxes. Ésquilo provava ser o campeão da dramaturgia trágica. Fazia apenas oito anos que muitos espectadores, no teatro de Dioniso, aos pés da Acrópole, haviam ajudado a desbaratar a força bélica estrangeira: os persas eram, ali, os soldados certos, no lugar errado: o mar é dos gregos! Os persas pertencem ao deserto.

Na era moderna em que a peça renasceu traduzida para o latim, repetiram-se os efeitos catárticos da encenação inaugural no Teatro de Dioniso. Outra vez o Oriente se põe de joelhos. Não doía a derrota fragorosa de Xerxes, nos corações e mentes renascentistas, como não doera aos atenienses que participaram do festival realizado oito anos depois de debelada a armada persa. Estranha experiência catártica: empatizar com o sofrimento do maior adversário que a Hélade enfrentara... E, em pleno Renascimento, a bem-sucedida operação de transformar o conhecido (os persas) em desconhecido (inimigo temerário), se repete, a despeito do contexto completamente diferente.

Na órbita de *Os persas* operou-se esta literal e eficiente representação a que Edward Saïd chamou "orientalismo"; isto é, a atribuição de corporeidade a uma ideia, uma identidade moldada exteriormente ao sujeito e ao objeto que as constituem. Nas palavras do professor palestino-estadunidense da Universidade de Columbia, Saïd, "o Oriente é uma ideia que tem uma história e uma tradição de pensamento, imagística e vocabulário que lhe deram realidade e presença no e para o Ocidente" (Saïd, 1990, p. 17). O oriental, esta criatura prometeica (concebida e manufaturada teoricamente) tem, por uma coincidência nada forçada, em Ésquilo talvez seu primeiro artífice. O poeta de Elêusis é citado em sete passagens de livro que, a partir de sua publicação (1979), mudou o entendimento sobre o Oriente e o oriental. Numa de suas passagens, lê-se que

> [...] a representação: já na peça de Ésquilo *Os persas*, o Oriente é transformado, de um distante e muitas vezes ameaçador Outro, em figuras que são relativamente familiares (no caso

26. Junito traduz de outra forma: "todos os nautas em armas".

> de Ésquilo, mulheres orientais aflitas). A dramática imediaticidade da representação em *Os persas* obscurece o fato de que a audiência está assistindo a uma demonstração altamente artificial daquilo que um não oriental transformou em um símbolo de todo o Oriente (Saïd, 1990, p. 32).

Em outra passagem, são apresentados dois aspectos que separam o Oriente do Ocidente não só na formulação da calamidade trágica que se abate sobre as hostes persas, mas também nas *Bacantes* de Eurípides (certamente a mais asiática das tragédias áticas, contendo estranhezas ameaçadoras ligadas aos mistérios orientais): de um lado, a poderosa e articulada Europa atribui sentido àquele espaço além das fronteiras, silencioso e perigoso oposto à derrotada e distante Ásia; do outro, a Ásia, derrotada e distante, tem a Rainha Atossa que fala por ela.

> Há uma analogia entre a orquestra de Ésquilo, que contém o mundo asiático tal como o autor o concebe, e o invólucro culto da erudição orientalista, que também manterá sobre a vasta e amorfa prostração asiática um escrutínio às vezes solidário, mas sempre dominador. Em segundo lugar, está o tema do Oriente como um perigo insinuante (Saïd, 1990, p. 67).

Mesmo sendo hoje reconhecida como um país europeu, a Grécia é indubitavelmente legatária de raízes orientais, das quais nem se poderia furtar, tendo em vista a situação geográfica da Península Balcânica, orientada para oeste (ou seja, para o Oriente!). Ademais, as colônias na costa da Ásia Menor foram o celeiro para a formação do homem grego e da cultura helênica, ao longo de todas as épocas históricas da Hélade, ao ponto de não se poder separar precisamente, no enclave eurasiano, o que seja oriental e ocidental.

Em *Os persas*, a estranheza que domina a atmosfera dramática e o próprio espetáculo decorrem da construção artística única, que tipifica a tragédia em questão. É na crispação entre estes hemisférios que irrompe o problema trágico.

A partir daqui, seguimos as pistas que Junito aponta, nas partes em que analisa a tragédia. A primeira delas é um "ovo de Colombo", a reposicionar um lugar comum que a crítica repete, sem perceber a estratégia dramática que passa despercebida. Diz ele:

> A peça é considerada "histórica". Acho meio arriscado chamá-la de peça histórica [...]. Eu diria que os significantes realmente são históricos, mas, no que tange aos significados, talvez a tragédia *Os persas* seja a mais religiosa de Ésquilo (Brandão, 2011, p. 251).

Com simplicidade, a premissa histórica é uma evidência que apenas ambienta o argumento da tragédia: a desdita e o νόστος (*nóstos*, retorno) dos persas – os vencidos. A Grécia racionalista, praticante de uma religiosidade *sui generis*, já que o panteão grego espelha, tutela e prestigia os valores e as normas da pólis grega, pode se colocar como o oposto absoluto à religiosidade do antagonista maior. Pois é exatamente pela perspectiva religiosa, ressaltando o abismo que separa a visão de mundo grega da persa, que Ésquilo construiu a peculiar tragédia e a ruína de Xerxes. Desde a primeira atitude do rei persa, a afronta de vencer Dardanelos pisando sobre o mar (sem molhar os pés!, absurdo dos absurdos...: "o devastador exército real já atingiu a margem oposta do continente vizinho; transpôs o Helesponto numa passarela amarrada por cabos, arremessando, como se fosse um jugo, um caminho firme sobre a nuca do mar" (v. 65-71)); a ponte de barcos sobre o Estreito, que os deuses querem aberto em honra a Io; o amordaçamento das águas do Egeu; a tentativa de asfixiar a Ática, atacando-a por terra e mar; a opulência opressiva, o excesso de riqueza e a exaustiva exaltação do luxo ("tesouros imensos, sem um homem que os defenda, não conseguem da multidão nem o respeito nem a admiração, e um homem sem riquezas não brilha como mereceria por seu valor" (v. 165-167, p. 81)); o sonho de Atossa, revelando os persas como escravos afeitos ao jugo, opostos aos gregos, amantes da liberdade (v. 185-200); o presságio do gavião que depena a águia (v. 205-210), a excessiva autoconfiança de Xerxes (v. 372)... A cada avanço do espetáculo, um auspício, profecias, pressentimentos, oráculos, adivinhações[27], um prodígio, um sonho, qualquer vestígio de alguma manifestação sobrenatural no plano humano. Beatriz de Paoli Correia especifica a verdadeira epistemologia do oculto que os antigos persas e outras

27. Remeto à tese de Beatriz Cristina de Paoli Correia, *A adivinhação na tragédia de Ésquilo* (USP: 2015). A tópica se desenvolve no contexto de *Os persas*. Vai longe o amplo espectro destas especialidades arcaicas (haruspicismo – leitura de entranhas; hepatoskopia – leitura do fígado; e mesmo a necromancia – leitura de órgãos de cadáveres e outras). Ésquilo não aprofunda, mas esparge ao longo do texto elementos de ocultismo (aos quais os gregos não eram sempre céticos).

culturas orientais desenvolveram – cleromancia (arte de adivinhar por meio de lançamento de dados), cledomancia (adivinhação por meio de "rumores"), presságios e congêneres.

Depois de destruir a Acrópole ateniense, inclusive o Partenon, era de se supor que a guerra estivesse praticamente decidida. Mas não. Temístocles conduziu a frota de duzentas trirremes para a ilha de Salamina, a fim de protegê-la e ao exército grego. A frota persa, com barcos imensos e numerosos, atraídos pela estratégia de Temístocles, avança sobre ao estreito de Salamina, e acaba encalhando, já que não havia espaço suficiente para manobras. Da perspectiva persa, o que era manifestação pura e simples da *métis* grega, esperteza, astúcia de seus generais, foi erro de cálculo dos invasores, que não contavam com a largura de cerca de apenas 1km na parte mais estreita entre a ilha e a costa grega. O litoral recortado de toda a Grécia, assim como favorece a paisagem, pode prejudicar os incautos. Xerxes assistiu ao malogro da sua frota, encurralada e indefensável, à mercê do ataque das ágeis e delgadas trirremes atacando por todos os lados. De um promontório em frente à Ilha de Salamina, num trono de ouro, Xerxes carpiu a devastação de sua frota (v. 465-471).

Perante o relato do Mensageiro que chega do campo de batalha, Atossa reconhece: "Meu filho julgou poder vingar essas mortes, mas colheu em suas redes uma pletora de desgraças" (v. 476-477). Outras frases de impacto estão espalhadas pela tragédia: "quando alguém se aplica à própria ruína, os deuses trabalham com ele" (v. 742); "a *hýbris*, ao amadurecer, produz espigas de erro, e a seara ceifada será só de lágrimas" (v. 821-822).

O sentido da presença do Mensageiro, em Susa, se materializa depois de algum tempo, pois, para o próprio emissário que testemunhara o confronto de forças em disputa até o malogro final, era difícil compreender o sentido da fragorosa derrota dos invencíveis. O Mensageiro não sabe como aconteceu, não consegue explicar o que houve. Quem o fará será o εἴδωλον (*eídolon*, espectro) de Dario, rei dos reis. Só ele pode explicar a derrota de Xerxes. As portas do além se abrem para ele a partir dos ritos que se realizam em pleno teatro de Dioniso. O νόστος, retorno a Susa, cidade que, 3 mil anos antes de Dario II, já constituíra o poderoso Império Aquemênade, uma potência militar, uma civilização muito mais organizada, planificada que qualquer outra do mundo então conhecido, quer ouvir razões, explicações... que o Mensageiro não consegue elaborar. Dá-se, então, o grande νόστος, este, sim, único na dramaturgia grega sobrevivente: o νόστος de um morto, Dario.

O retorno se dá ao vivo, entre o túmulo de Dario e a plateia do teatro de Dioniso[28].

Dario não sabe como, mas, sim, por que os persas foram derrotados... Xerxes lançou máquinas no mar; ousou fechar o Bósforo; açoitou o mar; deu as costas para os persas mortos em combate. Mas Dario, que frequentava os templos e oráculos de Apolo e Claros na Ásia Menor, devia ter conhecimento prévio de seu destino como mortal. Além do mais, pela escatologia grega, o morto se torna, μάντις (*mantis*, adivinho), adquire o dom de conhecer o futuro, μαντεία (*manteia*). Por outro lado, o *setting* material da orquestra, de acordo com indícios textuais, podia receber epifanias do além. Aparatos técnicos do teatro permitiram que o fantasma fosse visto emergindo do Hades, para estupor dos espectadores atenienses. O absolutamente "outro" era menos o persa (que falava o demótico perfeitamente...) que a "alma do outro mundo", este, sim, espantoso.

A peça se passa em Susa, mas está sendo encenada em Atenas. Dario, personagem, é um corpo astral, imaterial, mas conserva tudo de sua vida. Fica arrasado ao tomar conhecimento do malogro consumado. A lança grega vencera o dardo persa. Nada mais havia a fazer. Causa perdida.

Os persas já são, em si, uma obra pan-helênica. Vale dizer, uma forma inclusiva, na qual foram empregadas formas métricas multivariadas, provenientes de diferentes lugares, tais como a lírica coral dórica e a monodia egeica. A elas correspondem etnicidades já misturadas. E era isso o que o público queria ver no teatro: o etnicamente outro, também o não ateniense. Nesse sentido, *Os persas*, como a *Antígona* de Sófocles, fogem ao padrão: na primeira, todas as personagens são persas; na segunda, todos são tebanos. Em todas as demais tragédias, as interações se dão entre personagens de mais de uma proveniência. Na peça, todos são estrangeiros!

28. Por óbvio, trata-se de pura licença poética e ilusão teatral: o túmulo de Dario se encontra em Persépolis (atual Irã). Cf. https://www.guidaviaggi.org/wordpress/wp-content/uploads/2016/05/Le-tombe-di-Dario-II-Artaserse-I-e-Dario-I-Naqsh-e-Rostam-Iran.-Autore-e-Copyright-Marco-Ramerini.jpg

Podemos falar de alteridade na tragédia grega até mesmo do ponto de vista familiar: Xerxes falhou como filho e como chefe militar. Ele é responsável por uma κατασκαφή (*kataskaphé*), o desmoronamento de uma casa, família, reino, uma dinastia. Atossa: grande mulher: viúva de Dario, mãe de Xerxes; quase uma profetisa, que traduz o sentido dos acontecimentos e das meias palavras que se cruzam ao redor da família real... Seu nome não é pronunciado uma vez sequer ao longo do espetáculo! Peça radical... Aborda a transposição de fronteiras em diversos níveis: políticos, geográficos, étnicos, familiares, parentais... Ésquilo descreve o marinheiro que remou até Salamina, em defesa da liberdade de Atenas e de si próprio como "rei de seu próprio remo" (v. acima). Imaginemos o desconforto dos aristocratas de Atenas, depois desta apresentação teatral... Evidentemente se mantiveram influentes, até por razões religiosas – a crença na hereditariedade da virtude, a εὐγένεια (*eugéneia*), "nobreza de nascimento". Tudo isso e mais um pouco numa única tragédia. Por isso é importante reconhecer o processo artístico em que todos estavam envolvidos. Instituições e relações sociais distorcidas pelo gênero. Reconstrução imaginosa do mito, idealizado e disfuncional, arcaizado e frequentemente utilizado de forma anacronística. Porém tornado presente, verdadeiro, útil, atual.

Junito, senhor de seu espaço sagrado – a aula – aproveita o momento para alguns esclarecimentos. Primeiro, desfaz um equívoco mitológico: os persas nada têm a ver com Perseu[29], Περσεύς. Este é filho de Dânae, fecundada por Zeus na forma de chuva de ouro. A semelhança nominal gerou a falsa etimologia. O nome "persa" deriva do topônimo latino Pérsia, derivado do grego antigo Περσίς , Persís, este, sim, adotado do persa antigo "Pārsa" – nome do clã principal de Ciro que deu nome à região onde habitavam os persas, correspondente, hoje, à moderna província iraniana de Fars (Pars).

III

Não fortuitamente, as tragédias de Ésquilo só foram traduzidas para o latim em 1555. Não que haja aí demérito. Mas, no contexto humanístico que ensejou o Renascimento, o primeiro dos dramaturgos gregos, consagra-

---

29. Perseu é um herói nascido na Argólida encarregado de decapitar a rainha das Amazonas, Medusa.

do como o maior dos trágicos antigos, foi o último a ingressar no circuito das obras traduzidas para as línguas modernas. No mesmo período, Sófocles teve 48 edições e traduções; Eurípides, 65.

A tradução de Johannes Sanravius (também conhecido como Jean Saint-Ravy), em latim, foi publicada sob o título *Aeschyli poetae Vetustissimi Tragoedie Sex* (Basel), com recepção entusiástica pelos intelectuais europeus, muito embora incorrendo numa *hýbris* imperdoável, mesmo na era cristã: o tradutor considerou as duas primeiras tragédias da *Oréstia* como sendo uma só (daí a equivocada informação numérica, "seis tragédias", no título da tradução, quando já se sabia que, da lavra esquiliana, apenas sete obras dramáticas haviam sobrevivido). O erro descoberto por Francesco Robortello teve a favor do repertório trágico antigo o fato de, dois anos depois, surgir a publicação da trilogia sobre os Atridas em grego, o que demonstrava o interesse pelo renascimento de Ésquilo tanto para filólogos quanto para a crítica literária. Por outro, o alerta quanto aos impostores que mais atrapalhavam do que beneficiavam materiais preciosos do acervo clássico.

A publicação de *Os persas* e das demais peças teatrais em latim foi determinada pelo gosto dos frequentadores de teatro à época. Conforme este material é divulgado, começam a surgir alterações nas traduções, e estas inspiram adaptações modernas dos célebres temas antigos[30]. De fato, a primeira peça de Ésquilo traduzida para o inglês foi *Prometeu acorrentado*, em 1777, por Robert Potters.

Tardaram a surgir traduções do teatro esquiliano para as línguas modernas. A despeito disso, nos séculos seguintes, sobrevieram duelos filológicos, ecdóticos, exegéticos, paleográficos, teológicos, lexicográficos, codicológicos..., formas ilustradas de incensar a Ésquilo por seu tardio retorno às plateias ou à leitura. Um exemplo registrado por Stefano Amendola (2012) ilus-

30. Inicia-se aí a linha de estudos dedicada à "Recepção clássica", que contou com criadores e pesquisadores humanistas como fundadores. No século XX, deu-se o renascimento dos estudos de recepção em geral (Wolfgang Iser, Hans-Robert Jauss e pesquisadores da Escola de Konstanz) e recepção dos clássicos em particular. No Brasil, as referências são muitas, com forte presença de pesquisadores na SBEC (Sociedade Brasileira de Estudos Clássicos, que congrega classicistas de todo o Brasil e do exterior) e no LEC-UFF (Laboratório de Estudos Clássicos da UFF), onde se encontram discípulos de Junito Brandão.

tra justamente com *Os persas* o requinte a que a crítica especializada soube levar a tradição dos "melhores momentos" em velhos manuscritos:

> A lição[31] dos νικώμενοι [*vencidos*], trazida em quase todos os códices, foi aceita sem hesitação pelos editores esquilianos, do século XVI à primeira metade do século XIX. Em 1862, Heimsoeth dá notícias da presença, no códice *Ya*, da variante κυκώμενοι [*perturbados*] (glosada de ταραττόμενοι [*lançar em desordem*]), também traduzida em *O*, como se saberá mais tarde na compilação de Dawe. Para Heimsoeth, é o manuscrito vienense que preserva "die Hand des Dichters" [*a mão do poeta*], enquanto νικώμενοι, "der Begriff selbst und das Präsens" [*o sentido em si e o presente*, 1862, p. 5-6], parece-lhe sem sentido na passagem em questão[32] (Amendola, 2012, p. 12; tradução nossa).

A disputa a favor e contra a fidedignidade das formas participiais νικώμενοι [*vencidos*] ou κυκώμενοι [*perturbados*], no v. 310 da peça, atravessou a segunda metade do século XIX e chegou ao XXI, dividindo a filologia clássica entre defensores e acusadores de um copista equivocado. Sófocles e principalmente Eurípides não passaram por tamanha triagem.

As eras confirmam a sabedoria dos povos. Se, em termos de aceitação pelas plateias e de leitores modernos, as tragédias esquilianas sobreviventes confirmam o lugar prestigioso conferido ao dramaturgo da Antiguidade – teatro teocêntrico, herói concausante do destino, ultrapassagem inexorável do métron, cegueira da razão, *démésure*, circunspecção severa em torno de graves ações, potenciação máxima ao mínimo vestígio do μυστήριον (*mystérion*, o secreto) –, os heróis não são exatamente homens ou mulheres... São gigantes. A poesia é tão mais intensa quanto maior a ferida que ela pretende aplacar. Nos contextos em que próprio Ésquilo retorna, são inques-

31. "Lição" em sentido irônico, "castigo": os chefes, batendo em retirada, acabaram νικώμενοι, "vencidos", "batidos" pelas ondas violentas do mar – dupla punição: os persas se veem derrotados pelos gregos e pelo mar. *Obs*.: Inserimos entre colchetes a tradução dos termos em grego e em alemão.

32. No original: "La lezione νικώμενοι, tràdita dalla quasi totalità dei codici, è accolta senza esitazione da-gli editori eschilei dal XVI alla prima metà del XIX secolo. Ma nel 1862 Heimsoeth dà notizia della presenza, nel codice *Ya*, della variante κυκώμενοι (glossata da ταραττόμενοι), tràdita anche da *O*, come si apprenderà in seguito dalla collazione di Dawe. Per Heimsoeth è il manoscritto viennese a conservare 'die Hand des Dichters', mentre νικώμενοι, 'der Begriff selbst und das Präsens', gli appare privo di senso nel passo in questione".

tionáveis a manifestação de certa ἀνάγκη (*anánke*, necessidade individual ou coletiva) e do simbolismo que ela carrega. É o *nóstos* esquiliano que também se dá. Um caso relatado por Fiona Macintosh (1977, p. 308-309) exemplifica a situação.

A diretora do Arquivo de Performances de Drama Grego e Romano e catedrática de Recepção Clássica da Universidade de Oxford menciona um grupo de estudantes pesquisadores de teatro antigo da Sorbonne que encenou *Os persas*, no pátio da universidade em 1936, quando já surgiam pródromos da Segunda Guerra Mundial. O tema da dominação por uma nação que se agigantava ameaçadoramente levou o espetáculo a outras cidades francesas e, no ano seguinte, à Bélgica e até à Grécia. Com a eclosão do conflito mundial, as atividades teatrais do grupo só foram retomadas depois de 1945, dando continuidade àquela prática de acolher a mensagem intuitiva que o texto esquiliano emitia: a potência negativa da *hýbris* necessitava um freio, demandava uma reação punitiva, inevitavelmente aniquiladora. Uma vez tangido pela desmesura, o ὑβριστής (*hybristés*, excessivo) se torna vítima de ἄτη/Ἄτη (*áte/Áte*, cegueira da razão/deusa implacável), mergulha na espiral da νέμεσις (*nêmesis*, "justiça compensatória") e acaba nos braços da Moîra, o Destino de cada um. A época rapidamente assimilou a sinapse dramática. A recriação do tema das guerras greco-persas fundou uma tradição naquela proeminente universidade francesa e despoletou um *exemplum* de performance coral como forma antigo-moderna que reativa o ritual antigo no teatro contemporâneo[33].

A porosidade do teatro clássico, ainda que organizado a partir de uma estrutura rigorosa, tem em Ésquilo um habilidoso criador que sabe lidar engenhosamente com interfaces, subtemas, além de explorar complexidades inerentes à dramaturgia e inaparentes às plateias. O teatro, arte que nasce para morrer ao terminar o espetáculo; o texto, no qual a trama se escora, é matéria falada, eivada de silêncios, subentendidos, pistas cênicas e ciladas da imaginação. Tudo isso faz parte do universo esquiliano, que Junito tão bem manejava.

---

33. Em 1965, a revista *Times* (21/04/1965) noticiou a *performance* de *Persians*, sob a direção de Karolos Koun, no Aldwych Theatre (Londres): "[...] foi o coro a revelação para aqueles que tinham vindo conhecer um coro trágico grego arcaico. O arcaico era o mais *novo*, impactante, pleno que o espetáculo continha". Disponível em: http://www.apgrd.ox.ac.uk/productions/production/44 Acesso em 02/04/2023.

Seus alunos e leitores foram inoculados por este olhar fiel de/a Junito. Hoje somos nós os fiéis de Junito, coro que acompanha o protagonista. Cabem no teatro da vida as palavras finais com que Junito encerra este pequeno-grande livro que acabamos de comentar:

> Os deuses gregos não são bons nem justos. Os deuses gregos são tão somente belos.

Referências

AMENDOLA, S. Sul texto dei *Persiani* di Eschilo. Nápoles: Arte Tipografica, 2012.

BIZZOCCHI, A.L. Por uma revisão da historiografia tradicional das línguas germânicas: o conceito de "germance" – Anais do VII Congresso Nacional de Língua e Filologia. *Cadernos do CNLF*, Rio de Janeiro, série VII, n. 4, 2003. Disponível em: http://www.filologia.org.br/viicnlf/anais/caderno04-14.html

CORREIA, B.C.P. *A Adivinhação na tragédia de Ésquilo*. Tese de Doutorado. São Paulo: USP, 2015.

DIX, S. Vom bleibenden Recht der Antike in der künstlerischen Moderne Europas: Fernando Pessoa und Giorgio de Chirico. *Zeitschrift für Religions- und Geistesgeschichte*, v. 74, n. 3, p. 251-272. Disponível em: https://brill.com/view/journals/zrgg/74/3/article-p251_5.xml Acesso em 25/07/2022.

DUNBAR, Z. From à la carte to Convergence: Symptons of Interdisciplinarity in Reception Theory. *In*: HALL, E.; HARROP, S. (eds.). *Theorizing performance: Greek Drama, Cultural History and Critical Practice*. [s.l.]: Duckworth, 2010, p. 85-94.

ÉSQUILO. *Os persas*. Ed. bilíngue. Trad. de J.S. Brandão. São Paulo: Mameluco, 2011.

FERREIRA, N.H.S (estudo, trad. e notas). *Aesopica: a fábula esópica e a tradição fabular grega*. Coimbra: Universidade de Coimbra, 2014.

FRIEDRICH, W.-H. Antike. *Das Fischer Lexikon Literatur A-F*. Band I. Frankfurt a. Main: Fischer Taschenbuch, 1996, p. 41-59.

HALL, E. Navigating the Realms of Gold: Translation as Access Route to the Classics. *In*: LIANERI, A; ZAJKO, V. (eds.). *Translation and the Classic*. Oxford: Oxford University Press, 2008, p. 315-340.

HARRISON, T. "Respectable in its ruins": Achaemenid Persia, Ancient and Modern. *In*: HARDWICK, L.; STRAY, C. (eds.). *A Companion to Classical Receptions*. [s.l.]: Wiley-Blackwell, 2011, p. 51-61.

HERÓDOTO (484-425 a.C.). *História*. Trad. de J.B. Broca. eBooksBrasil, 2006.

JAPIASSU, H. *Introdução ao pensamento epistemológico*. 2. ed. Rio de Janeiro: Francisco Alves, 1977.

JOLLES, A. *Formas simples*. Trad. de Á. Cabral. São Paulo: Cultrix, 1976.

MACINTOSH, F. Tragedy in performance: 19th and 20th century Productions. *In*: EASTERLING, P.E. *The Cambridge Companion to Greek Tragedy*. [s.l.]: Cambridge University Press, 1999, p. 284-323.

MUND-DOPCHIE, M. *La survie d'Eschyle à la Renaissance – Traductions, commentaires et imitations*. Lovaina: Aedibus Peeters, 1984.

RABELLO, R. A Ciência da Informação como objeto: epistemologias como lugares de encontro. *Perspectivas em Ciência da informação*, 17(1), mar./2012. Disponível em: https://doi.org/10.1590/S1413-99362012000100002

SAÏD, E.W. *Orientalismo – O Oriente como invenção do Ocidente*. Trad. de T.R. Bueno. São Paulo: Companhia das Letras, 1990.

VINCENT, D. *Literacy and Popular Culture*: *England 1750-1914*. Cambridge: Cambridge University Press, 1989.

3
Junito, tradutor de *Alceste*, de Eurípides[34]

Tereza Virgínia Ribeiro Barbosa
Professora titular da Universidade Federal de Minas Gerais (UFMG)

Para o grego, o mito é uma encenação de que resulta o ritual.
Junito Brandão[35]

Sobre Junito Brandão, as inúmeras citações de suas obras em artigos e livros, as diversas entrevistas em jornais e revistas, além das sucessivas homenagens que lhe foram dedicadas, em vida e postumamente, comprovam o seu valor de pesquisador, hermeneuta e educador. Contudo, não bastasse ele estar presente em tantos trabalhos acadêmicos de várias áreas, anúncios de conferências, agradecimentos e menções em espetáculos teatrais, teses, palestras e coisas que tais, a reverência e o afeto com que o mencionam, ainda hoje, evidenciam a inequívoca e indelével marca que o estudioso deixou no país como disseminador de conhecimento.

Não tivemos a honra de conhecê-lo pessoalmente, mas temo-lo como referência desde o início de nossos estudos, final dos anos de 1970. Acrescente-se a isso que seu legado e os testemunhos dos muitos colegas e alunos nos haverão de conduzir na presente reflexão.

---

34. Adotam-se duas grafias do nome do dramaturgo ateniense. A forma mais próxima do grego emprega o "i", Eurípides (Ἐυρίπιδης). Entretanto, foi corrente nos jornais brasileiros e também em panfletos de teatro a forma, também aceitável, Eurípedes. As citações preservam a opção dos citados. De nossa parte, utilizamos sempre a forma Eurípides.

35. Em entrevista concedida a Carlinda F. Pate Nuñez (2020, p. 5).

Uma de suas colegas pesquisadora, Mary Kimiko G. Murashima (2005, p. 31), em artigo acadêmico, escreveu que "o Prof. Junito de Souza Brandão, soube vencer o interdito [órfico] das direções e se dedicou, prazerosamente, a nos ensinar a olhar para trás". Deveras, a partir da produção do professor fluminense olhamos os inícios míticos de nossa cultura ocidental, a manipulação dos mitos greco-latinos pela literatura, psicologia, filosofia e história e, ademais, sua revisitação, apropriação e recepção. Olhamos para trás e, como Orfeu[36], identificamos amores; porém, se tomamos como parâmetro a área de estudos e pesquisa, percebemos que Junito certamente atuou também no sentido contrário, ensinando-nos a olhar para frente e, com isso, a projetar, propalar, promover e profetizar um país que, se não já, em breve, estará consolidado nos Estudos Clássicos e Humanísticos, tornando-se referência para o mundo. Junito "Janus"[37] Brandão entregou-nos

36. "A Orfeu, buscando Eurídice, à mulher de Lot, fugindo da cidade maldita, aos nossos feiticeiros, fazendo seus despachos, a recomendação é sempre a mesma: *não olhar para trás*. [...] Orfeu foi o homem que violou o interdito e ousou olhar o invisível. Olhando para trás e, por causa disso, perdendo Eurídice, o citaredo, ao regressar, não mais pode tanger sua lira e sua voz divina não mais se ouviu. Perdendo Eurídice, o poeta da Trácia perdeu-se também, como indivíduo, como músico, e como cantor" (Brandão, 1991b, p. 200).

37. Deus romano que, segundo Anna Ferrari (2018, p. 361), "foi particularmente venerado em Roma; suas festividades atingiram a solenidade máxima no primeiro dia do ano que foi considerado sagrado. Nessa ocasião, era costume trocar presentes, principalmente doces e moedas de cobre com a face dupla do deus de um lado e um navio do outro: em geral, tais presentes eram chamados de *strenae*. Observa-se que esta festa muito importante em honra do deus (chamada *Agonium*, *Agonali*), enquanto ritual, tinha lugar na casa do sacerdote encarregado do culto de Jano, o *rex sacrorum* [...]. As funções (de Janus) eram múltiplas: ele protegia o início de qualquer empresa, de qualquer atividade, e, por isso, era sempre invocado logo no início de qualquer ação, mesmo antes de Júpiter. Ele abria o ano e inaugurava as estações, razão pela qual o primeiro mês do ano derivou o seu nome da mesma raiz que o nome do deus. Ele era considerado o celeiro do céu e, portanto, tinha os atributos de *Patulcus* ou *Patulcius*, 'aquele que abre', e *Clusius* ou *Clusivus*, 'aquele que fecha'. Na terra era o deus que protegia as portas sendo frequentemente representado com duas faces, porque as portas abrem em duas direções opostas (*Janus* de duas faces)" [Era particolarmente venerato a Roma e le sue feste raggiungevano la massima solennità nel primo giorno dell'anno, considerato sacro. In quell'occasione usava scambiarsi doni, in prevalenza dolciumi e monete di rame che recavano in effigie da una parte il volto bifronte del dio e dall'altra una nave: in generale, tali doni erano chiamati *strenae*. È da notare che tale importantissima festa in onore del dio (chiamata *Agonium*, *Agonali*) si svolgeva per la sua parte rituale nella casa del sacerdote preposto al. culto di Giano, il *rex sacrorum* [...]. Le sue funzioni erano molteplici: proteggeva gli inizi di qualsiasi impresa e attività, ed era perciò sempre invocato per primo al principio di qualsiasi azione, addirittura prima di Giove. Egli apriva l'anno e inaugurava le stagioni, e per questo il primo mese dell'anno derivava il suo nome dalla stessa radice del nome del dio. Era considerato il paniere del cielo ed aveva pertanto l'attributo di *Patulcus* o *Patulcius*, 'colui che apre', e di *Clusius* o *Clusivus*, 'colui che chiude'. Sulla terra era il dio che proteggeva le porte: era spesso rappresentato con due volti perché le porte si aprono in due opposte direzioni" (Giano bifronte)" (As traduções, salvo menção contrária, são de nossa responsabilidade)].

muitas centelhas do fogo do conhecimento e fertilizou terrenos antes áridos e brutos. Um pesquisador heleno-latino é o que parece ter sido. Helenista que se conformou com a tradição latina inclusive na tradução dos nomes dos deuses: Hércules em lugar de Héracles, antes Vulcano que Hefesto, Júpiter em vez de Zeus, Plutão...

É certo, igualmente, que, embora seja bem mais conhecido por seu pendor de mitógrafo e professor, Junito Brandão teve – e tem ainda – papel importante como tradutor do grego, vertendo tragédias e comédias. Neste capítulo vamos nos dedicar ao seu trabalho como tradutor de Eurípides, e comentar algumas sutilezas da tradução de *Alceste* publicada, em sua terceira edição – a que temos conosco em casa[38] –, pelo editor Bruno Buccini, no significativo ano de 1968. Nesta edição, o nome do tradutor aparece pomposo, Junito de Souza Brandão, mas, como para os estudiosos ele foi sempre Junito Brandão, tal qual aparece no *Dicionário Mítico-etimológico*, ou, simplesmente, Junito, aqui o trataremos de modo variado.

O volume bilíngue da peça *Alceste*, concebido por Junito Brandão, é bem composto e, afora o texto grego e a tradução, inclui comentários de história, filologia, literatura (estudo geral da tragédia *Alceste*) e mitologia grega (panorama da lenda de Alceste e genealogia mítica das principais personagens do drama). Erros tipográficos são raros; contudo, há uma inversão de ponta-cabeça de uma frase inteira, por exemplo, na p. 21. O livro apresenta, do mesmo modo, as seguintes seções: I. traços biográficos de Eurípides; II. o teatro euripidiano e suas inovações; III. o caráter de "poeta e pensador" do autor ateniense; IV. o estilo do dramaturgo ateniense e o manejo do grego.

Dado curioso (e de algum modo, elucidativo a ponto de fazer o ano de 1968 marcante para a classe teatral) é que, no mesmo dia do lançamento de *Alceste*, ainda no *Diário de Notícias* que divulga o lançamento de *Alceste* e convida o público, uma reportagem sobre teatro com o título "Rebeldia contra a censura" assinada por Henrique Oscar, chama nossa atenção. A notícia comenta um ato orquestrado pela classe artística contra a censura vigente. O texto diz assim:

---

38. Segundo o *Diário de Notícias* (RJ) de 07/07/1968, sábado, p. 8, seção 3, na ocasião da 3ª edição, Junito de Souza Brandão, aos 44 anos, era professor da PUC-Rio e Diretor da Faculdade Gama Filho. Cf. http://memoria.bn.br/DocReader/093718_04/75810

Após quatro anos de luta incessante em defesa da liberdade da criação artística e dos direitos profissionais ameaçados permanentemente pelos arbítrios da Censura, a classe teatral decidiu trazer ao conhecimento público os termos reais do problema da censura hoje no país.

Tal esclarecimento se faz mais que nunca necessário quando a classe teatral acaba de decidir, por unanimidade, em assembleia realizada no dia 30 de junho de 1968 que não mais se submeterá aos ditames da censura até que o governo transforme em lei o projeto de reformulação da legislação de censura, elaborado pelo grupo de trabalho que o Ministério da Justiça instituiu. Esse projeto, entregue ao ministro Gama e Silva, há 50 dias, até hoje não foi encaminhado ao presidente da República, apesar dos apelos feitos pela classe e apesar da gravidade da situação criada pela ameaça de paralisar a atividade teatral no Brasil. O decreto n. 20.493, de 1946, assinado pelo então Presidente José Linhares, já superado em muitos aspectos, é o instrumento legal que estabelece as normas sobre Censura de Espetáculos e Diversões Públicas. [...] Analisando a Portaria n. 11 [que regulamenta o caso do teatro e que se emitiu em 2 de fevereiro de 1967] constatou-se com estarrecimento que todos os seus itens se baseiam no Decreto n. 1949, de 30 de dezembro de 1939, decreto que criou o famigerado DIP, na ditadura do Estado Novo.

Depois de sofrer golpes sucessivos, que tornaram a encenação de cada peça resultado de uma batalha, com prejuízos de toda ordem para as companhias teatrais, um movimento surpreendente de unidade e disposição de luta mobilizou todos os setores da classe teatral e levou à paralização [*sic*] geral dos teatros do país. A classe teatral, em greve geral, foi às ruas com uma bandeira: modificar os critérios até então impostos pelo Poder Público aos artistas (*Diário de Notícias* – RJ, 07/07/1968, p. 2, 2ª seção)[39].

39. Cf. http://memoria.bn.br/DocReader/093718_04/75796

Vê-se que o contexto histórico do lançamento, entre os anos de ferro de 1964-1968, que celebra a tradução de Junito para a *Alceste* de Eurípides é desanimador. No entanto, em 1968 já estávamos na 3ª edição da obra; a 1ª edição teria saído em 1963, antes do golpe, pela Editora Graeca e Latina, com lançamento na Pontifícia Universidade Católica do Rio de Janeiro (PUC-Rio) na "Semana da Pátria", em 9 de setembro, segundo o *Diário de Notícias* de 8 de setembro, domingo, p. 6, segunda seção[40].

À época do surgimento da oportuníssima 3ª edição bilíngue, *O Jornal* (RJ) divulga a seguinte nota rápida (Domingo, 13 de outubro de 1968)[41]:

> O editor Bruno Buccini lançou a 3ª edição de *Alceste*, de Eurípedes, em tradução do Prof. Junito de Souza Brandão, obra de grande envergadura e poder formativo, pois, sendo a mensageira de uma lição de arte, é também uma apoteose consagradora da família. Segundo o Prof. Marques Leite, Eurípedes e sua *Alceste* vêm a se constituir numa das razões mestras da teatrologia universal. O autor manteve o texto grego que, além de valorizar a obra, dá oportunidade aos helenistas e universitários de confrontarem a tradução. Nesse volume o autor focalizou Eurípedes e sua obra, o teatro euripidiano com suas inovações, o poeta e o pensador, a língua e o estilo, além de profundo estudo da tragédia *Alceste*: lenda de Alceste, a Tragédia, o Argumento, chegando à genealogia dos personagens de *Alceste*, à recomposição do cenário. Volume de 141 páginas.

Carecia não levantar suspeitas nem alardes comprometedores ao se publicar o mais questionador dos dramaturgos áticos, aquele que permitiu a "suas personagens – do rei ao escravo – participarem democraticamente de tudo" (Brandão. *In*: Eurípides, 1968, p. 22).

Alceste é uma peça inteligente. Sua escolha para objeto de tradução em tempos sombrios de censura e perseguição à classe teatral também é sumamente brilhante. Observe-se, inclusive, no convite para o lançamento mencionado há pouco, o comentário sobre se tratar de uma "apoteose consagradora da família". Não cremos que a coisa seja bem assim, a afirmativa nos parece bastante superficial, quer para "evitar" qualquer censura, quer por uma análise menos aprofundada do enredo. Junito, evidentemente, sabe

---

40. Cf. http://memoria.bn.br/DocReader/093718_04/32723

41. Cf. http://memoria.bn.br/DocReader/110523_06/68489

dos perigos de um texto em que uma mulher valente e um general covarde disputam o protagonismo; ainda assim, no estudo que antecede a peça, ao comentar a índole do tragediógrafo em pauta, escreve:

> [Eurípides] foi um pensador, um observador atento de todos os movimentos de ideias do seu tempo. Dotado de alta sensibilidade, captou-os a todos. Extremamente curioso, de uma curiosidade que o levava a abordar todas as questões: espírito altamente interrogativo, independente e inquieto, não poderia satisfazer-se com as soluções tradicionais. [...] não foi indiferente a coisa alguma do seu tempo. Bebeu em todas as fontes e, não podendo chegar a uma conclusão, tornou-se o poeta da busca... Não sendo, repetimos, um homem que aderisse a sistemas, o teatro de Eurípides é uma colcha de retalhos com rótulos de todas as escolas. E é com razão que a sua tragédia tem sido considerada como a "sala de debates de todos os movimentos de seu tempo". Coagido a produzir um gênero com maioridade literária decretada [...] o poeta tomou uma posição de rebeldia contra as tradições teatrais, não só quanto às fontes e critérios de inspiração, mas também no que diz respeito à estrutura interna da tragédia (Brandão. *In*: Eurípides, 1967, p. 21).

Junito tem, portanto, consciência de que "Eurípides 'proletarizou' a tragédia" e "deu às mulheres a maioria dos papéis mais importantes em suas tragédias, exatamente, porque, excelente psicólogo, viu no coração feminino um abismo [...]"; afinal, segundo Brandão, Eurípides era "conhecedor profundo do coração feminino e mostrou-nos o de que ele é capaz..." (Brandão. *In*: Eurípides, 1968, p. 22).

Acerca especificamente da 3ª edição, a que temos em mãos para analisar, parece-nos também de particular interesse o fato de que, meses antes do lançamento, em um curso de Extensão Universitária no Colégio Imaculada Conceição, tenha sido registrada pelo *Correio da Manhã*, 1º de maio, segundo caderno, p. 6[42], a apresentação do espetáculo da peça, ou seja, Junito previu e executou um teste de palco para a sua tradução antes mesmo da publicação. O comprometimento com o espetáculo, além da notória preocupação com a correção linguística na tradução, consideramos, é procedimento altamente louvável. Na pequena notícia lê-se:

42. Cf. http://memoria.bn.br/DocReader/089842_07/91605

> O Prof. Junito de Souza Brandão, vice-diretor da Universidade Gama Filho, está ministrando todas as quintas-feiras às 17:15min, no Colégio Imaculada Conceição (Praia de Botafogo, 266) um curso de Extensão Universitária sobre Teatro Greco-latino, que no encerramento apresentará a peça de Eurípedes *Alcestes* [*sic*]. O curso aceita inscrições...

Resultado: com o teste de palco, temos, na edição em foco, um bom texto para a encenação. Ousamos afirmar, ademais, que, diferentemente das muitas das traduções de sua época, o texto de Junito, engajado com a cena, se preocupa naturalmente com a plateia, prova disso é que o autor inclui, como nas chamadas dos espetáculos, a indicação da duração aproximada da tragédia. "No fundo da orquestra, a fachada do palácio real de Admeto, na cidade de Feres, Tessália. *Tempo de duração da Tragédia: 1 hora e 30 minutos*" (Brandão. *In*: Eurípides, 1968, p. 82; grifos do autor). A informação sinaliza, indiretamente, que o tradutor está atento a uma problemática tradutória que incide particularmente sobre os textos teatrais: carece não alargar – com explicações desnecessárias e maçantes – o texto traduzido[43].

De modo geral, a tradução da *Alceste* apresentada pelo Prof. Junito Brandão é como ele se revelou em sua trajetória, pedestre, simples, em prosa, a pé[44]. Evidentemente não estamos afirmando com "simples" que era indigente ou precário, afirmamos o oposto: como na química, simples

43. A preocupação de Junito Brandão tange ao que Antoine Berman chama à observação e analítica da tradução para evitar as tendências deformadoras sistemáticas, uma delas, a saber: "Toda tradução é tendencialmente mais longa do que o original. É uma consequência, em parte, das duas primeiras tendências evocadas. Racionalização e clarificação exigem um alongamento, um desdobramento do que está, no original, 'dobrado'. Mas este alongamento, do ponto de vista do texto, pode ser designado como 'vazio', e coexistir com diversas formas quantitativas de empobrecimento. Quero dizer com isso que o acréscimo não acrescenta nada, que só aumenta a massa bruta do texto, sem aumentar sua falância ou sua significância. As explicações tornam, talvez, a obra mais 'clara', mas na realidade obscurecem seu modo próprio de clareza. Ademais, o alongamento é um afrouxamento que afeta a rítmica da obra. É o que frequentemente chamamos de 'sobretradução', cujo caso típico é a tradução ao francês de *Moby Dick*, de Armel Guerne" (cf. Berman, 2013, p. 72-73).

44. De acordo com Márcia Carvalho, em "Professor Junito Brandão: a simplicidade de uma mente brilhante" (2018, p. 139-140), "[d]estacou-se na escola de zona rural, onde poucos chegavam a concluir o Ensino Fundamental. Sua professora, na ocasião, declarou a seus familiares que não teria mais o que lhe ensinar, pois ele já havia adquirido conhecimento igual ao dela. [...] Sua trajetória foi lapidada por sua passagem pelo Noviciado no Colégio Anchieta em Nova Friburgo, RJ e pela formação superior na Faculdade de Filosofia, Ciências e Letras Clássicas na Universidade do Estado da Guanabara em 1948. Posteriormente, Prof. Junito cursou Arqueologia, Epigrafia e História da Grécia na Universidade de Atenas, complementando sua formação com o Curso de Direito".

é o elemento que, até o presente momento, tem sido impossível decompor; como termo da gramática, "simples" é palavra não composta; e enfim, nos dicionários, simples é "descomplicado", fácil de usar, de compreender, de executar. Neste sentido, as traduções refletem o jovem que foi seminarista, o humanista e professor de Grego, o mitólogo, o arqueólogo – e, ainda mais, o homem da lei preocupado com a justiça – e, outrossim, o filósofo (poeta-tradutor?) que Junito foi. Impossível decompô-lo em partes.

Os diálogos são claros, o vocabulário é acessível. Junito parece seguir os passos de Eurípides. Este, nas palavras do brasileiro, emprega, em suas peças trágicas,

> a língua comum da tragédia, com a dosagem tradicional de formas ático-jônicas e os coros, naturalmente, com boa parcela do dialeto dórico. A musicalidade do seu estilo, tão gabada pelos antigos, escapa-nos, é óbvio. Sem a majestade olímpica da linguagem de Ésquilo e daquela de alto coturno de Sófocles, Eurípides pode ser comparado, *mutatis mutandis*, com Machado de Assis, em nossa literatura. Procurou um meio-termo entre a língua escrita e a falada. Suas frases são claras e simples ou vivas e rápidas, quando é mister (Brandão. *In*: Eurípides, 1968, p. 25).

Como o dramaturgo ático, o tradutor procurou um meio-termo. Suas frases são claras e objetivas. Ele cumpriu igualmente a função de diretor, pois, ao traduzir, marcou o texto com rubricas, evidenciando a intenção de se colocar como um mediador – e intérprete – cultural[45] que traz para a cultura brasileira a antiguidade helênica. Nessa tarefa, ele se equilibra entre exaltar o valor do precário generalíssimo Admeto em contraposição ao da

---

45. De acordo com Katan e Taibi, tanto o mediador quanto o intérprete cultural devem ter profundo conhecimento dos valores, tradições, costumes, interdições e história das culturas envolvidas no seu trabalho, além da esperada perícia comunicacional (na linguagem verbal e não verbal), técnica e social. Os autores, em brevíssimo resumo, afirmam: "The mediator needs not only 'two skills in one skull' (Taft, 1981, p. 53) but 'in order to play the role of mediator, an individual has to be flexible in switching his [sic] cultural orientation'. Hence, a cultural mediator will have developed a high degree of intercultural sensitivity and will be able to judge the success of translation solutions according to particular cultural situations. [...] As a 'cultural mediator', the interpreter will need to be a specialist in negotiating understanding between cultures (2021, p. 18 e 20) [O mediador precisa não só de "duas competências numa cabeça só" (1981, p. 53). Mas, 'para desempenhar o papel de mediador, o indivíduo deve ser flexível na mudança da sua orientação cultural. Assim, um mediador cultural terá desenvolvido um elevado grau de sensibilidade intercultural e será capaz de julgar o sucesso das soluções de tradução de acordo com situações culturais particulares. [...] como o 'mediador cultural', o intérprete necessita ser um especialista em negociar o entendimento entre as culturas].

perspicaz Alceste, que dá a vida pelo marido, mas ao mesmo tempo amputa a existência dele com restrições impostas num fatídico juramento sem atenuantes. Do ponto de vista linguístico-cultural, a mediação e interpretação cultural de Junito perpassa toda a escritura euripidiana e aclimata no Brasil, sem grande sofrimento, polêmicas antigas e intensas. É o caso, por exemplo, da fala de Apolo, com velada crítica à sofística, dirigida a Tânatos, a Morte, que chega para levar Alceste. Apolo diz: "És, porventura, espirituoso, sem que saibamos?" (v. 58). O termo "espirituoso", utilizado na frase, traduz o vocábulo σοφός, palavra ligada à sofística[46] com o sentido positivo de "dotado de conhecimento especulativo" e com o sentido negativo de "engenhoso, astucioso" (cf. Malhadas; Dezotti; Neves, 2022, p. 984). Ivan Gobry, em *Vocabulário Grego da Filosofia*, para este léxico, esclarece:

> O sábio (σοφός) é o homem que se dedica à investigação individual dos mistérios do mundo e de sua própria conduta. Parece que, na origem do pensamento grego, essa espécie de homem era pouco numerosa, pois as gerações seguintes catalogam sete exemplares deles.
> *Sophós*/σοφός significava primeiramente *hábil* e era um simples qualificativo; depois passou ao *status* de substantivo e adquiriu significado intelectual, no qual se associavam saber e nomeada (Gobry, 2007, p. 133).

No mesmo sentido da atuação enquanto mediador cultural, além de tradutor, estão as ricas e numerosas notas com informação sobre mitologia, ritos e costumes – ao todo são 59 notas – que inserem o leitor (e os atores) no mundo helênico antigo.

A peça euripidiana ela própria exibe, inequivocamente, um estatuto duvidoso, um final controverso e um tema vacilante, bem ao gosto do movimento sofista. Trata-se de um texto aberto e sujeito a inúmeras interpretações. Brandão a tem como tragédia e – em nosso parecer – ela de fato o é, se encarada na perspectiva da protagonista que assiste, ao final do drama, ao perjúrio do consorte. Outros teóricos a classificam como drama satírico. A posição do helenista paduano de Aperibé, é clara:

---

46. Gobry, em seu *Vocabulário Grego da Filosofia* (2007, p. 134) registra o termo *sophistés* (sofista) e afirma: "esse termo, derivado de *sophós*, designa como este, na origem, um homem hábil. Mas ao contrário de sábio, que adquiriu um sentido laudatório, a palavra sofista passará a ter no século V [a.C.] significado pejorativo, devido aos abusos dos pensadores que receberam esse nome: Górgias, Protágoras, Hípias, Pródico, Trasímaco, Polos, Eutidemo, Dionisodoro".

> *Alceste* foi levada à cena nas Dionísias Urbanas de 438 a.C., no arcontado de Glaucino. O primeiro lugar nesse concurso trágico coube a Sófocles e o segundo a Eurípides com uma tetralogia (três tragédias e um drama satírico). *Alceste*, portanto, vindo após as *Cretenses*, *Alcmeão* e *Télefo*, foi representada "à guisa" de drama satírico. Fazemos esta restrição importante, porque, de Drama Satírico, a tragédia em apreço, tem apenas *a posição* e não a estrutura. Vamos por parte. Tem-se criticado em Eurípides "o desfecho feliz" de *Alceste*, o que naturalmente não estaria dentro dos moldes trágicos. A tragédia grega deveria terminar *sempre tragicamente*. Convém não generalizar. Há outras peças de Eurípides (*Ifigênia em Táurida* e *Íon*, p. ex.), que, sem fazer "o papel de drama satírico", terminam sem catástrofe. Aliás, o processo não é só de Eurípides (Brandão. *In*: Eurípides, 1968, p. 74).

Observe-se que a argúcia e sensibilidade de leitura pelo viés feminino levam o estudioso a grafar "desfecho feliz" entre aspas duplas.

O roteiro é claro: já no início da peça Apolo profetiza o resgate da falecida por Hércules das mãos de Plutão. Evidentemente, Admeto, na condição de personagem, nada sabe do vaticínio proferido. Entretanto, no êxodo, o silêncio do filho de Alcmena acerca da origem da mulher velada, Alceste ela mesma, a nosso ver, parece um teste de lealdade para Admeto, que, diante da resgatada, sucumbe antes mesmo da comprovação de sua identidade. Como mulher, esposa e mãe, julgamos o desfecho bastante trágico para Alceste: ela testemunha a falência dos juramentos firmados. O Prof. Junito argumenta igualmente, nas entrelinhas, que o trágico não está condicionado à catástrofe. Há situações trágicas mantidas no silêncio e guardadas "serenamente" a sete chaves em, por exemplo, situações de frustração ou repressão. A simples existência do sacrifício feminino em prol da "família" ou do "marido" (no caso de Alceste, em benefício de Admeto) demonstra que a peça em pauta, apresentada em 438 a.C., é atual inclusive para o século XXI. A obra fonte e a tradução de 1968 exibem tudo isso e muito mais. Ambas mostram, ante os nossos olhos, um general tíbio e insensível, na tão comentada cena de Admeto frente ao pai e à mãe, e as "diatribes e insultos que mutuamente trocam pai e filho, diante do cadáver de Alceste", "podem chocar-nos pela brutalidade e pelo 'tom' da linguagem" em nossos dias (Brandão. *In*: Eurípides, 1968, p. 74). Neste trecho, segundo Brandão,

> o poeta quer mostrar-nos o apego senil de Feres à vida e o egoísmo de Admeto que sofregamente buscara alguém que morresse em seu lugar. É o Admeto inconsequente que prefere chorar Alceste o resto de seus dias – ela era a razão de sua vida – a arrostar varonilmente a decisão do destino. O egoísta e inconsequente Admeto – sem o que a tragédia não existiria – é uma preparação para o Admeto melancólico, arrependido e sobretudo fiel da cena final em que Hércules lhe pede para acolher no palácio a mulher "de rosto velado" que trazia consigo (Brandão. *In*: Eurípides, 1968, p. 74).

Decerto, Junito previu para si, como tradutor, uma postura que honra a personagem feminina, mas não totalmente. Discordamos dele em alguns pontos – cremos que sua leitura esteja influenciada por Platão[47] e Luciano, no *Diálogo dos mortos*[48] –, sobretudo, na hipótese que Alceste seja um "hino heroico ao amor conjugal"[49] e que Admeto seja "purificado" pela perda da esposa; isso, honestamente, achamos ser um exagero. Afinal, choroso e solitário, Admeto se faz de vítima e adota um simulacro patético de mulher para dormir consigo, com a finalidade última de consolar tão somente a si mesmo:

47. Platão (*Banquete*, 179 b) indica Alceste como modelo da capacidade de amar do ser humano. Pelas palavras de Fedro, o filósofo ilustra o poder do amor conjugal da seguinte maneira: "Quanto a deixar para trás o seu amado e não o socorrer em caso de perigo [...] não há homem nenhum tão fraco a quem o próprio Amor não inspire atos de bravura e não torne igual aos bravos por natureza. Em suma, o que diz Homero a respeito de alguns heróis, que o 'deus lhes insufla coragem', esse dom concede-o espontaneamente o Amor aos amantes. Mais ainda, apenas os que amam – e refiro-me não apenas aos homens mas às mulheres também – se dispõem a morrer por outrem. Justamente Alceste, a filha de Pélias, oferece um testemunho claro desta afirmação a todos os Helenos. Ela foi, de fato, a única pessoa que se dispôs a morrer na vez do marido, muito embora o pai e a mãe dele fossem vivos: o amor que ela dedicava ao marido superou em tanto a amizade dos próprios pais, que estes mais pareciam uns estranhos em relação ao filho, aparentados, quando muito, de nome..." (Trad. de M.T.S. Azevedo).

48. "Protesilau – Mas eu não estou aguentando essa demora, Plutão! Você também já se apaixonou e sabe como é a paixão. [...] Vou refrescar sua memória, Plutão. Por essa mesma razão vocês devolveram Eurídice a Orfeu e ainda fizeram a gentileza de liberar Alceste, aquela minha parenta, para o Héracles" (*Diálogo dos Mortos*, 23: Protesilau e Plutão. Trad. de M.C.C. Dezotti).

49. Eurípides recupera a Alceste do mito tradicional; entretanto, com ele, o poeta propõe mais que uma história de amor. O texto euripidiano é incisivo no tratamento do fato incontestável e insuportável de que tudo se desfaz frente à possibilidade da morte. Para resolvê-lo, ele cria um Héracles *ex-machina* trazendo dos mortos Alceste viva. O confronto com essa realidade genuinamente humana supera, em muito, a questão amorosa. Assim, julgamos que falar da Alceste euripidiana é pensar, principalmente, sobre a finitude do ser (cf. Barbosa, 2009, p. 107-117).

σοφῇ δὲ χειρὶ τεκτόνων δέμας τὸ σὸν
ἰκασθὲν ἐν λέκτροισιν ἐκταθήσεται
ᾧ προσπεσοῦμαι καὶ περιπτύσσων χέρας
ὄνομα καλῶν σὸν τὴν φίλην ἐν ἀγκάλαις
δόξω γυναῖκα καίπερ οὐκ ἔχων ἔχειν·
ψυχρὰν μέν, οἶμαι, τέρψιν, ἀλλ' ὅμως βάρος
ψυχῆς ἀπαντλοίην ἄν. ἐν δ' ὀνείρασι
φοιτῶσά μ' εὐφραίνοις ἄν· ἡδὺ γὰρ φίλους
κἀν νυκτὶ λεύσσειν, ὅντιν' ἂν παρῇ χρόνον (v. 348-356).

Cinzelada por mãos hábeis de artistas, tua estátua repousará sobre meu leito: deitar-me-ei ao lado dela, e, abraçando-a, invocarei teu nome, na ilusão de ter nos braços a minha querida esposa, embora ela esteja ausente. É um frio deleite, sem dúvida, mas que certamente aliviará o peso de minha alma. Visitar-me-ás em sonhos, enchendo-me de alegria: é agradável, com efeito, rever aqueles a quem amamos, embora seja em sonhos, e por pouco tempo! (Brandão. *In*: Eurípides, 1968, p. 98).

Ao fim, ele aceita o presente velado de Hércules, uma dama vinda do Hades, mesmo sem nela reconhecer plenamente a própria Alceste, e a despeito de um compromisso solene. Há, todavia, um contraponto na escolha de Junito.

O êxodo (como também toda a peça) é de uma ironia extrema. Não se sabe, pelo texto grego, se a figura trazida pelo filho de Alcmena é, ou não, verdadeiramente a falecida de Admeto. Permanece uma dúvida no ar até os últimos versos, v. 1.123 a 1.135, quando fica esclarecida a questão.

Ἄδμητος ὦ θεοί, τί λέξω; θαῦμ' ἀνέλπιστον τόδε·
γυναῖκα λεύσσω τήνδ' ἐμὴν ἐτητύμως,
ἤ κέρτομός μ' ἐκ θεοῦ τις ἐκπλήσσει χαρά;
Ἡρακλῆς οὐκ ἔστιν ἄλλη· τήνδ' ὁρᾷς δάμαρτα σήν.
Ἄδμητος ὅρα δὲ μή τι φάσμα νερτέρων τόδ' ᾖ.
Ἡρακλῆς οὐ ψυχαγωγὸν τόνδ' ἐποιήσω ξένον.
Ἄδμητος ἀλλ' ἣν ἔθαπτον εἰσορῶ δάμαρτ' ἐμήν;
Ἡρακλῆς σάφ' ἴσθ' ἀπιστεῖν δ' οὔ σε θαυμάζω τύχῃ.
Ἄδμητος θίγω, προσείπω ζῶσαν ὡς δάμαρτ' ἐμήν;
Ἡρακλῆς πρόσειπ'. ἔχεις γὰρ πᾶν ὅσονπερ ἤθελες.
Ἄδμητος ὦ φιλτάτης γυναικὸς ὄμμα καὶ δέμας,
ἔχω σ' ἀέλπτως, οὔποτ' ὄψεσθαι δοκῶν.
Ἡρακλῆς ἔχεις· φθόνος δὲ μὴ γένοιτό τις θεῶν.

> Admeto: Ó deuses! Que dizer? Que prodígio inesperado é este? É realmente minha esposa que estou vendo? Ou algum deus, zombando de mim, concede-me uma alegria efêmera?
> Hércules: Não. É tua esposa que tens diante dos olhos.
> Admeto: Vê bem que não seja algum fantasma egresso do Hades!
> Hércules: O hóspede que recebeste não é um necromante.
> Admeto: É mesmo minha esposa, aquela a quem sepultei?
> Hércules: É ela mesma! Compreendo que duvides de tua felicidade.
> Admeto: Posso tocá-la, posso falar-lhe, como se estivesse viva?
> Hércules: Pois não, fala-lhe. Recobraste tudo o que desejavas.
> Admeto: Ó esposa querida, tua face, teu corpo, possuo-os novamente, eu que havia perdido a esperança de rever-te.
> Hércules: Sim, tu a possuis. Oxalá os deuses não te invejem! (Brandão. *In*: Eurípides, 1968, p. 139-140).

Final feliz? Analisemos o trecho que antecedeu a citação. Última cena. Hércules chega com, segundo ele, "o prêmio do meu esforço" (σὺν πόνῳ λαβὼν ἥκω – v. 1.035-1.036) e o entrega para Admeto que, por causa da palavra dada, o recusa enfaticamente.

Recordemos o juramento. Alceste morreu por Admeto sob a condição de uma promessa cruel. O marido deveria transferir a autoridade da casa para os filhos e não poderia, jamais, se unir a outra mulher (*Alceste*, v. 304-322):

> τούτους ἀνάσχου δεσπότας ὄντας δόμων
> καὶ μὴ 'πιγήμῃς τοῖσδε μητρυιὰν τέκνοις,
> ἥτις κακίων οὖσ' ἐμοῦ γυνὴ φθόνῳ
> τοῖς σοῖσι κἀμοῖς παισὶ χεῖρα προσβαλεῖ.
> μὴ δῆτα δράσῃς ταῦτά γ', αἰτοῦμαί σ' ἐγώ.
> ἐχθρὰ γὰρ ἡ 'πιοῦσα μητρυιὰ τέκνοις
> τοῖς πρόσθ', ἐχίδνης οὐδὲν ἠπιωτέρα.
> καὶ παῖς μὲν ἄρσην πατέρ' ἔχει πύργον μέγαν
> σὺ δ', ὦ τέκνον μοι, πῶς κορευθήσῃ καλῶς;
> ποίας τυχοῦσα συζύγου τῷ σῷ πατρί;
> μή σοί τιν' αἰσχρὰν προσβαλοῦσα κληδόνα
> ἥβης ἐν ἀκμῇ σοὺς διαφθείρῃ γάμους.
> οὐ γάρ σε μήτηρ οὔτε νυμφεύσει ποτὲ
> οὔτ' ἐν τόκοισι σοῖσι θαρσυνεῖ, τέκνον,
> παροῦσ', ἵν' οὐδὲν μητρὸς εὐμενέστερον.

δεῖ γάρ θανεῖν με· καὶ τόδ' οὐκ ἐς αὔριον
οὐδ' ἐς τρίτην μοι μηνὸς ἔρχεται κακόν,
ἀλλ' αὐτίκ' ἐν τοῖς οὐκέτ' οὖσι λέξομαι.

> Permite que eles sejam os donos desta casa. Não te cases em segundas núpcias, entregando com isso estes pequeninos a uma madrasta, a qual, menos dedicada que eu, maltrataria, impelida pelo ciúme, os teus e meus filhos. Não faças isso, eu te peço! A madrasta que sucede a esposa, odeia os filhos do primeiro matrimônio e em nada é inferior a uma víbora! O filho varão tem, sem dúvida, no pai, um baluarte seguro; mas, tu, minha filha, como viverás honradamente, durante tua virgindade? Que outra esposa encontrarás em companhia de teu pai? Temo que, lançando sobre tua reputação alguma torpe ignomínia, ela possa arruinar-te o himeneu na flor da juventude. Não terás mãe para dar-te em casamento, nem estará presente para encorajar-te os partos, ó filha, momento em que nada vale tanto quanto uma afeição de mãe! Devo morrer e essa desgraça não me atingirá amanhã ou depois de amanhã: daqui a pouco estarei incluída entre os que não mais existem (Brandão. *In*: Eurípides, 1968, p. 97).

À chegada de Hércules e ao reparar no "prêmio" que lhe foi oferecido, Admeto comenta, "muito moça, a julgar por suas vestes e ornatos". A situação causa-lhe perturbação. No grego as frases curtas compreendem, cada uma, um verso apenas ou menos (cf. Parker. *In*: Eurípides, 2007, p. 258). Ele chega a elucubrar, inclusive, se a levaria para o leito nupcial de Alceste. A salvação moral do comandante grego seria aceitar a mulher velada por obediência a Héracles, o que, no entanto, não o exime de perjúrio à companheira. O general não é modelo de devoção aos deuses e, talvez, por isso mesmo, mostrando-se totalmente cético, sugira – talvez para obter a cumplicidade de Hércules – a semelhança do prêmio oferecido com a falecida.

γυναῖκα δ', εἴ πως ἔστιν, αἰτοῦμαί σ', ἄναξ,
ἄλλον τιν' ὅστις μὴ πέπονθεν οἷ' ἐγὼ
σῴζειν ἄνωχθι Θεσσαλῶν· (v. 1.042-1.044).

σὺ δ', ὦ γύναι,
ἥτις ποτ' εἶ σύ, ταὔτ' ἔχουσ' Ἀλκήστιδι
μορφῆς μέτρ' ἴσθι, καὶ προσῄϊξαι δέμας.
οἴμοι. κόμιζε πρὸς θεῶν ἐξ ὀμμάτων
γυναῖκα τήνδε, μή μ' ἕλῃς ᾑρημένον.

> δοκῶ γὰρ αὐτὴν εἰσορῶν γυναῖχ᾽ ὁρᾶν
> ἐμήν· θολοῖ δὲ καρδίαν, ἐκ δ᾽ ὀμμάτων
> πηγαὶ κατερρώγασιν· ὦ τλήμων ἐγώ,
> ὡς ἄρτι πένθους τοῦδε γεύομαι πικροῦ (v. 1.064-1.069).
>
> Quanto a esta mulher, se possível for – eu te suplico, Senhor! – entrega-a aos cuidados de outro tessálio, que não tenha sofrido como eu.
> [...]
> Tu, mulher, sejas quem for, como te assemelhas a Alceste, pelo porte e pelo aspecto! (*Chorando copiosamente*) Ah! Pelos deuses, leva esta mulher para longe de mim. Não tripudies sobre um vencido! Vendo-a, creio ver minha esposa. Ela transtorna meu coração e faz com que as lágrimas, em turbilhões, me arrebentem dos olhos. Desgraçado que sou! Começo a compreender quão amargo será meu luto (Brandão. *In*: Eurípides, 1968, p. 133).

Nesta longa fala de Admeto – que não citamos integralmente, pois são 33 versos – o rei está em constante agitação (excitação?). A suas palavras, Hércules retruca, deixando em aberto a identidade da mulher: "Oxalá eu pudesse, Admeto, arrancando tua esposa do Hades, trazê-la novamente à luz e outorgar-te este favor" (εἰ γὰρ τοσαύτην δύναμιν εἶχον ὥστε σὴν / ἐς φῶς πορεῦσαι νερτέρων ἐκ δωμάτων / γυναῖκα καί σοι τήνδε πορσῦναι χάριν (v. 1.072-1.074)). Parker, sobre estes versos, comenta: "Like a true Athenian theatre-goer, Heracles revels in dramatic irony"[50] (cf. Parker. *In*: Eurípides, 2007, p. 258). E acrescenta, ao avaliar, no v. 1.075-1.076[51], a resposta de Admeto: "The tone in all these passages is shown by the context to be angrier than here. If Admetus is impatient, it is perhaps with himself for having allowed his mind to drift in this direction"[52].

A questão é delicada. A sutileza foi, do mesmo modo, captada por Luschnig e Roisman; é que, irritado com o jogo irônico do filho de Alcmena (ou com a lentidão de pensamento típica e característica deste semideus), o

---

50. "Como um autêntico frequentador do teatro ateniense, Hércules se diverte com uma ironia dramática."

51. V. 1.075-1.076: σάφ᾽ οἶδα βούλεσθαί σ᾽ ἄν. ἀλλὰ ποῦ τόδε; / οὐκ ἔστι τοὺς θανόντας ἐς φάος μολεῖν. Trad. de Junito Brandão: "Estou certo de que o desejarias. Mas... como? Não é lícito aos mortos rever a luz".

52. "O tom, de todas estas passagens, se revela como o mais agressivo até aqui. Se Admeto está impaciente, talvez esteja consigo mesmo por ter permitido que sua mente chegasse até este ponto."

general parece recuperar o Mito de Orfeu e Eurídice para provocar a força hercúlea e desafiá-lo, ao sugerir que mesmo para o grande Hércules seria impossível trazer de volta um morto. No entanto, e de modo terrivelmente irônico, "[w]hile Orpheus failed in bringing back Eurydice, Heracles has succeeded in bringing back Alcestis. The reality as known to the spectators underscores the Chorus' statements that fate cannot be changed. It was not Alcestis' fate to die today but Admetus'"[53] (Luschnig; Roisman, 2003, p. 152).

O tradutor parece ter percebido o pacto e a cumplicidade sugerido pela personagem, a saber e conjecturando: olha, Hércules, mesmo que essa mulher não seja Alceste, "faça de conta", para todos aqui presentes, que ela é, e assim, tudo fica resolvido. Sendo o prêmio a própria rainha da cidade de Feres, o impasse, aparentemente, ficará pacificado. O trágico da situação, porém, é que, como deus que é, Hércules é capaz de resgatar do mundo dos mortos Alceste. Esta, por sua vez, rediviva, assiste ao jogo sofista do companheiro.

Percebe-se, no texto grego desta cena de reconhecimento, como Admeto busca desesperadamente a cumplicidade das personagens envolvidas: Hércules, coro e mulher velada. Hércules, ao fim de tudo, admite a verdade: sou deus e a mulher velada é Alceste. De evasivo, Hércules muda-se em assertivo. Admeto obedece ao deus, assim como Junito que assume um êxodo alvissareiro, um final feliz entre aspas. Destaco e rememoro o v. 1.125, quando o cético militar suspeita de uma "pegadinha" dos deuses com a mulher que chega velada (ἦ κέρτομός μ' ἐκ θεοῦ τις ἐκπλήσσει χαρά; – Ou algum deus, zombando de mim, concede-me uma alegria efêmera?). Perspicácia extraordinária. Para mantê-la, o método do tradutor foi simplesmente não apagar em nada a ambiguidade do êxodo. Ele preserva a insolução euripidiana inicial, mas julgamos que, a modo de tradução cultural, insere no v. 1.120 a rubrica que redime e desmascara o jogo de Admeto. O professor resolve a questão insinuando, com rubrica inclusive, um suposto reconhecimento pleno do filho de Feres, antes da confirmação do deus: "Aproxima-se de Alceste e retira o véu que lhe cobre

53. "Embora Orfeu tenha falhado ao trazer de volta Eurídice, Héracles conseguiu trazer de volta Alceste. A realidade tal como é conhecida pelos espectadores sublinha as declarações do Coro de que o destino não pode ser alterado. Não era o destino de Alceste morrer naquele dia, mas, antes, o de Admeto."

o rosto" (Brandão. *In*: Eurípides, 1968, p. 138). Sua intervenção não está oculta: ele apenas indica, como diretor teatral e mediador cultural, um gesto para a personagem. Todavia, é certo que ele intuiu muito do drama que as mulheres de hoje ainda vivem: o constante apagamento de seu papel. A neutralização das formas é uma maneira "branda" de apagar a atmosfera catastrófica que, no século XXI, pende sobre este gênero. Mas isso agora não vem ao caso. Loas ao fato de, em 1968, um tradutor perceber e reconhecer o egoísmo descarado de Admeto e dar voz e encenação ao drama de Alceste! Fica a mensagem de Junito de Souza Brandão, que sintetizamos na repetição de uma frase de seu *Dicionário Mítico-etimológico* citada na nota 36, situando Admeto no lugar de Orfeu: "Perdendo Eurídice, o poeta da Trácia perdeu-se também, como indivíduo, como músico, e como cantor" (Brandão, 1991b, p. 200).

Referências

A MANHÃ. Rio de Janeiro, 27/08/1941, p. 8.

BARBOSA, T.V.R. Do belo e do morrer – *Alceste*, 244-415 e *Ifigênia em Áulis*, v. 1.466-1.499; 1.540-1.610: revisitação. *Olho d'Água*, São José do Rio Preto, 1(1), p. 107-117, 2009.

BERMAN, A. *A tradução e a letra ou o albergue do longínquo*. Trad. de M.-H.C. Torres, M. Furlan e A. Guerini. Tubarão/Florianópolis: Copiart/PGET/UFSC, 2013.

BRANDÃO, J.S. *Mitologia Grega*. Vol. I-III. Petrópolis: Vozes, 1986.

BRANDÃO, J.S. *Dicionário Mítico-etimológico da Mitologia Grega*. Vol. I-II. Petrópolis: Vozes, 1991.

BRANDÃO, J.S. *Dicionário Mítico-etimológico da Mitologia Grega*. 2. ed. Petrópolis: Vozes, 2014.

CARVALHO, M. Professor Junito Brandão: a simplicidade de uma mente brilhante. *Revista da Academia Brasileira de Filologia*, n. XXII, p. 138-139, 2018.

DIÁRIO DE NOTÍCIAS. Rio de Janeiro, 08/09/1963.

DIÁRIO DE NOTÍCIAS. Rio de Janeiro, 07/07/1968.

EURÍPIDES. *Alceste*. Texto bilíngue: grego-português. Trad. de J.S. Brandão. Rio de Janeiro: Bruno Buccini, 1968.

EURIPIDES. *Alcestis*. Notas e comentários de C.A.E. Luschnig, H. Roisman. Norman: University of Oklahoma Press, 2003.

EURIPIDES. *Alcestis*. Ed. intr.. e comentário de L.P.E. Parker. Oxford: Oxford University Press, 2007.

FERRARI, A. *Dizionario di Mitologia Greca e Latina*. Roma: Utet, 2018.

GOBRY, I. *Vocabulário Grego da Filosofia*. São Paulo: Martins Fontes, 2007.

KATAN, D.; TAIBI, M. *Translating Cultures: An Introduction for Translators, Interpreters and Mediators*. Nova York: Routledge, 2021.

MALHADAS, D.; DEZOTTI, M.C.C.; NEVES, M.H.M. *Dicionário Grego-português*. Cotia/Araçoiaba da Serra: Ateliê/Mnema, 2022.

MURASHIMA, M.K.G. A interdição do olhar: o Mito de Orfeu na visão de Junito Brandão. *Principia*, Rio de Janeiro, v. extra, p. 19-31, 2005. Disponível em: https://www.e-publicacoes.uerj.br/index.php/principia/issue/view/791

NUÑEZ, C.F.P. Entrevista do mitólogo e professor Junito Brandão a Carlinda Fragale Pate Nuñez. *Revista Épicas*, ano 4, n. 7, p. 1-8, jun./2020.

O JORNAL. Rio de Janeiro, 13 de outubro de 1968.

PLATÃO. *Banquete*. Trad. de M.T.S. Azevedo. Lisboa: Ed. 70, 1991.

PLATÃO. *Platone, tutte le opere*. Trad. de E.V. Maltese. Roma: Grandi Tascabili Economici, 1997.

SILVA, A.C. A obra de Junito Brandão. *Revista da Academia Brasileira de Filologia*, Rio de Janeiro, v. único, p. 202-204, 2003.

SILVA, A.C. Homero, Hesíodo e os Filósofos. *Principia*, v. 1, p. 32-39, 2005. Disponível em: https://www.e-publicacoes.uerj.br/index.php/principia/issue/view/791

SUTTER, M. A épica virgiliana e o *dimer* de Junito de Souza Brandão. *Principia*, v. 1, p. 14-18, 2005. Disponível em: https://www.e-publicacoes.uerj.br/index.php/principia/article/view/12192/9496

PARTE II

Sobre o simbolismo da linguagem

4
A família de Zeus e Hera[54]

Paula Pantoja Boechat
Médica – Universidade Federal do Rio de Janeiro (UFRJ)
Analista junguiana
Membro-fundador da Associação Junguiana do Brasil (AJB)
Membro da International Association For Analytical Psychology (Iaap)
Especialista em Terapia Familiar Sistêmica
Mestre em Psicologia Clínica pela PUC-RJ

O Prof. Junito de Sousa Brandão foi um grande mestre, sempre muito claro, requisitado e aplaudido. Com ele aprendi a valorizar muito a Mitologia Grega, e a usá-la nos meus estudos de Psicologia Junguiana, assim como nos trabalhos com sonhos dos pacientes e meus próprios sonhos, ampliando em muito a compreensão simbólica.

Desde a época em que convivi com ele e em suas aulas, sempre nutri um grande interesse em fazer paralelos entre a Psicoterapia Junguiana e a Terapia Familiar Sistêmica.

Os mitos gregos, como ensinados em suas palestras e em seus livros, auxiliaram-me muito na compreensão dos paralelos entre esses dois sistemas terapêuticos.

Um exemplo de família a ser estudada pode ser visto dentro da Mitologia Grega, na relação de casamento dos deuses maiores do Olimpo: Zeus e Hera, que tinham uma relação matrimonial bastante complicada. Hera era

54. O tema Zeus e Hera está nos comentários míticos e interdisciplinares de Junito Brandão no seu livro *Terapia familiar: mitos, símbolos, arquétipos.* Rio de Janeiro: WAK, 2005.

fiel a Zeus; esta fidelidade se expressava claramente no fato de que ela só encontrava realização na relação com ele. No mito grego, ela é chamada *Teleia,* a realizada. Ela atingia sua realização no casamento. Zeus, por outro lado, era chamado *Teleios*, aquele que leva à realização (Kerényi, 1975). Zeus nunca foi fiel à sua esposa, um fato que provocava atitudes de vingança contra suas amantes e os filhos daí decorrentes.

Mas é importante também que possamos entender as famílias ancestrais de Zeus e Hera.

O Mito de Zeus e Hera se inicia com Urano e Geia, os pais dos Titãs (Brandão, 1986).

Urano (o Céu), casado com Geia (a Terra), temia ser destronado por um dos seus filhos segundo dizia uma antiga profecia. Por isso, tão logo nascia, cada filho era devolvido ao ventre materno. Não suportando mais carregar em seu ventre tantos filhos, Geia pede ajuda a Cronos, o caçula.

Entrega-lhe então uma foice (instrumento sagrado, destinado a cortar sementes), e, quando à noite Urano se deita sobre Geia, seu filho Cronos corta-lhe os testículos. Desta forma, Geia estaria vingada, e seus filhos libertos.

Emasculado, o poder de Urano se esvaziava, mas também se anulava o casamento com Geia.

Até agora, o arquétipo dominante nas relações internas deste grupo familiar era o do Pai. A figura parental masculina dominava e regulava todas as coisas. Impedia até o próprio nascimento de seus filhos, quando os devolvia ao ventre de Geia. Dominando, desta maneira, a própria esposa, forçava-a a ser a "devoradora" dos próprios filhos, o que equivale a anular todo o potencial criativo dela. Geia se une a Cronos para combater Urano; o que é expresso pelo gesto simbólico de entregar-lhe o instrumento de castração, uma foice. As deusas se unem aos seus filhos mais jovens porque eles é que atestam a sua força. O poder da mulher no mundo patriarcal vem da sua capacidade geradora, por isto, o filho mais jovem tem tanto valor.

Já Cronos – o pai de Zeus e Hera – pelo mesmo medo de ser destronado, devorava os filhos de seu casamento com Reia, assim que eles nasciam. Reia decidiu se aliar ao seu filho mais moço, Zeus. Ela deu a Cronos para comer uma pedra em lugar de Zeus, salvando-o e, também, desta forma, destruindo seu casamento com Cronos.

Hera estava predestinada a ser fiel porque ela tinha medo de repetir o comportamento de sua mãe e, ao fazê-lo, destruir seu próprio casamento. Zeus era infiel, para evitar repetir o destino de seu pai Cronos, que foi fiel, mas foi traído por sua esposa. Também, toda vez que Zeus era infiel, ele estava obedecendo ao papel que sua mãe lhe dera para viver; isto é, "enganar" (o pai e depois a esposa).

É importante entender a forma como Zeus e Hera se apaixonaram. Slater (1971) diz que, quando Zeus verificou ser

> incapaz de conquistar [Hera] diretamente, ele usou de um estratagema...Ele decidiu tomar vantagem dos seus instintos maternos... assumindo a forma de um cuco (pequeno pássaro) cujas asas estavam quase congeladas com o frio do inverno, e que Hera apanha e aquece em seu seio. Neste momento Zeus reassume sua verdadeira forma e a possui. Portanto, não é através de qualquer agressividade masculina ou irresistibilidade sexual que Zeus se torna o Senhor de Hera, mas através de um apelo infantil (p. 131).

Segundo Mony Elkaïm (1990), um terapeuta familiar sistêmico, nos casamentos, em geral, cada um dos elementos traz de sua história de vida e das cicatrizes que esta história deixou, o que ele resolveu chamar de Mapa de Mundo (MM). É o mapa que conhecemos para nos orientar nas escolhas e nos caminhos da vida. Assim como formamos ao longo da vida o Mapa do Mundo, também nos propomos a um Programa Oficial. O Programa Oficial (PO) corresponde a tudo aquilo que queremos fazer de outra forma em nossas vidas, seja diferente dos nossos pais, ou mesmo diferente do que fizemos até então, com a intenção de evitar o sofrimento que já experimentamos antes.

Zeus era o grande "Don Juan" do Olimpo. No entanto, isto somente demonstrava o quanto ele tinha medo das mulheres e de ser por elas traído. O relacionamento que o ameaçava menos era com Hera. Ele sabia que ela seria incapaz de lhe ser infiel. Mas, mesmo assim, evitava estar muito próximo dela e continuava procurando suas amantes. Zeus tinha medo de reconhecer sua mãe nos rostos das mulheres com as quais se relacionava, mas ainda assim estava sempre procurando por elas. Portanto, no programa oficial de Zeus, ele queria ser amado como um marido, mas, em seu mapa do mundo, ele tinha a marca que lhe dizia que as mulheres só conseguem amar seus filhos.

Hera, no seu PO, queria a garantia de que Zeus sempre seria seu marido, mas, ao mesmo tempo, ela sabia, pelo seu MM, que o relacionamento que traz segurança é aquele entre mãe e filho, uma vez que tanto sua mãe como sua avó traíram a confiança de seus maridos para salvar seus filhos.

Agora, ainda baseada na Mitologia Grega, gostaria de falar um pouco mais da relação da família de Zeus e Hera.

Zeus, tendo vencido a guerra contra seu pai Cronos, vê-se pronto para assumir o governo, reorganizando o cosmo.

Depois de inúmeras relações com várias deusas, Zeus então se casa com Hera. É celebrado o *Hieros Gamos*, ou o Casamento Sagrado. Antes deste casamento definitivo, Zeus precisou viver relações com várias deusas e mulheres em geral (Métis, Têmis, Dione, Leto, Deméter...); como o adolescente que, depois de romper a relação mais próxima com os pais, vai treinando se relacionar com as namoradas e, com cada uma delas, aprende um pouco sobre si mesmo e sobre os relacionamentos afetivos.

Hera, como legitima esposa de Zeus, tornou-se a protetora das esposas e do casamento. Zeus nunca lhe foi fiel, o que sempre provocou a cólera de Hera e as perseguições às amantes e aos filhos destas relações extraconjugais.

Zeus e Hera tiveram como filhos: Hebe, Ilítia, Ares, Hefesto e Atena.

Na Terapia Familiar, chamamos de Paciente Identificado àquele elemento que vai, por intermédio dos seus sintomas, sejam eles neuróticos ou psicóticos, denunciar o grau de impedimento ao crescimento individual de cada elemento da família.

Hera nos rituais tinha três epítetos: Hera Parthenos, Hera Teleia e Hera Chera. Na Primavera, ela era chamada Hera Parthenos (que quer dizer não casada ou virgem). No Verão e Outono, ela era chamada Hera Teleia (ou a realizada, como expliquei anteriormente). No Inverno, seu epiteto era Hera Chera (ou seja, a viúva).

Na Primavera, uma imagem representando Hera era imersa em um banho ritual, simbolicamente restaurando sua virgindade. No Verão, ela adquiria realização em um casamento ritual com Zeus. No Inverno, outro ritual mostrava a disputa e a separação de Zeus.

A festa que se fazia para celebrar o que acontecia com os casais mortais, onde havia rituais e cerimônias dedicados a Hera, chamava-se a festa do *Hieros Gamos*. Nenhuma noiva tinha permissão de fazer um casamento "homogástrico"; isto é, casar-se com um irmão, alguém que nascera do mesmo ventre. Este casamento seria contrário à proibição matriarcal do incesto, que somente Hera podia transgredir, como esposa monogâmica de Zeus, e destinada a ele por toda a eternidade.

Zeus e Hera se pertenciam como duas metades de uma mesma unidade. Esta união tão próxima se expressa pelo fato de ser uma união conjugal, mas também uma união fraternal. Este tipo de ligação é encontrado na clínica em casais que começaram a namorar ainda muito jovens. Eles "crescem" juntos e estabelecem uma relação fraternal-conjugal. Este tipo de relação pode levar à dependência total um do outro e, em última instância, à simbiose.

Como mencionei antes, Zeus é caracteristicamente infiel, e Hera é fiel. No mito, a fidelidade de Hera é representada pela violência com que ela pune todos que tentam seduzi-la. Endymion é condenado a dormir eternamente, Ixíon é acorrentado a uma roda de fogo, Ephialtes é preso com serpentes a uma coluna, e Ceyx é transformado em um pássaro por ter se vangloriado que sua esposa seria Hera. A fidelidade de Hera parece provocar Zeus a testá-la. Zeus então faz com que o gigante Porphyrion fique loucamente atraído por ela, mas quando este tenta possuí-la, Zeus o fulmina com um raio.

A fidelidade de Hera é uma provocação para Zeus, porque esta fidelidade implica a demanda que ela seja amada pelo que ela sacrificou nela mesma.

É muito comum, na nossa cultura, ainda tão dominada pelo macho, o modelo da mulher "vítima", ela consegue enfraquecer totalmente o homem que está na relação com ela. A mulher-vítima traz a relação de casamento para um nível pai-filha (ela vítima deste marido-pai), ou para o nível mãe-filho (ela vítima do marido-filho). Isto quer dizer que estabelece um modelo regressivo de comportamento, que é o modelo da família de origem.

Tanto Zeus quanto Hera ainda estão muito presos na relação com seus pais (Cronos e Reia). Os dois deuses ainda repetem o script familiar, ainda se sentem presos aos papéis que lhes foram destinados por sua família de origem.

Hera não pode trair por se sentir sempre na ameaça iminente de repetir a mãe. Ela não trai Zeus por medo do fantasma de Reia, que foi a grande traidora de seu pai, quando enganou Cronos para salvar Zeus do devoramento.

Zeus é compelido a trair para escapar do destino de seu pai, que foi traído por ele e sua mãe Reia, mas também por pacto de lealdade ao papel que sua mãe lhe destinou.

Na realidade, Zeus é infiel, e Hera é fiel, não por qualidade de uma relação na qual Hera se sente realizada e Zeus não, mas sim porque a dinâmica deste casal está condensada no problema da traição. Talvez pelo corte na relação deste casal com sua família de origem ter sido feito de uma maneira tão rígida (por meio de uma guerra, a Gigantomáquia), na realidade, ele não se revela uma clivagem efetiva. Este padrão é muito comum de ser encontrado em consultório, onde posso perceber com clareza casais que foram morar longe das famílias de origem, até mesmo cortaram contato com estes parentes, mas, na realidade, inconscientemente, repetem os mesmos padrões que tanto rejeitaram.

É muito comum receber em meu consultório pacientes mulheres que se queixam de seus maridos e da vida doméstica. Assim como Hera, tais mulheres, na grande maioria das vezes, fizeram um sacrifício da própria libido no casamento. Libido, para Jung, seria a força vital psíquica, em qualquer das suas possibilidades de expressão como na sexualidade, nas relações com os filhos, com amigos, na profissão, na expressão de sua criatividade. Esta seria a "fidelidade neurótica" semelhante à de Hera.

O casamento, depois de anos de relacionamento a dois, tende geralmente a se tornar uma relação incestuosa. É muito comum o casal adotar posturas de proteger um ao outro, ou mesmo de se chamar de "papai" e de "mamãe".

A relação entre Zeus e Hera tem em si elementos que expressam a necessidade de todo casamento de buscar uma identificação cada vez maior, mas também elementos que pertencem a uma necessidade de competição (como dois irmãos que competem).

Zeus teve relações com Métis, que engravidou dele. Com medo de ser destronado por um filho seu com Métis, engoliu-a.

Meses depois sentiu uma forte dor de cabeça, e de sua cabeça nasceu Atena, já armada para combater ao seu lado, e ser a filha devotada ao pai, que nunca se casaria.

Quando Hera está enciumada porque Zeus fez nascer Atena de sua cabeça, ela resolve dar à luz, partenogeneticamente (i. é, sem o concurso sexual com Zeus ou com qualquer outro homem), ao seu filho Hefesto, deus da *tecné*. Em grego, *tecné* significa tanto técnica como arte.

No entanto, quando Hera vê que seu filho nascera coxo, ela o rejeita. Hefesto, em uma outra versão do mito, foi rejeitado por Zeus, e atirado do alto do Monte Olimpo, ao tentar defender a mãe quando esta discutia com o marido sobre Héracles e, por isto fica coxo. De qualquer maneira, Hefesto é o filho rejeitado pelos pais, e se coloca dentro da teoria sistêmica da terapia de família como o "paciente identificado", expressando com sintomas ou distúrbios de comportamento uma doença psíquica ou dificuldade que é de toda a família.

Como explicado anteriormente, ao mesmo tempo em que o paciente identificado representa a doença do grupo, é nele que está a salvação para o grupo.

Hefesto era o único deus que trabalhava, e este trabalho era feito em sua forja, dentro de um vulcão. O vulcão é um dos símbolos da libido que vem das profundezas da terra. A libido de Hefesto vinha das profundezas do inconsciente, ainda muito dominado pela mãe arquetípica, a mãe-terra. Vulcão como símbolo de força, destruidora quando liberada sem freios em uma explosão, mas também força criativa e transformadora quando bem utilizada. Em sua forja, Hefesto fazia escudos, armas, joias e obras de arte.

Hefesto simboliza um lado mais introvertido, não tão agressivo a ser integrado pela personalidade tanto de Hera quanto de Zeus. Este filho poderia ensinar Hera a vivenciar sua libido de outras maneiras que não fossem somente na relação com Zeus. Ele era um deus muito criativo, um artista.

Talvez por ter esta mãe que se realiza tanto na relação com o marido, apesar das traições, Hefesto não consegue se "adequar" ao casamento com sua esposa Afrodite, que também vem a traí-lo. Hefesto é mesmo muito "desajeitado" na sua busca sexual e afetiva. Casando-se com Afrodite, é traído por ela com seu irmão Ares, o deus das guerras, que, como seu oposto, em vez de coxo, é chamado o de "pés rápidos". Além disso, Hefesto, em um esforço nitidamente autodestrutivo, vai tentar seduzir Atena, uma notória e convicta virgem. Ele compensa a mãe, e com respeito ao problema da relação afetiva no casamento, ele também tem de integrar aspectos de Hera.

Hera precisa ver também que ela tem lados defeituosos e "aleijados". Enquanto não forem integrados à consciência estes aspectos sombrios da sua personalidade, Hera vai ser possessiva, agressiva e onipotente. Hera precisa integrar aspectos de seu filho Hefesto, aprender com ele.

Zeus, quando na batalha contra seu pai Cronos, foi mutilado pelo monstro Tifão a mando de sua avó Geia. O monstro, criado por Geia para defender Cronos (seu filho e aliado), corta todos os tendões de Zeus, fazendo com que ele "desmonte "literalmente. Vai ser então levado a uma gruta debaixo do mar e cuidado por Tétis e Eurínome. Desta forma, sofre uma regressão, tem de passar por um período de mergulho simbólico no inconsciente, perceber-se totalmente impotente, tal como o fora quando bebê, ou como um velho, doente ou aleijado. Passa por uma lenta transformação e se cura, agora então mais preparado para enfrentar seu pai. Passando por esta mutilação, Zeus teve oportunidade de assimilar alguns aspectos de Hefesto em si e, talvez, evoluir um pouco mais no seu Processo de Individuação. Isto porque, só quando Zeus se vê imobilizado, ele se aproxima mais dos sentimentos de incapacidade, de limitação, que são característicos de Hefesto, mas também do velho. Assim, integrando mais em si aspectos do seu pai (Cronos), torna-se, depois de um período de recolhimento para a cura, capaz de vencer o pai. Enquanto Zeus estava se sentindo muito forte, jovem, ele não tinha condições de compreender o que se passava com uma pessoa mutilada ou imobilizada, ou velha. Ao experimentar estas limitações em si mesmo, e com a ajuda de sua filha Atena, ele vence o pai. Atena era sua filha, que nasce da sua cabeça já armada para combater ao seu lado na guerra contra Cronos e os Gigantes.

Hefesto era o deus coxo, feio, diferente de todos os outros deuses olímpicos, que eram belos, perfeitos fisicamente. Desta forma, posso afirmar que Hefesto era o "diferente", mas até mesmo por isso, ele serve mais como exemplo na nossa busca do Processo de Individuação do que os outros deuses. Indiretamente ele também representou um exemplo para Zeus, na medida em que este precisou se sentir parecido com Hefesto para abrir mão de sua onipotência juvenil. Faltava a Zeus tanto a noção de fragilidade que Hefesto possuía como também a sabedoria mais feminina de Atena. Atena, representando para Zeus sua anima renovadora, trouxe-lhe a noção de que ele não precisava imitar seu pai ou seu avô e lutar para ser o "dono" do Cosmo. Ele pode aprender a ser o "organizador" do Cosmo, entregando a cada irmão o comando de suas partes (a Hades entregou o mundo subterrâneo, a Posidon o mundo das águas, a Deméter as terras cultivadas...)

Zeus, antes de se casar com Hera, teve uma relação amorosa com Métis, que engravidou dele. Pelo mesmo medo de seu pai Cronos que devorava seus filhos, ou de seu avô Urano que impedia o nascimento dos filhos de Geia para não ser destronado, Zeus devora Métis com medo de perder o poder para este filho que viria a nascer. Meses depois, sente forte dor de cabeça, e de suas meninges nasce Atena. O nascimento de Atena vem inaugurar uma nova fase, interrompendo o ciclo de devoramentos, funcionando como uma figura de anima renovadora para Zeus.

Enquanto Zeus só podia ver em Hefesto os aspectos defeituosos, ele projetava no filho seus aspectos sombrios, e não evoluía, integrando em si próprio suas imperfeições, que, na realidade, são o que determina a nossa forma mais única de ser na vida. São os nossos aspectos sombrios quando aceitos e integrados pelo Ego é que vão permitir nosso crescimento como seres únicos que somos, não livres de defeitos ou conflitos, mas sabendo aceitá-los na medida em que não podemos ter a pretensão de transformá-los todos e nos tornarmos perfeitos. São nossos defeitos, associados às nossas qualidades, que nos fazem seres únicos, ímpares, no caminho da Individuação.

Enquanto Zeus não aceitar suas imperfeições, e Hera não aprender a ser menos raivosa e vingativa, Hefesto vai continuar sendo *o paciente identificado* desta família.

Existe uma versão mitológica que fala de uma separação de Zeus e Hera (versão relatada em aula do Prof. Junito Brandão, na Faculdade Candido Mendes, em 1987). Segundo o Prof. Brandão, estas variantes seriam *o pulmão do mito*. As variantes ampliam a compreensão dos mitos. Diz o mito que ela, não podendo mais suportar suas infidelidades, deixou-o e foi para o seu lugar de nascimento, a Eubeia. Zeus, desesperado, tenta persuadi-la a retornar, mas não consegue convencê-la. Resolve então ir até o Monte Citerão em companhia de uma estátua de mulher e manda anunciar que se casará com uma princesa local. Hera então vem correndo até o local e, quando percebe o embuste, diverte-se, ri e volta a se juntar com Zeus. Pelo fato de Zeus fingir se casar com uma estátua, ele está também mostrando o que significam as outras mulheres para ele. Elas são meras estátuas, bonecas sem identidade definida, sem uma relação pessoal mais profunda.

De algum modo, neste reencontro entre Zeus e Hera, um pouco do aspecto embusteiro de Hefesto foi integrado pelo casal.

Posso observar com mais clareza um aspecto embusteiro de Hefesto, no evento do mito em que ele prepara um trono de ouro ricamente ornado para presentear sua mãe Hera. Ela se senta, e não consegue mais se levantar, fica presa no trono. Com isto, Hefesto está tentando lhe mostrar, no meu entender, como ele está preso nela, precisando da sua aceitação e do seu afeto, mas, também, como ela se encontra presa nele, precisando viver este papel de vítima do filho. Podemos observar com muita frequência este tipo de relação que se estabelece entre um filho com problemas psíquicos e sua mãe.

O paciente identificado da família tem o grande poder de prender todos em torno dele, uma vez que a razão principal pela qual ele "adoece", ou aceita ser colocado neste lugar de "bode expiatório" da família, é para manter todos unidos, presos na relação, assim como ele se sente preso no seu papel. O trono de ouro, no entanto, é em geral dado à mãe e, na maioria das vezes, bem-aceito, apesar de isso não ser conscientemente reconhecido.

Geralmente a mãe do paciente identificado, principalmente no caso do paciente psicótico, fica com muito poder dentro da relação familiar, uma vez que o paciente regredido vai precisar mais dos seus cuidados; por isso ela se sente uma vítima "coroada" por todo este poder que lhe é dado. Em atendimentos de famílias com paciente esquizofrênico, faço sugestões de revezamentos nos cuidados com o paciente e posso notar que, com rapidez, a reação da mãe é contrária à ajuda que ela poderia receber e, rapidamente, ela desqualifica a pessoa que se oferece para auxiliá-la. Reclama da sobrecarga que tem de aguentar, mas, ao mesmo tempo, sente orgulho e, na realidade, não quer se libertar do fardo, muito menos, dividi-lo.

Hefesto mostra também seu lado embusteiro, quando joga a rede sobre Afrodite, sua esposa, e Ares, seu irmão, quando estes o traíam, em sua própria cama. A rede imobiliza o casal na relação sexual, e agora o marido traído chama todos os deuses do Olimpo para presenciarem a cena. Os deuses riem muito. Hefesto pode, no meu entender, expor-se ao riso e à humilhação, mas expõe também sua esposa e seu irmão ao ridículo.

Quando Hera ri e aceita retornar para Zeus, ela está menos onipotente. Ela demonstra, quando vai correndo ver quem é a noiva de Zeus, como ainda gosta dele e o quanto está ansiosa para impedir seu casamento com outra mulher. Ela se percebe ridícula de ter caído na armadilha, mas pelo fato de poder rir, já está reconhecendo alguma parcela de culpa sua naquela relação de casamento. Rir de nós mesmos já é um primeiro passo para a mudança.

Zeus também aprendeu algo com Hefesto; isto é, como revelar os seus sentimentos a partir de um gesto dramático, simbólico (como Hefesto fez tanto com o trono de ouro e também com a rede invisível).

Ares, o deus da guerra, representa o oposto de Hefesto. É um deus extrovertido, viril, agressivo, não aleijado. Ares é chamado o de "pés rápidos", no entanto foi paralisado pela rede de seu irmão, o que mostra como os aspectos sombrios de Ares estão projetados em Hefesto também. Ares tem uma dificuldade enorme de negociar ou lidar com seus afetos e, por isso, é tão impulsivo, promove guerras e discórdia onde quer que se encontre. Falta-lhe um pouco da introversão e capacidade de reflexão de Hefesto.

Ao mesmo tempo, para Hefesto, faltava um pouco da agressividade que sobrava em Hera, em Zeus e em Ares.

O casamento de Hefesto com Afrodite não podia mesmo dar certo, por serem excessivamente complementares. Afrodite, a deusa da beleza, Hefesto tão feio... Afrodite sensual, Hefesto coxo e introvertido...

Hefesto possuía toda uma grande beleza interior, mas Afrodite não era a mais indicada para reconhecê-lo. Ares tinha características mais semelhantes a Afrodite, e a relação dos dois seria com certeza de menos confrontações e cobranças mútuas.

'Ares não é amado pelos deuses, nem mesmo pelo seu pai ou sua mãe. Na Ilíada de Homero, quando Ares luta ao lado de Heitor, desperta a raiva de Hera e ela quer derrotá-lo na batalha. Consulta Zeus, e este resolve mandar Atena no encalço de Ares para castigá-lo. Ares então vai se queixar com Zeus pelo favoritismo em relação a Atena.

Hera não podia gostar de um filho que se revelava tão destrutivo e diferente dos outros. A forma de agir agressiva e impulsivamente lembrava-lhe muito a sua própria maneira de ser e a irritava profundamente. Ares era um filho desobediente.

Zeus, também, sentia-se muito ameaçado na sua virilidade e no seu poder por este filho. É clara sua preferência pela filha Atena, que lhe nasceu da própria cabeça, e que fez o voto de nunca se casar para, desta forma, jamais pôr em risco o poder de seu pai.

Hebe, em grego quer dizer “jovem”. É a filha que repete a mãe, totalmente identificada com ela. Caminhava sempre ao lado de sua mãe.

Depois das perseguições de Hera ao herói Héracles, faz-se necessário providenciar uma ressurreição e um casamento para ele. Hera, então, arrependida, entrega-lhe sua filha Hebe em matrimônio (O herói Heracles, por ser filho de Alcmene, uma das amantes de Zeus, foi muito castigado por Hera.).

Ilitia é a deusa protetora das parturientes. Ela obedece à mãe, dificultando os partos das amantes de Zeus, como fez, por exemplo, com Leto, mãe de Apolo e Ártemis. Parece ser mais uma filha dominada e anulada pela mãe.

A relação desta família de deuses me parece bastante adoecida, porque as mudanças nos papéis são praticamente impossíveis e, por isto, o crescimento ou a individuação de cada membro é impedido por não confirmar as necessidades da família como um todo.

A família dos deuses máximos do Olimpo nos ensinam muito sobre as dificuldades e os problemas das famílias que vêm nos procurar no consultório.

Referências

BRANDÃO, J.S. *Mitologia Grega*. Vol. 1. Petrópolis: Vozes, 1986.

BRANDÃO, J.S. *Dicionário Mítico-etimológico*. Vol. 2. Petrópolis: Vozes, 1991.

ELKAÏM, M. *Se você me ama, não me ame – Abordagem sistêmica em psicoterapia familiar e conjugal*. Campinas: Papirus, 1990.

JUNG, C.G. *Arquétipos do inconsciente coletivo*. O.C. Vol. 9/1. Petrópolis: Vozes, 2000.

KERÉNYI, C. *Zeus and Hera, Archetypal Image of Father, Husband and Wife*. Nova Jersey: Princeton University Press, 1975.

SLATER, P.E. *The Glory of Hera*. Boston: Beacon, 1971.

5
A linguagem simbólica do *homo sapiens*: *nil satis*

Amós Coêlho da Silva
Professor Associado da Universidade do Estado do Rio de Janeiro (UERJ)

A humanidade teve um sonho: o helenismo;
e um êxtase: o cristianismo (*In* aulas).
Junito Brandão

Introdução

Em Sampaio (2009), *Letras e memória: uma breve história da escrita*, lê-se a evolução da escrita – pontuando que perdemos muito das realizações humanas. Só dispomos de apenas 5 mil anos, mais ou menos, no embate entre o homem histórico e o "real". Já que o "real" – como reconhece Roland Barthes, *in aula* – não é uma recepção cômoda para os humanos, daí, conquistamos, através das palavras, uma história da literatura.

Se atentarmos para o traço humano mais característico: *nil satis*, *nada basta,* teremos o Homem sempre desejoso. Em português, "desejo" deriva do latim vulgar **desidiu-* e, se liga à forma do latim clássico *desidĕro*, quer dizer, na prefixação "de-", movimento de cima para baixo, afastamento, ou seja, afastar-se, ou antes, "deixar de ver (o astro = *sidus*) Também é formador de *desidiare*, resultando no elemento arcaico português "dessejar" (Nascentes, 1932), ansiar..." em sentido de que os astros subordinam o destino e a finitude do Homem, daí a importância da astrologia... E na modernidade científica, "desejo" se apresentará à psicanálise como sintoma de uma falta, uma privação... Não é o que se lê / se ouve em cancioneiros, criações literárias e artísticas, em geral?

E com o mesmo autor francês, a *mímesis* é uma força da literatura... E como tal é uma alegoria das encruzilhadas da vida humana... Exatamente como pergunta Mircea Eliade em *Mito do Eterno Retorno*, sobre "qual seja a verdade em relação à liberdade e às virtualidades criativas do homem histórico" e como "defendê-lo do terror da história" (p. 135). Daí uma multiplicidade de indagações poéticas. Por exemplo, a de Antero de Quental (1842-1891) nesta passagem do seu soneto:

Homo

Nenhum de vós ao certo me conhece,
Astros do espaço, ramos do arvoredo,
Nenhum adivinhou o meu segredo,
Nenhum interpretou a minha prece...
[...]
Sou um parto da Terra monstruoso;
Do *humus* primitivo e tenebroso
Geração casual, sem pai nem mãe...

Decerto, "homem" pertence etimologicamente ao elemento *humus*: em Ernout et Meillet, lê-se, neste verbete: *V. le derive homo* [Cf. o derivado homem]. O radical indo-europeu comum a ambos é **hom-, "terre" pour expliquer l'adverbe osco-ombrien [...]* (Nascentes, 1932). Portanto, o homem deveria ser "humilde", que é outro derivado que ostenta a condição "humana" original, e não se sentir "humilhado": desviado ou exilado dentro da criação.

Os gregos, outrora, constituíram a civilização micênica (séculos XVI-XII a.C.) com os indo-europeus jônios, aqueus, eólios, suplantando os antigos habitantes locais, ou melhor, os anatólios, que parecem ter sobrevivido de certa forma pelo lado da Ilha de Creta. Mas a civilização creto-micênica foi vencida na última invasão, feita pelos seus irmãos dórios; portanto, dessa mesma linhagem indo-europeia. Estes dórios foram os últimos a tomarem posse da Hélade, causando um transtorno tão intenso, que apagaram a memória dos alfabetos, documentados em tabuinhas de argila Linear A (dos cretenses) e B (dos aqueus). Os dórios destruíram paulatinamente a civilização creto-micênica. Essa competição parece ter sido ainda uma raiz semeadora da rivalidade bélica entre os próprios irmãos helenos, e mais tarde, culminará na Guerra do Peloponeso (século V a.C.), guerra fratricida entre Esparta e Atenas, tal era competição desde aqueles tempos, século XII; no entanto, os helenos assumiram, na obra homérica e hesiódica, o seu passado (cf. Brandão, vol. I, 1986, p. 105), como uma doce herança "da presença de uma ausência": πόθος, *póthos*.

Do legado grego, temos o σύμβολον, *sýmbolon*, pelo latim *sýmbolum*, "sinal de reconhecimento" como sentimento para discernir/criar um "real"; isto é, uma designação que denota a interação cognitiva entre o homem e o mundo, caracteristicamente ambígua.

Investigaremos a subjetividade do epíteto, implícita na simbologia dos mitos, recorrendo a Carl Kerényi, Carl Gustav Jung, Mircea Eliade, e tantos outros pesquisadores na nossa bibliografia, presentes em Junito Brandão.

O epíteto, na literatura, não é apenas jogo estilístico, mas uma criação estética, no sentido de 'mímesis' aristotélica; extrairemos das urnas da sociedade arcaica helênica, através de Junito Brandão, *Dicionário Mítico-etimológico*, e, de outras fontes bibliográficas, aliás constantemente citadas por ele, de sociedades primitivas, os seus símbolos como elementos identitários de um povo detentor de certos valores arquetípicos – tais como contemporaneamente Junito Brandão o fez: "com os olhos fixos na realidade cultural brasileira", como declarou na p. 5, da "Introdução" do dicionário mencionado, onde conseguiu compor um glossário duplo: descrição etimológica e comentários diversos, com tópicos lendários, religiosos, históricos, antropológicos, psicológicos.

O epíteto

Etimologicamente, do grego ἐπίθετος, nos chega pelo latim *epítheton* "adjetivo ou qualificativo que se junta (a um nome) para dar-lhe uma designação particular" (Quintiliano. *Inst.* 8, 3, 20, *apud* Gaffiot).

O episódio de Polifemo (*Odisseia*, IX, p. 106-547), mas não, propriamente, a sua etimologia, já que o filho de Posídon, significa "muito" (de *polýs*) "célebre, falado" (de *phemos*). Ao contrário, Polifemo é selvagem, até mesmo antropófago e antissocial: rejeita os outros ciclopes, moradores de sua ilha, sem respeitar à lei da hospitalidade.

Consultemos Junito Brandão, no verbete Hermes, como um arquétipo, mas ao modo de o *Hermes Trismegisto* proveniente de um sincretismo com Mercúrio dos romanos e com a divindade egípcia Tot, "o escrivão da psicostasia no julgamento dos mortos" (*Dicionário Mítico-etimológico da Mitologia Grega*, v. Hermes).

E associemos ao encontro entre Polifemo com um certo epíteto de Ulisses. É pela trilha deste epíteto que se constrói o ciclo mítico de Polifemo. A astúcia de Ulisses (Hyde, L. *A astúcia cria o mundo – "Trikster": trapaça, mito e arte*).

O arquétipo de Ulisses, como um *trikster,* se deve ao sincretismo de Hermes Trismegisto mencionado acima. Ovídio (43-17/18 d.C.), no seu poema *Heroides,* introduz uma variante mítica, apontada em Junito Brandão (Dicionário Mítico-Etimológico da Mitologia Grega: *Hipermnestra*).

Quando Ulisses aportou na ilha dos Ciclopes ao fazer um reconhecimento do local e chegou a uma gruta, cujo morador possuía ovelhas e parreira de uva; havia uva e muito queijo. Mas eis que o Ciclope[55] Polifemo surge e devora seis nautas gregos, dos doze companheiros de Ulisses[56]; no entanto, numa interação social, recebe das mãos de Ulisses, o *polýmētis*, malicioso e hábil, e *polýtropos*, solerte e manhoso, um vinho generoso e saboroso, porém forte; então, pergunta quem é o grego do vinho. E pediu: "Dá-me outra dose de bom grado e diz teu nome" (v. 355). Há muito contrariado, Ulisses, pelo desrespeito do Ciclope à lei fraternal da hospitalidade, envolve-o no seu sinal heroico[57] – isto é, enreda Polifemo numa rede de discurso para que a sua enunciação se efetivasse e o persuade definitivamente; bisneto que era de Hermes, este deus dos ardis e das trapaças, um *trickster*. E, ao fim, responde a Polifemo: *Ninguém me denomino* (IX, v. 365). Então, Ulisses, ou melhor, Ninguém, Οὖτις, ouve como res-

55. Note a etimologia do termo ciclope: composto de *kýklos*, "círculo, o que é redondo" e de [...] 'ôpa', (a forma de nominativo singular é 'ops') "olho", donde "o que tem um grande olho redondo" e a sua breve ação mítica: por lutarem ao lado de Zeus, obtiveram a liberdade. Gratos, concederam a Zeus, *o trovão, o relâmpago e o raio*; *a Hades ou Plutão, um capacete que o tornava invisível*; *a Posídon, o tridente* (Brandão, 1991; Ciclopes).

56. Conforme publicamos num ensaio, intitulado "Achegas sobre o simbolismo do epíteto", na *Revista Épicas*, ano 4, n. 8, dez./2020.

57. Os epítetos homéricos têm mais consistente do que a simples formalização métrica e função mnemônica para os aedos, elementos tão defendidos nos manuais tradicionais de literatura. Eles denotam a *areté*, a "excelência", e *timé*, "a honra pessoal", já que, como arquétipos que são de nossa condição precária, os heróis suprem, nos epítetos exemplares, nossas deficiências.

posta que será devorado por último e depois dos seus companheiros, dada a gratidão pela gentileza do vinho... e como xênia, quer dizer, acolhimento afetuoso para hóspedes. A ironia homérica subjaz na enunciação.

Com efeito, existe a metáfora de possuirmos um terceiro olho, alegoricamente, significa clarividência. Opõe-se ao normal: dotado de dois olhos. Mas, neste episódio, ser dotado de um único olho simboliza (Chevalier; Gheerbrandt, 1994, Ciclope) uma recessão da inteligência, [...] ou a perda do sentido de certas dimensões e de certas analogias.

Ter um terceiro olho pode ser não uma condição física, mas uma competência espiritual do Homem em dada instância do olhar: o de um só olho é uma não percepção plena dos órgãos dos sentidos, como a situação de Polifemo, aliás, censurado no diálogo por Ulisses pelo desrespeito à lei da hospitalidade. Um mau humor que o isola dos outros ciclopes, como acentuou Ulisses numa passagem do encontro, o que aliás é uma estratégia enunciativa de Homero.

Essa produção da agressão dos seres de um só olho gera uma reação contrária e em sentido oposto, e, em reação, este toma por escudo um irônico *Ninguém*. Desse modo, Ulisses derrota a voracidade brutal de Polifemo, sob uma máscara poética. Quanto mais Polifemo gritava que "Ninguém, Οὔτις, me fere com astúcia, não com força" (v. 408) e os outros Ciclopes, em réplica, porque não entendiam: "Se, então, ninguém te agride e estás sozinho [...]" (v. 410), foram embora abandonando Polifemo aos gritos... Enfim, Homero descreve mais um truque do *trickster* Ulisses: eles escaparam, usando o artifício de se esconderem embaixo das ovelhas, enquanto isso Polifemo passava a mão por cima do dorso delas e as tangia para pastarem...

Alguns epítetos na literatura brasileira

Na Literatura Brasileira, são muitas as poesias, mas citemos aqui Antônio Gonçalves Dias (1823-1864), *I Juca-Pirama*, embora tenhamos o poema épico *Os Timbiras*, que foi cunhado pelo próprio poeta de *Ilíada brasileira* (Moisés; Paes. *Os timbiras*); porém, inacabado. Assim como os antigos gregos, os heróis românticos eram dotados de *agón*, termo que é um grecismo: assembleia; luta, combate; debate, questão; momento crítico – presente em nosso termo agonia.

Este espírito agônico é simbólico da hospitalidade, o que é uma lei divina numa sociedade arcaica, como a dos helenos, uma vez que se fixavam reuniões periódicas com libações aos deuses e confraternização entre aqueles de pontos longínquos e diversos da dispersa geografia grega, fortalecendo entre eles os laços amizade.

Além da hospitalidade, as sociedades primitivas, também os gregos, cultuavam o combate, a coragem e a energia, como símbolos de um herói épico.

O seu poema *I – Juca-Pirama*[58], de dez partes. Trata-se, pois, de um epíteto, demonstrando o valor identitário brasileiro ombreando em dignidade heroica, cavalheirescamente...

É isso mesmo que busca José de Alencar, *Iracema*, em sua obra de cunho Indianista; admite uma longa leitura através de *origo verborum*. Destaquemos alguns antropônimos, fixados em nosso dicionário: Iracema (elemento ira, mel, doce, cema, lábios); o seu filho Moacir é composto dos elementos *moacy (dor) e sufixo ir (saído de)*; Martim provém de Marte, deus romano da guerra e o sufixo, *-im* (filho de), como se atesta no romance de Alencar. Além do lirismo, integram a nossa antroponímia, como os que vêm de seus outros romances: Ubirajara, Peri...

A passagem de Batuireté[59] (de *batuira* e *etê* – na linguagem figurada vale por valente nadador, p. 86) transmitirá o tacape a Jatobá (de *jetaí* – árvore de resina dura-, *oba* – folha – e *a* – aumentativo: árvore de grande porte). E porque Batuireté "dizia com tristeza 'Ah! meus tempos passados!'[= Qui – ah!, xere – meus; amôbinhê – outros tempos]" (p. 87), José de Alencar indica a origem do local Quixeramobim no capítulo XXII, de *Iracema:* "A gente que o ouvia chorava a ruína do grande chefe, e desde então, passando por aqueles lugares, repetia suas palavras, donde veio chamar-se o rio e os campos, Quixeramobim".

A pesquisa moderna reconhece em Aristóteles princípios teóricos, que tangenciam o discurso épico clássico, para além da construção formal

58. Do próprio autor: "O título desta poesia, traduzido literalmente da língua tupi, vale tanto como se em português disséssemos 'o que há de ser morto, e que é digno de ser morto'".

59. No entanto, *Iracema*, como criação poética, é romance de ficção e histórico: processa-se na *mímesis* a sua estruturação ficcional; e não épica, já que o seu feito é individual. O nível de semiotização do acontecimento do herói de G. Dias sai do "real" histórico e se acolhe, coletivamente, no "real" mítico (Silva, 1984, p. 65, *passim*).

versificada em proezas heroicas, com peculiaridades típicas de um gênero épico, embora não houvesse ainda na época do Estagirita o romance[60]. Tais peculiaridades épicas narrativas, como a Guerra de Troia, que inclui travessias no mar e terras das narrativas homéricas, atualizam-se em obras literárias de nosso século XX, como no romance de Guimarães Rosa. É que o imaginário narrativo de Rosa provém do sertão brasileiro, na versão de uma mescla de linguagem cabocla, quanto à nomenclatura de rios e vegetação sertaneja, quanto aos aspectos de tom à sintaxe e tons semânticos, cujo teor é histórico, como os combates (*agón*) entre grupos rivais de jagunços que aconteceram em século passado. Estas lutas também ocorreram entre os próprios jagunços contra aparelhamentos políticos brasileiros. Ora, "O meu Urucuia vem, claro, entre escuros. Vem cair no São Francisco, rio capital. O São Francisco partiu minha vida em duas partes". Reconhece, aqui, Regina Zilberman (p. 106, 107) uma natureza de ambiguidade humana em Riobaldo, pois concorda com a leitura de M. Cavalcanti Proença[61] quando interpreta o encontro do afluente Urucuia, como figuração de Otacília, e o Rio São Francisco, que para Riobaldo um ponto de encontro do Diadorim[62].

Desse mesmo modo, que a viagem nostálgica de Odisseu, de retorno a Ítaca, tal como as viagens em regressos ao lar, são os νόστοι[63], *voltas, caminhos*, nos poemas cíclicos, de onde Homero e Vergílio (*Eneida*, livro II) descreveram suas travessias.

De modo que a tessitura da obra não é como a do romance ficcional – isto é, uma representação dramática da vida –, mas, em Guimarães Rosa, inclusive, aqui, cabe a expressão do Prof. Junito, dita mais acima: "da presença de uma ausência": πόθος, *póthos*. Ora, a partir de dados históricos é

60. Estão na épica certos elementos comuns ao gênero narrativo do romance: a personagem, o espaço e o acontecimento. Mas como o romance é uma ficção, ou seja, uma configuração do "real" e o épico assume um outro "real", o histórico, além disso, entrelaça-se com o mítico, que se constitui, então, como "matéria épica": temos no romance uma "realidade ficcional" e, na epopeia, fatos da história, como feito mítico, pois são "semitiozados" por feitos grandiloquentes (Silva, 1984, p. 14).

61. "Momentos de calma, para Riobaldo, são passados à margem do Urucuia, 'paz das águas' [...] (p. 182).

62. Já em Bizone (p. 71), "quando associa Diadorim ao Mito da Virgem-guerreira"; cita Benedito Nunes (p. 54), quanto aos três amores (ou "impulso erótico, que é primitivo e caótico em Diadorim, sensual em Nhorinhá e espiritual em Otacília") de Riobaldo. Como "primitivo e caótico" de Benedito Nunes quer indicar o Mito do Duplo na androginia, tema do discurso de Aristófanes em *O banquete*, de Platão.

63. Mancini, 1973: "São paralelos à Odisseia os *Regressos* (Νόστοι) [...].

que se espelham a subjetivação de Riobaldo quanto às suas inquietações existenciais entre o bem e mal, entre o "demo" e Deus, assinalando cicatrizes, cotejadas com aquelas dos clássicos antigos.

Rosa que teve como fonte o imaginário popular sobre os sertões, desloca da formalidade da norma culta da língua para o linguajar popular[64], com suas dúvidas existenciais e, neste linguajar, condensa dúvidas instintivas e espirituais, sobre o racional e a crença religiosa, bem como ânsia de uma resposta sobre o demo e Deus: "Digo: o real não está na saída nem na chegada: ele se dispõe para a gente é no meio da travessia" (p. 52). Passa, portanto, da narrativa histórica para questões do imaginário emotivo de Riobaldo.

A travessia não são apenas as "veredas do sertão"; são os sonhos acordados[65] de Riobaldo. Como ele o afirma acima "[o real] se dispõe para a gente é no meio da travessia". Não foi numa introspecção, ou melhor, numa travessia mnemônica que Riobaldo descobriu, como alteridade, a quem ele poderia atraiçoar se formasse pactos e ou vendesse a si mesmo, como em: "Tudo isso posso vender? Se vendo minha alma, estou vendendo também os outros" (p. 272).

Mas quem são os outros? "Mistério que a vida me emprestou: tonteei de alturas. Antes, eu percebi a beleza daqueles pássaros, no Rio das Velhas – percebi para sempre. O manuelzinho-da-croa" (p. 272). "Os cavalos relincham sem causa; os homens sabem alguma coisa da guerra? Jagunço é o sertão" (p. 272). Assim, a linguagem animal se integra à natureza; a do homem, cria uma separação...

Essa separação fundamenta a mágoa humana e até o desintegra, como o diz Erich Fromm: "A mais profunda necessidade do homem, assim, é a necessidade de superar sua separação [...]" (p. 30).

Numa regressão, quando se volta para aquele interlocutor, que é uma instância narratária, pois escuta sua narrativa sobre os sertões, buscando

64. Já há pesquisas que defendem a não preservação da forma metrificada, como era corrente na Idade Clássica antiga e Renascimento. A ênfase recai sobre o discurso épico, com características peculiares no processo de criação (Silva, 1984, p. 10).

65. "Eu vim, eu tinha escolhido para o meu amor o amor de Otacília. Otacília: Quando eu pensava nela, era mesmo como estivesse escrevendo uma carta. Diadorim, esse, o senhor sabe como um rio é bravo? É, toda a vida, de longe a longe, rolando essas braças águas, de outra parte, de outra parte, de fugida, no sertão. E uma vez ele mesmo tinha falado: 'Nós dois, Riobaldo, a gente, você e eu... Por que é que separação é dever tão forte? [...]'" (p. 376).

encontrar naquele menino, que é, como ele o foi na infância, portanto, seu *alter ego,* e indaga: "O senhor pergunte: quem foi que foi que foi o jagunço Riobaldo? Mas aquele menino, o Valtei, na hora em que o pai e a mãe judiavam dele por lei, ele pedia socorro aos estranhos" (p. 272). Por que retoma "aquele Valtei", de 10 anos, filho de um casal que é uma família do bem, e, no entanto, o Valtei possui dentro dele o mal, dito por ele mesmo em "Eu gosto de matar..." (p. 6). De onde vem o mal? Suas reflexões pulam da infância à vida adulta, lutando contra a loucura, como em "Todos estão loucos, neste mundo? Porque a cabeça da gente é uma só, e as coisas que há e que estão para haver são demais de muitas, muito maiores diferentes, e a gente tem de necessitar de aumentar a cabeça, para o total" (p. 272).

"O Reinaldo era Diadorim – mas Diadorim era um sentimento meu. Diadorim e Otacília. Otacília sendo forte como a paz, feito aqueles largos remansos do Urucuia..." (p. 272).

Em meio a tantas descobertas, afirma: "Mestre não é quem ensina, mas quem de repente aprende. Por que é que todos não se reúnem, para sofrer e vencer juntos, de uma vez? Eu queria formar uma cidade da religião.

Assim, os momentos de *agón*, de Ulisses, que se afastou por vinte anos de Ítaca, realizou os ritos de passagem, do mesmo modo os percursos de Riobaldo, como travessia, são ritos de passagem pelo sertão: daí, *um rio em vão (= baldo)*. Os rios são metáforas do curso da vida de Riobaldo: "Nesse plano, o rio é figura de primeira grandeza. Há mesmo, no desenrolar da estória, uma indistinção em que ele e herói se confundem, superpondo-se, ou correndo paralelos" (Proença, 1976, p. 182; cf. Zilberman, 1977, p. 107).

Além disso, a cicatriz de Ulisses, como reconhecimento para a ama Euricleia[66]: marca de uma mordida de javali na coxa de Ulisses ao realizar uma caçada – era, simbolicamente, uma prova de ritual passagem. A de Riobaldo, como naquele primeiro encontro com Joca Ramiro, o chefe, num tom respeitoso, como o fez Diadorim, beijou mão dele: "Todos que eram mais moços, beijavam. Os mais velhos tinham vergonha de beijar". Então Diadorim me apresentou ao chefe: "Este aqui é o Riobaldo, o senhor sabe? Meu amigo. A alcunha que alguns dizem é *Tatarana*..." Comenta Joca Ramiro: "Tatarana, pelos bravos... Meu filho, você tem as marcas de conciso valente. Riobaldo... Riobaldo..." (p. 217).

66. Característica do discurso épico, cujo fragmento foi interpretado por Auerbach, 1976, p. 9s.

A ambiguidade rosiana está presente nas suas dúvidas e indagações existenciais: "Hem? Hem? O que mais penso, testo e explico? Todo-o-mundo é louco. O senhor, eu, nós, as pessoas todas. Por isso é que se carece principalmente de religião: para se desendoidecer, desdoidar" (p. 8). Por essa razão, constantemente a expressão "Viver é muito perigoso": "Viver é muito perigoso... Querer o bem com demais força, de incerto jeito, pode já estar sendo se querendo o mal, por principiar" (p. 9). Ou neste outro passo: "Qual é o caminho certo da gente? Nem para frente nem para trás: só para cima. Ou parar curto quieto. Feito os bichos fazem. Os bichos estão só é muito esperando? Mas, quem é que sabe como? Viver... O senhor já sabe: viver é etcétera..." (p. 78).

De modo que as possibilidades interpretativas convocam múltiplas disciplinas para darem luz ao *agón* dos jagunços, resilientes às ciladas tão presentes no dia a dia. Primeiramente, Riobaldo resiste comandar a tropa de jagunços, porque crê que não é merecedor, mas Diadorim retrucou: "mas nós sabemos a tua valia" (p. 66). "Onde é que os outros, roda a roda, denotavam assentimento. – 'Tatarana! Tatarana!...' – uns pronunciaram: sendo *Tatarana* um apelido meu, que eu tinha" (p. 66). Como se sabe, a tatarana solta um líquido que queima a quem tocar nela. O epíteto "Tatarana" denota força de valentia, mas associado à humildade de Riobaldo, conforme aprovação de Reinaldo: "Em jagunço como jagunço, o poder seco da pessoa é que vale... [...] E os outros estimaram e louvaram: – "Reinaldo! O Reinaldo! – foi o aprovo deles. Ah" (p. 67).

Apesar de sua repulsa a guerras, sabia da necessidade dela: a guerra! De modo que, nas assembleias com os jagunços, seus comandados, vez por outra advertido por Diadorim, dizendo "Toma cautela, Riobaldo...", o que despertava o seu outro lado com: "Diadorim se descabelou, bonitamente, o rosto dele se principiava dos olhos. Eu comandava? Um comanda é com o hoje, não com o ontem. Aí eu era Urutu-Branco: mas tinha de ser o cerzidor, Tatarana, o que em ponto melhor alvejava" (p. 514).

E a "regra de Medeiros Vaz" que ficou implícita nestes diálogos acima é a *vindex* latina. Ou seja, para antigos gramáticos o termo vingança em latim se compõe de "vim", *força, virilidade*, mais o elemento sincopado *-dex*, de *judex*, juiz. Desde os antigos gregos e romanos vige entre nós[67], mesmo

67. Lembremos de *Romeu e Julieta*, de William Shakespeare.

em pleno século XXI, uma forma de justiça: a "vingança"; aliás, presente também na sociedade judaica, conforme se lê na Bíblia: "Eu sou o Senhor, teu Deus, um Deus zeloso, que vingo a iniquidade dos pais nos filhos, nos netos e bisnetos daqueles que me odeiam (Ex 20,5).

A sede de vingança crescia em Riobaldo. A contestação é contra o aparelho político constituído: "[...] que este homem Zé Bebelo veio caçar a gente, no Norte sertão, como mandadeiro de políticos e do governo, se diz até que a soldo [...]" (p. 233). Depois de citar as perdas de vida, indaga "Isso se pode repor? E os que ficaram inutilizados feridos, tantos e tantos... Sangue e os sofrimento desses clamam. Agora, que vencemos, chegou a hora dessa vingança de desforra. A ver, fosse ele que vencesse, e nós não, onde era que uma hora destas a gente estava?" (p. 233).

No julgamento de Zé Bebelo, Joca Ramiro permitiu a palavra a quem quisesse emitir um juízo, a favor ou contra. Diadorim aplaudiu a intervenção de Riobaldo: "Gostei de ver! Tatarana!" (p. 241), que propôs que se assumisse a fama de no sertão se vencer e deixar o condenado "punido só pela derrota" (p. 240). Mais adiante, depois de Zé Bebelo mostrar suas razões de ter sido jagunço, o julgamento se fecha com a decisão de Joca Ramiro dar permissão de Zé Bebelo voltar para Goiás e só poder retornar aos sertões quando assim Joca Ramiro permitir ou tiver morrido (p. 245).

Uma das inquietações de Riobaldo em suas travessias pelo sertão é Diadorim: "O nome de Diadorim, que eu tinha falado, permaneceu em mim. Me abracei com ele. Mel se sente é todo lambente – 'Diadorim, meu amor...' Como era que eu podia dizer aquilo?" (p. 254). Então retoma a narrativa que faz a interlocutor anônimo... "Explico ao senhor [...]" (p. 254).

Não o explica, pois, desde certo dia, guarda para os outros o que Diadorim lhe pediu: "Pois então: o meu nome, verdadeiro, é Diadorim... Guarda este meu segredo. Sempre, quando sozinhos a gente estiver, é de Diadorim que você de me chamar, digo e peço, Riobaldo..." (p. 134). Então, Reinaldo[68] é para os outros.

No seu combate, Riobaldo se encontra em Veredas-Mortas, uma encruzilhada: "Chão de encruzilhada é posse dele, espojeiro de bestas na poeira rolarem" (p. 369). Enfim, no meio da noite: "Acabar com o Hermógenes!

---

68. Conforme José P. Machado, Reinaldo provém do germânico *ragin*, "conselho", e *-hard*, "duro, forte".

Reduzir aquele homem!..." – e isso figurei mais por precisar de firma o espírito em formalidade de alguma razão. Do Hermógenes, mesmo, existido, eu mero me lembrava – feito ele fosse para mim uma criancinha moliçosa e mijona. [...] Mas Ele – o Dado, o Danado – sim: para se entestar comigo – eu mais forte do que Ele; do pavor d'Ele [...] (p. 370). E nesta ansiedade (p. 371):

> – Lúcifer! Satanás!...
> Só outro silêncio. O senhor sabe o que o silêncio é? É a gente mesmo, demais.
> – Ei, Lúcifer! Satanás!...

Porém, de fato, o duelo mais terrível narrado pelo Riobaldo foi o combate singular entre Hermógenes e Diadorim. "com braços e pernas rodejando, como que corre, nas entortações... *O diabo na rua, no meio do redemunho*... Sangue. Cortavam toucinho debaixo de couro humano, esfaqueavam carnes" (p. 526). Ambos morrem.

E Riobaldo faz, então, a descoberta: "Uivei. Diadorim! Diadorim era uma mulher. Diadorim era mulher como o sol não acende a água do Rio Urucuia, como eu solucei meu desespero" (p. 530).

Nisso, temos um episódio diferente da Odisseia? Sim. Lá Homero relatou o maravilhoso: a intervenção da proteção divina de Ulisses dilatou a noite para que o herói desfrutasse mais o triunfo dos seus feitos. Em Rosa, Riobaldo volta, com um choque, ao "real" e diz "adeus para todos, sempremente".

Riobaldo, frente ao seu interlocutor, confirma: "Amável o senhor me ouviu, minha ideia confirmou: que o Diabo não existe. Pois não? O senhor é um homem soberano, circunspecto. Amigos somos. Nonada. O diabo não há! É o que digo, se for... Existe é homem humano. Travessia" (p. 538).

Comente-se ainda a peça teatral de Dias Gomes, *O pagador de promessa.* Anatol Rosenfeld (1982) considera o ceticismo de Hegel quanto à possibilidade existencial de um herói na sociedade moderna, tendo em vista que a sociedade arcaica, como a romana ou a grega, propiciava uma era existencial com valores coletivos, mas concentrados num indivíduo para defendê-los.

A sociedade moderna absorve para si a manutenção e administração de tais valores, mas criando uma representatividade por uma minoria que deve ou deveria ser representante da coletividade, estes registros constam de constituição estatal. Rosenfeld, à luz Hegel, mostra-nos a situação dramática do personagem com o epíteto de Zé-do-Burro, herói trágico – dotado de leve humor, dada a sua ingênua fé, mas arcaica – quiçá ultrapassada, pois se encontra em desencontro com a Hipócrita modernidade. O epíteto ridículo, já que um homem "civilizado" é aquele que despreza os animais que já não são úteis ao consumismo social e até cheiram mal...

Sua meta, pois, era cumprir uma promessa no altar de Santa Bárbara na Igreja de Santa Bárbara em Salvador. Logo no primeiro diálogo entra em choque com o padre, representante da Santa Igreja Católica, pois Zé-do-Burro acredita que Santa Bárbara é Iansan, em contraste com o padre que vê nisso o sincretismo religioso dos ritos "diabólicos" de possessão de terreiro com a liturgia da missa católica; isso repugna o padre.

A falha heroica, entre os gregos que era uma *hýbris*: uma desobediência ou violência aos deuses; mas agora, se tornará, neste passo de *O pagador de promessa*, um solipsismo: Zé-do-Burro está só, o catolicismo não o apoia, o candomblé é negado a ele, e a partir de uma minoria, porém, com o máximo de liderança, toda a cidade o abandona. Cada vez mais tensa a partir do momento em que o padre descobre que o nobre nome Nicolau – do grego *Nikólaos*, que significa "vencedor do povo", cf. verbete de José Pedro Machado –, é um quadrúpede, um simples burro e é o tal amigo de Zé-do-Burro.

Enfim, Zé-do-Burro, que não percebia, ofendeu a "católica" cidade de Salvador; porém, de fato, a ofensa foi a uma minoria administrativa que comanda a voz do povo. Em dado episódio, Zé-do-Burro, angustiado, protesta ao dialogar com o guarda de trânsito, que, no estrito dever da ordem, queria que Zé-do-Burro desimpedisse o trânsito de carros, retirando dali sua cruz e, no calor da discussão, ele lamenta: "Mas acho que ninguém me entende".

O mito, além dos ciclos míticos divinos, se constrói com um ciclo heroico; neste ciclo mítico, temos a sua separação dos entes queridos da família, rituais iniciáticos, ou seja, realizações prodigiosas e sua volta com os frutos de suas aventuras para os seus. Junito Brandão, no vol. III, *Mitologia Grega*, admite a possibilidade etimológica de uma referência ao indo-europeu e conclui que "*herói* seria o 'guardião, o defensor, o que nasceu para servir'" (p. 15). Mas a quem Zé-do-Burro servirá?!

Cada herói, como também as divindades, na Literatura Grega e Latina, constrói, portanto, seu ciclo mítico a partir de uma essência de sua *timé*, honra pessoal, e com sua excelência, *areté*. No caso de Zé-do-Burro, não há nada a favor de sua solidão, ficou frente a um mundo utilitarista e cheio de embustes contra ele.

Assim, em Ulisses, temos um *trikster*, dada sua astúcia. Em Eneias, o herói da *Eneida*, encontraremos a "piedade"; ou seja, a sublimação do respeito pelo cumprimento de atos rituais em honra dos deuses e suportando não só os sofrimentos da viagem, mas também as hostilidades da deusa Juno, de tal forma que lhe conquista a deferência desta divindade, esposa de Júpiter, aceitar um templo em honra de sua divindade: uma oferenda de Eneias.

Em Luís Vaz de Camões, temos "os barões assinalados", e, no curso da viagem, o emissário Vasco da Gama, que supera os feitos antigos, porque navegaram "Por mares nunca dantes navegados" (*Os lusíadas*, I, v. 3). O que se apresenta em Camões é que nós já entramos na Idade Moderna: uma separação, dado o caminho a trilhar para o individualismo, dos nossos antepassados, ou melhor, da tradição.

Vale aqui reler a citação de Brandão, acima (vol. I, 1986, p. 105), sobre o fato de os gregos terem assumido o passado como uma doce memória "da presença de uma ausência": como em *πόθος, póthos*.

Referências

ALENCAR, J. *Iracema*. São Paulo: Melhoramentos, 1964.

BARTHES, R. *Aula*. Trad. de L. Perrone-Moisés. São Paulo: Cultrix, [s.d.].

BIZONE, A.M. *A cicatriz do Tatarana – O sagrado feminino em* Grande sertão: veredas. Dissertação de mestrado. Rio de Janeiro: Uerj, 2013.

BRANDÃO, J.S. *Mitologia Grega*. 3 vol. Petrópolis: Vozes, 1986.

BRANDÃO, J.S. *Dicionário Mítico-etimológico da Mitologia Grega*. 2 vol. Petrópolis: Vozes, 1992.

BRANDÃO, J.S. *Dicionário Mítico-etimológico da Mitologia e da Religião Romana*. Petrópolis: Vozes, 1993.

CHANTRAINE, P. *Dictionnaire Etymologique de la Langue Grecque: histoire des mots*. Paris: Klincksieck, 1999.

CHEVALIER, J.; GHEERBRANDT, A. *Dicionário de símbolos*. Trad. de V. Silva *et al.* Rio de Janeiro: José Olympio,1994.

DIAS, A.G. *I-Juca-Pirama, Os timbiras, outros poemas*. São Paulo: Martin Claret, 2002.

FOUCAULT, M. *Subjetividade e verdade: curso no Collège de France (1980-1981)*. Trad. de R.C. Abílio. São Paulo: Martins Fontes, 2019.

FROMM, E. *A arte de amar*. Trad. de M. Amado. Belo Horizonte: Itatiaia, 1971.

GAFFIOT, F. *Dictionnaire Illustré Latim Français*. Paris: Hachette, 1934.

GENNEP, A. *Os ritos de passagem – Estudos sistemáticos dos ritos da porta e da soleira, da hospitalidade, da adoção, gravidez e parto, nascimento, infância, funerais, estações etc.* Trad. de M. Ferreira. Petrópolis: Vozes, 2013.

GOMES, A.D. *O pagador de promessa.* Rio de Janeiro: Ediouro, 2002.

HENSHILWOOD, C.; D'ERRICO, F. *Homo symbolicus: The dawn of language, imagination and spirituality*. Amsterdã/Filadélfia: John Benjamins Publishing Company, 2011. Disponível em: https://www.researchgate.net/publication/298522361 Acesso em: 17/05/2021.

HUIZINGA, J. "*Homo ludens": o jogo como elemento da cultura*. Trad. de J.P. Monteiro. São Paulo: Perspectiva, 1980.

HOMERO. *Odisseia*. Edição bilíngue. Trad., posfácio e notas de T. Vieira. São Paulo: Ed. 34, 2002.

JUNG, C.G. *Os arquétipos e o inconsciente coletivo*. Trad. de M.L. Appy e D.M.R.F. Silva. Petrópolis: Vozes, 2008.

KERÉNYI, C. *Dioniso: imagem arquetípica da vida indestrutível*. Trad. de O.T. Serra. São Paulo: Odysseus, 2002.

MACHADO, J.P. *Dicionário Onomástico Etimológico da Língua Portuguesa*. Vol. III. Lisboa: Confluência, [s.d.].

MANCINI, A. *História da Literatura Grega: no pensamento e na arte*. Lisboa: Estúdios Cor, 1973.

MOISÉS, M. *Dicionário de Termos Literários*. São Paulo: Cultrix, 1974.

NASCENTES, A. *Dicionário Etimológico da Língua Portuguesa*. Rio de Janeiro: Francisco Alves, 1932.

OVÍDIO. *Heroides – A concepção do amor em Roma através da obra de Ovídio*. Trad. de W. Vergna. Rio de Janeiro: Museu de Armas Ferreira da Cunha, 1975.

PEREIRA, I. *Dicionário Grego-português e Português-grego*. Porto: Apostolado da Imprensa, 1976.

PROENÇA, M.C. *Augusto dos Anjos e outros ensaios*. Rio de Janeiro: Grifo, 1976.

RIBEIRO, S. *O oráculo da noite: a história e a ciência do sonho*. São Paulo: Companhia das Letras, 2019.

ROSA, J.G. *Grande sertão: veredas*. Rio de Janeiro: Nova Fronteira, 1986.

ROSENFELD, A. *Teatro moderno*. São Paulo: Perspectiva, 1985.

SAMPAIO, A.F. *Letras e memória: uma breve história da escrita*. São Paulo: Ateliê, 2009.

SILVA, A.V. *Semiotização literária do discurso*. Rio de Janeiro: Elo, 1984.

ZILBERMAN, R. *Do Mito ao romance – Tipologia da ficção brasileira contemporânea*. Porto Alegre: Chronos, 1977.

6
Metamorfoses da literatura cabo-verdiana, do nascimento à contemporaneidade
Homenagem a Junito Brandão

Simone Caputo Gomes
Professora Sênior da Universidade de São Paulo (USP)

Na ilha do meio do Atlântico
existe uma pequena imagem de mulher [...].
Está em cima de um fonolito que canta quando
sopram os ventos alísios.
Vasco Martins

Em memória ao ilustre Prof. Junito de Souza Brandão, colega dos tempos em que ministrei aulas na Pós-graduação da Pontifícia Universidade Católica do Rio de Janeiro, tomo por base a *imago mundi* da deusa Afrodite/Vênus (lembrando, com o mestre, que "o mito é a narrativa de uma criação", (Brandão, 1986, v. 1, p. 36) para verificar como os textos literários produzidos por cabo-verdianos têm refletido sobre a criação de seu país, de sua cultura, de sua arte.

Como impulso para o voo parto do conto de Manuel Lopes, "Um galo que cantou na baía" (*Claridade*, 2, 1936), buscando privilegiar na leitura dos textos cabo-verdianos a análise de mecanismos por meio dos quais uma literatura responde criativamente aos impactos recebidos de fora. Os conceitos de intertextualidade e de circulação das imagens no entrecruzamento da literatura com outros sistemas semiológicos como a música e, especialmente, a pintura, terão importante papel em minha pesquisa. Comparando literaturas, processos pictóricos e semióticos, além de autores e obras de língua portuguesa, objetivo acompanhar o processo de formação da literatura cabo-verdiana, estabelecendo relações e percebendo os impactos de outras literaturas na sua trajetória, observando como essas repercussões contribuem para que se constitua e adquira identidade.

A tradição comparativa entre as artes ou "estética comparada" vem de longa data (a noção de poesia ecfrástica foi formulada primeiramente por Simônides) e atualmente alarga sua perspectiva para uma linha de pesquisa denominada "cultura visual" que se desenvolve como uma abordagem aos estudos culturais a partir da relação entre discurso e visibilidade. Procurando salvaguardar, como advertem Wellek e Warren (*Theory of Literature*, 1956) a singularidade das várias artes (artes plásticas, literatura e música), entendemos, porém, como Thomas Mitchell (*Picture Theory*, 1994), que todos os meios de comunicação são meios mistos e todas as representações, heterogêneas, não existindo, de acordo com a teoria do paradigma visual da atualidade, nenhuma arte "puramente" visual nem puramente verbal (Mitchell, 1974, p. 5). A interação entre imagem e texto é, pois, constitutiva para a representação em si, ou seja, a imagem não se resume a uma ilustração da palavra nem o texto a uma explicação da imagem: o conjunto texto-imagem forma um complexo heterogêneo fundamental para a compreensão das condições representativas em geral.

Outra linha teórica subjacente ao trabalho comparativo entre texto e imagem consiste na busca do observador implícito nas estratégias de exposição textual e de leitura visual. As consequências históricas de novas condições representativas mostram-se na inscrição do observador como mudanças na experiência fenomenológica do mundo; isto é, mudanças na relação entre subjetividade, experiência e realidade. Sobre a utilização das fontes visuais na construção do texto literário é necessário ainda ter em mente que as imagens apresentam subjetividades e códigos, que exigem do pesquisador certos cuidados na sua leitura e compreensão, fazendo-se conveniente examinar a circularidade entre os campos da História Social, da Literatura e das Artes para interpretar os processos de apropriação de determinadas imagens.

Ernst Gombrich (1978), teórico incontornável no campo da Arte e da História da Cultura, especialmente no que se refere às relações entre imagem-cultura e entre imagem-sociedade, buscou pensar uma nova historiografia cultural para o século XX, por meio do estudo das várias imagens criadas pelo homem ao longo de sua história, processo que denominou "tradição artística da humanidade", incluindo nessa tradição não somente as imagens consideradas artísticas pelo cânone, mas toda sorte de imagens produzidas pelo homem. Para Gombrich, a principal tarefa do historiador da arte e do historiador da cultura, ao trabalhar com imagens, deve ser justamente o entendimento das várias camadas de significados das imagens em diferentes sociedades e em diferentes tempos históricos.

Este é o tipo de trabalho que tenho desenvolvido com base na imagem de Afrodite/Vênus (e suas camadas de significados) na Literatura Cabo-verdiana, entendendo a imagem como campo de interlocução entre Artes (Sistemas Semióticos) e Sistemas Literários.

Ressaltando que as "vênus" são as primeiras imagens de identidade, segundo o historiador da arte Chris Witcombe, e correspondem a um ideal de beleza pré-histórico prototípico da perpetuidade da espécie, em que o artista procurava ressaltar as características da fertilidade feminina acentuando os volumes e os caracteres sexuais da figura e assim contribuindo para gerar um cânone fisiológico de mulher desejada, procurei traçar, como primeiro degrau da pesquisa, um substrato visual básico do estudo da circularidade da imagem de Vênus nas artes a partir do estudo do professor americano LeRoy McDermott (*Self Representation in Upper Paleolithic Female Figurines*), que documenta a heterogeneidade e a riqueza estilística das representações da figura feminina (que ele denomina Vênus) na pré-história; tomei esta etapa como marco para traçar uma panorâmica histórica das imagens de Vênus, documentando iconograficamente momentos decisivos de apreensão das representações do feminino.

Acrescento que reflexões sobre a representação da mulher negra e mestiça merecerão ênfase, tanto em contextos europeu e americano quanto em contexto africano.

No contexto cabo-verdiano, mormente na pintura, enfatizarei a interlocução da cultura da imagem com a literatura à luz da Vênus cabo-verdiana com violão de Armando do Rosário, das Vênus do cotidiano crioulo retratadas por Kiki Lima, Davy Levy Lima, Miguel Levy Lima, Bela Duarte

(Hotel Porto Grande), da Mitomorfose de Vênus operada por Mito e das Vênus abundantes, cromáticas e telúricas de Manuel Figueira; apontando já um futuro mais remoto da pesquisa, quando expandirei o *corpus* literário de língua portuguesa, ressalto em Angola a Vênus composta de elípticas de Eleutério Sanchez, as Vênus cotidianas de Etona e as Metamorfoses de Vênus de Marilena Guimarães, em princípio; em Moçambique, as Vênus maconde na escultura.

A investigação é presidida pela imagem em *close up* da Vênus na literatura cabo-verdiana, simultaneamente como arquétipo estético e como o mais brilhante dos planetas. Considero a imagem de Vênus como um tópico fundador constantemente atualizado no sistema literário cabo-verdiano, pois que circula tanto entre os textos literários crioulos quanto no seu diálogo com outros sistemas literários e outros sistemas semiológicos que o impactam e com os quais ele interage. Apresentarei no momento apenas uma parte da pesquisa, trabalhando com a primeira camada de significados da Vênus: a estética. Oportunamente, em outros ensaios, trabalharei também com a segunda camada de significados (relativa à Vênus astro ou "estrela da manhã"), igualmente fecunda para o nascimento e desenvolvimento da literatura em Cabo Verde (cf. a morna Vénus de B. Léza. *In*: *Claridade* 2, o poema "Carta a Manuel Bandeira", de Jorge Barbosa, e o poema de Vera Duarte relendo o diálogo dos irmãos atlânticos em seu Caderno 3 de *O arquipélago da paixão*).

O segundo número da Revista *Claridade*, de 1936, pode ser considerado como exemplo revelador da aproximação das artes – música e literatura – que baliza aquele marco da modernidade cabo-verdiana: a letra da morna "Vénus", de B. Léza (Xavier da Cruz), destaca-se na capa da revista. O texto que se lhe segue é o conto "Um galo que cantou na baía", de Manuel Lopes, cujo tema, não por acaso, é o nascimento da morna.

É fácil constatar que os escritores crioulos (como se autodenominam os cabo-verdianos) têm utilizado sobejamente o intercâmbio com o discurso musical identitário como recurso para expressar a cabo-verdianidade, como já o demonstrei em texto sobre o tema publicado pela Universidade de Massachussetts (Gomes, 2003, p. 265-285). Frank Tenaille, jornalista francês especializado em *world music*, afirma que "O mais fiel bilhete de identidade de Cabo Verde é a sua música" (1993, p. 47), destacando-lhe a pluralidade proveniente da configuração insular e do sincretismo. Vasco

Martins, maestro, compositor e poeta cabo-verdiano, descrevendo as principais modalidades da música crioula, ao sabor dos ventos alíseos (Martins, 1999, p. 34-38), afirma que do cruzamento das culturas africana, europeia e sul-americana se originará uma música popular rica e a "morna" é uma das suas modalidades mais significativas, culminando com a sua eleição como canção popular do Arquipélago.

A letra da morna "Vénus", de B. Léza, e o texto de Manuel Lopes que, em *mise en abyme*, vai gestando a morna e o conto, apresentam imagens que circularão na música, na pintura (desde Apeles, século IV a.C.) e na Literatura (desde Homero).

Da produção dos pré-claridosos (nativistas) Eugénio Tavares e Pedro Monteiro Cardoso até nossos dias, a modalidade musical tem assumido na Literatura Cabo-verdiana um lugar privilegiado. Mornas passam cantando as crioulas trigueiras, nas *Hespérides* de Pedro Cardoso. Quando o *Galo cantou na Baía* (1936), o nascimento da morna na lira de Toi era o núcleo do conto de Manuel Lopes. Contos cabo-verdianos de Manuel Ferreira elegiam a *Morna* (1948) como título, assim como o romance *Hora di Bai* (1962), que aludia à mais famosa canção cabo-verdiana. Nos anos de 1990, *Mornas eram as noites* (1994), de Dina Salústio e das protagonistas de seus textos. Na *Mirabilis; de veias ao sol: antologia dos novíssimos poetas cabo-verdianos* (1988), o poema "Nova encíclica", de Marino Verdeano, apresenta uma sonora Afrodite:

> Espuma E espuma
> nu E nua
> músculos
> comício de Eros
> Encanto em cantos infinitos
> Eros morno à superfície d'Ele e d'Ela Afrodite
> dedilhando nervos em cavalgada
> hedônica e Sonora
> nu e nua (dó ré retina tímpano artérias e veias) (VV.AA, 1988, p. 389).

Um diversificado percurso da relação Morna-Literatura se vai assim delineando no panorama cultural crioulo.

No segundo número da Revista *Claridade*, o texto em crioulo da composição musical de B. Léza centra-se na imagem de Vênus que aponta para dois tipos de representação: a da mulher amada que causa o sofrimento do poeta ("Vénus!... oh nhá crecheu querida") e a do astro de mesmo nome ("Vénus! Oh astro di nhá pensamento"). Ressalte-se que uma característica comum a todos os deuses gregos era sua relação com os fenômenos da natureza, aqui corroborada pela relação com o astro.

O texto subsequente à morna de B. Léza nesse número de *Claridade* é o conto de Manuel Lopes "Um galo que cantou na baía...", em sua primeira versão (1936). A correlação se expande: o nascimento da morna de Toi ("Mornador quente") associa-se ao canto do galo e ao aparecimento no céu da "estrela de alva" (Vênus) – "Ou estrela de alva lhe pareceu lua, ou viu coisa" (Lopes, 1936, p. 9). Logo após essa cena, Toi, que levara a noite em gestação poética, consegue, na madrugada, produzir a primeira quadra da composição, mas começa a ter dificuldades para desenvolvê-la. Somente mais tarde, ao ouvir o canto do galo conduzido por Jom Tudinha no bote "Grinalda", Toi consegue gerar a segunda quadra, cujo nascimento é representado por uma imagem venusiana: "Ahn! Galo canta na baía! [...] Sai-lhe em seguida, inteirinha, como água que transbordasse do leito, a segunda quadra" (p. 9). O contexto do nascimento da morna e do conto é marítimo e podemos relacioná-lo à pesca, principal atividade econômica das ilhas cabo-verdianas. Lembremos que o culto a Afrodite se espalhou com os navegadores, que a chamavam de "Pelágia" (marinheira).

Vejamos o que a segunda versão do conto de Manuel Lopes, publicada em 1958, acrescenta à primeira. O título agora é determinado: *o* galo e não um galo. Toi continua insone na madrugada, mas agora a sua motivação imediata para a composição da primeira quadra é o mar: "[...] estava assente que a morna teve sua origem no mar. Como Vênus [...]. Digo e torno a dizer a vocês que morna veio do mar. Toada de morna é toada de mar. As minhas têm um pouco de sal, porque é lá no mar onde ela nasce que as vou buscar". Depois de um transe, "Toi teve a nítida sensação de que emergia do fundo, como um pescador de *pérola*; e começou a cantar em voz alta [...]. A quadra era estupenda!" (Lopes, 1959, p. 322-323; grifo meu).

Como a Vênus Anadiômena, que nasce das espumas do mar e é transportada por uma concha, também a pérola metaforiza a morna composta por Toi. Unindo os elementos, essa imagem de Vênus, além de evocar toda uma tradição estética que perpassa a escultura e a pintura ocidentais, vai aliar-se à Vênus Estrela de Alva, que prenuncia o cantar do galo ("Já é madrugada, o sol vem perto"), momento de culminância da criação poético-

-musical de Toi. Cabe aqui uma explicação. No campo semântico da Astronomia, Vênus é o planeta mais próximo do nosso e, visto da Terra, é o astro mais luminoso, depois do Sol e da Lua. É a primeira "estrela" a brilhar ao anoitecer, chamada popularmente de Estrela Vespertina. Na sua elongação máxima, Vênus está a uns 46º do Sol. Durante 11 meses Vênus, chamada então de Estrela Vespertina ou de Estrela da Tarde, põe-se depois do Sol (no máximo umas 3 horas depois) e nos próximos 11 meses nasce antes dele (no máximo umas 3 horas antes) como Estrela Matutina ou Estrela d'Alva.

Em Cabo Verde, país semidesértico, elucida Daniel Spínola ao abordar algumas teorias sobre a vinda de chuva e o ano agrícola, "os anciãos leem no céu os indícios da chuva, a partir da configuração da estrela de Alva [Vénus] com a Lua" (1998, p. 51). Conta-se que Manuel Lopes, que viveu por vários anos em Santo Antão, aprendeu com os camponeses a decifrar o céu em busca de chuva, o que enfatiza a importância, no conto, da referência à Estrela d'Alva aliada ao significado da Vênus genetrix.

Aprofundemos um pouco mais o estudo da representação de Vênus nos contextos referidos pelo conto de Manuel Lopes, a fim de aclararmos alguns aspectos da terceira versão do texto, publicada em 1984.

A arte da representação da beleza feminina, como sabemos, faz parte de uma tradição (lembremos que a primeira escultura considerada como obra de arte criada pela espécie humana foi a Vênus de Willendorf, encontrada há 21 mil anos) que, em História da Arte, remonta à Antiguidade, desdobrando-se em inúmeras representações de deusas femininas, como as deusas da fertilidade e da beleza, sendo a mais famosa a deusa Afrodite ou Vênus, representação clássica da beleza.

Na arte grega clássica, as imagens divinas surgem como ideais de atividades ou virtudes humanas e os famosos escultores de Afrodite, como Fídias, Doidalsas, Praxíteles e Miron, trataram o tema com um entusiasmo sensual, divinizando a sua imagem como individualidade da beleza feminina, como nos sugerem as esculturas das famosas Vênus Agachada, Vênus de Milos (Ilha de Melos, Milos, mar Egeu) e Nike (Vênus da Vitória – cf. a marca americana Nike). As esculturas revelam, sobretudo, a intenção dos artistas gregos em criar um modelo ideal de beleza feminina, com formas perfeitas e extremamente simples.

Pintores renascentistas como Boticcelli, Tiziano e Rafael representaram Vênus em toda a sua beleza e sensualidade, mas, sobretudo, deram a ela um ar de sofisticação, próprio da cultura florentina.

Na Literatura, o nascimento de Afrodite foi cantado por Homero (na *Ilíada*), Hesíodo (na *Teogonia*), Poliziano (em *La Giostra*), Camilo Pessanha (na *Clepsidra*, especialmente no poema "Esvelta surge"); sua formosura plástica escultural foi descrita em detalhe por Ovídio e pelo Camões de *Os lusíadas* (canto II, XXXIII a XLII). Em terras brasileiras, Castro Alves (*Espumas flutuantes*), Geraldo Mello Mourão (*O nascimento de Vênus*) e Machado de Assis (que dedicou um conto ao tema "*Vênus! Divina Vênus!")* suscitam instigantes interlocuções com a emergência da imagem de Vênus no contexto crioulo.

O conto "Galo cantou na baía", constantemente reescrito pelo artista da literatura e da pintura Manuel Lopes, em sua terceira versão (1984), expande as referências sobre a Vênus de Botticelli (lembro que Manuel Lopes, desde o seu primeiro texto, *Paúl*, 1932, opera o que chama de transposição das percepções da retina para a arte literária, conjugando-as com o som da morna). Considero, pois, "Galo cantou na baía" um texto antológico no que diz respeito ao diálogo entre as artes literária, musical e pictórica em Cabo Verde, que tematiza, como o conto de Machado de Assis, o processo poético fundamentado na relação Vênus-manifestação artística.

O andamento do texto reproduz o processo de gestação da morna por Toi ("mornador brabo"), tendo como imagem dinamizadora o galo que canta na madrugada. Como preâmbulo, o Guarda Toi propõe uma "filosofia" da morna adaptada da imagética ocidental:

> [...] a morna veio do mar. Como Vénus (imagem colhida num tal Alcindo que fazia parte dum grupo literário), surgiu pura e nua das espumas do mar, e também como Vénus, é a protectora do amor, porque foi à sua sombra que os nossos avós armaram casamento e o farão também os filhos dos nossos filhos, afirmara Toi, com eloquência, num baile nacional do Tolentino (Lopes, 1984, p. 13-15).

Para compor as suas mornas, Toi precisa da proximidade do mar:

> A última que fez entusiasmou deveras. [...] Foi depois dum baile no Tolentino, *na madrugadinha* [...] com o vento do mar a bater-lhe na cara e as ondas *fosforescentes* ali a dois passos rebolando na areia invisível, "como Vênus na sua *luminosa* aparição, parte onda parte mulher...ou meia morna". [...] Quando sinto que estou para "ter morna", procuro sombra. E sombra com mar diante. Só com mar diante...

> A mesma inquietação voltou a formigar-lhe lá dentro, transformada em vagas palavras confusas e em notas de música sem sentido. Esta, não obstante, já revelava um ritmo embalado, de remo na forqueta, mas era, por enquanto, uma melopeia estranha, elementar, quase reminiscente, toada de coisa recordada, sons ainda dúbios em busca de equilíbrio [...].
> De súbito estacou. Apurou os ouvidos. Suspenso assim alguns segundos entre a realidade e o sonho, escutou dentro do cérebro um chacoalhar de vozes e ecos. Toi reconheceu o atalho que, habitualmente, o levava aos ocultos tesouros. [...]
> A quadra saíra assim inteirinha, de improviso. [...] Vênus nascia completa, com cabeça, tronco e membros, e alma. Declamou, cantarolando, duas, três vezes a quadra recém-nascida das ondas do mar (Lopes, 1984, p. 15-17).

A luminosidade acompanha o nascimento da morna-deusa em correlação com a luminosidade da estrela matutina ("madrugadinha"). Na descrição do processo poético de nascimento da morna, o cansaço ocasionado pelo esforço na composição da primeira estrofe se somará à dificuldade de estruturar a segunda ("emperrou"). Somente após o canto do galo e seu bater de asas, símile do encontro de Toi com a expressão, a busca germinará:

> Veio mesmo do mar. – Ahn! Cantar de galo, galo canta na baía! Sonha naturalmente que está empuleirado numa árvore que balança com a aragem. Porto abandonado. É como uma casa velha, cheia de aranhas e bichinhos vagabundos. Até galo já canta na baía! Mas é poético. Se fosse rouxinol ou cotovia, como nos livros, mais poético seria. Mas não temos cotovias, temos é galo. [...] Qualquer um que o ouve cantar, fica sabendo que a manhã não tarda, o sol vem perto. Toi declama: "Galo cantâ na baía..." assim mesmo na língua sabe da nossa terra... [...] A segunda quadra irrompe inteirinha, numa catadupa de palavras e música:
>
> Já cantâ galo na baía Sol cá ta longe de somâ.
> Coma'm ta longe de Maria Scuro ta continuâ...
>
> Era a linha dorsal, o eixo. Era o nascimento de Vênus. Morna salgada, morna de mar. Música e letra se agarrando no acto de emersão (Lopes, 1984, p. 36-37).

Ao ter sua arte incansavelmente louvada por Salibânia (personagem histórica dos serões cabo-verdianos), Toi considera-se um "rival de Eugénio

Tavares" (que também cantou a Vênus num poema de 1900, "Triste regresso", quando, ao voltar do exílio nos Estados Unidos da América, vê do barco a sua Ilha natal, a Brava) e saboreia a reverência com que são recebidos os tocadores de mornas, sambas e modinhas brasileiras acabadas de chegar ao arquipélago pelos paquetes da América do Sul. A comunidade aguarda a mais nova criação do Guarda Toi bebendo grogue, enquanto Jack vai registrando, com caligrafia apurada, a letra da morna. E a imagem nuclear da composição ganha força e define-se na lira de Toi: "Um galo de guerra, com o seu grito de alerta, alerta está! – Sê rosto, não. Quero antes... – Cerrou as pálpebras, com raiva. Põe lá: GALO CANTÂ NA BAÍA" (p. 43).

Surge a manhã (lembremos também a acepção de Vênus como estrela matutina), com o cantar do galo. Nasce Vênus: a morna salgada de Toi. O "foco luminoso" do conto dá um *close up* na caneta do Jack, que registra cada sílaba como "clarões do farol rotativo do Ilhéu dos Pássaros".

Examinemos com mais atenção as imagens que Manuel Lopes aqui entrelaça para teorizar a gênese da morna, identificando as tensões ideoculturais da intelectualidade cabo-verdiana (a cultura clássica *versus* os motivos locais).

A associação de *O nascimento de Vênus* (deusa do Amor, da Beleza e da geração) segundo Botticelli à pujança do ato criador de Toi retoma uma representação pictórica de ideologias vigentes na antiguidade clássica e que estabeleceu a norma para a beleza renascentista: humanismo, harmonia, beleza ideal. O neoplatonismo desenvolvido nos escritos de Marsilio Ficino e nos poemas de Poliziano, sintetizado com certos preceitos cristãos, parece ser a principal inspiração do quadro de Sandro Botticelli, que inclui ainda, em sua construção, uma releitura de algumas passagens dos mitos ligados à figura de Vênus-Afrodite, emergindo do mar (*Anadiômene*) numa concha levada à praia pelos deuses eólicos. Na versão de Botticelli – em acordo com a do pintor grego Apeles, inspirada por sua vez no relato de Hesíodo na *Teogonia* –, Vênus-Afrodite nasce das espumas (*aphros*) do mar, que consistem, na verdade, na mistura do sêmen e do sangue derramados de Urano (o Céu), castrado por seu filho Cronos-Saturno numa disputa de poder. O simbolismo da concha na tela renascentista parece evocar as qualidades fecundantes da água. Vênus é, segundo essa versão, uma *deusa genetrix* ou da criação.

O importante é notar que o lirismo presente na obra de Botticelli se concentra menos na ação e mais na adoção de uma atitude contemplativa, de admiração estética, fazendo a apologia da Beleza encarnada na figura de Vênus, representação emblemática da perfeição totalizante. De criadora, Vênus é vista como criatura ou coisa criada. Se tomarmos esta Vênus como representante da situação social feminina (em contextos patriarcais), ressalta dela uma espécie de autismo estético e estático e, em consequência, um impedimento vivencial.

Acrescentemos às reflexões acima algumas considerações sobre a imagem do galo. Ela faz parte da memória coletiva dos povos, representando a vigilância, a criatividade e a ressurreição, e ainda o macho e o poder. Uma tradição persa, que se manteve apesar da cristianização, afirma que o galo desperta a aurora, convocando a humanidade a saudar a perfeição sagrada. Na Grécia antiga, era oferecido ao deus Príapo (filho de Dionísio e Afrodite), para garantir a virilidade e a fertilidade masculina.

Uma interpretação possível para a união das imagens da Vênus (Afrodite) e do galo no conto de Manuel Lopes situaria a morna, impulsionada pelos ventos alíseos que bafejam Cabo Verde, no contexto de poder da lira masculina de Toi (o Guarda, o vigilante, o "galo"), criando a canção que convoca à contemplação da beleza perfeita (morna-Vénus).

Lembremos que, segundo Benjamin Abdala Jr., "Galo cantou na baía"

> [...] é um texto fundador da crioulidade entendida como um todo onde pedaços de culturas interagem entre si, ora se aproximando, ora se distanciando [...]. Em "Galo cantou na baía", a comunidade cabo-verdiana é observada assim com os pés assentados *nas margens* e não no centro do domínio colonial português. Esse descentramento da óptica metropolitana revela, então, novas faces do referencial cabo-verdiano, por desconsiderar as mesmices que não permitiam descortinar o específico de Cabo Verde, perspectivas a eles impostas pelos padrões coloniais do centro metropolitano. Não se trataria nessa imagem literária (simbolizada pelo Guarda Toi, que circulava no Mindelo por uma simbólica *estrada marginal*) apenas de um grupo: simbolicamente, toda a nação estaria numa situação correlata, toda ela seria *marginal* (Abdala Jr., 2003, p. 263-267; grifos meus).

A construção do conto supõe um descentramento estratégico de ótica, pois subverte o centro do imaginário colonial (a Vênus camoniana, clássica) a partir das margens. Mas numa perspectiva masculina.

Do texto de Manuel Lopes à produção literária cabo-verdiana atual, um interessante contraponto pode ser estabelecido entre a ótica subjacente ao aparecimento da morna naquele conto e em textos que com ele dialogam, principalmente os que deslocam suas imagens para uma ótica feminina.

Observemos, de início, o poema "Da Mulher", de Mário Lúcio de Sousa (*Sob os signos da luz*, 1994), que associa a Vênus criadora e a imagem do galo (que anuncia a manhã) a significados de gênero (feminino/ masculino, respectivamente):

> A genesis da forma.
> As curves celestiais e as pequenas elevações cónicas
> Os ângulos, derivações astrolábicas, sextantes depois,
> O género do contrário
> Foram moldando-se à medida da minha mão:
> E da minha vigésima quinta parte veio então,
> O VERSUS que
> A mim UNI
> E tudo passou a ter o seu contrário
> – se não na genesis, no género –
> E (*é só pelo género*
> Que o galo leva na cabeça uma crista
> – divina recompensa por um divino anúncio) –
> ela, porque no ventre levou-o no masculino (deu à luz a luz)
> e tem o dom de imitar de Deus o seu único ato (Sousa, 1994, p. 15; grifos meus).

O trabalho dos textos cabo-verdianos de autoria feminina se dará sob a ótica de outro tipo de deslocamento, que eu chamaria "de segundo grau", recusando o prestígio da visão eurocêntrica e masculina da imagem da Vênus clássica que o Guarda Tói traz da intelectualidade do Mindelo e fundando cada vez mais as mãos e os pés na referencialidade cabo-verdiana das Vênus "vulgares", cotidianas, protagonistas da "margem da margem", enfocadas por um olhar feminino. Assim, do batismo da nação, da Vênus-ilha-mulher-criatura-objeto ainda "encoberta" pelo Estado colonial no texto fundador de Manuel Lopes, é possível emergir das águas outra Vênus, sujeito da assunção de outro olhar, da fala e da ação (agora não mais invisível) de mulheres que inventam a água e a vida no heroísmo cotidiano dos dias. Nos textos cabo-verdianos de autoria feminina o amor e a beleza afastam-se da esfera da Venustas (ou Absoluta Beleza), derivação do Uno absoluto corporizado por Vênus, revestindo-se da pluralização que a realidade impõe às convenções. Vênus foge da concha e lança fora o manto diáfano que lhe fora colocado pela casta Hora (condição para sua ascensão ao Panteão dos deuses, no Monte Olimpo).

Mornas eram as noites (1994), livro de contos reunidos de Dina Salústio, dialogando diretamente com o texto fundador de Manuel Lopes, destaca a assunção da morna num contexto feminino, ao operar a hermenêutica do quotidiano da mulher cabo-verdiana: "[...] de como elas se entregaram aos dias" é a epígrafe da obra.

A partir dos anos de 1990, a voz feminina, silenciada pela História da Literatura, vem pintando verdadeiros retratos do quotidiano crioulo, "óleos sobre tela: mulheres com paisagens ao fundo ou paisagens com mulheres ao fundo", propiciando a assunção de temas que falam das próprias mulheres, de textos e cenas que as tomam como protagonistas. As mudanças na relação entre subjetividade, experiência e realidade propiciarão um novo recorte do mundo.

Os textos de Dina Salústio, de trama condensada em curta-metragem, dão relevo à morna em título, tema e estrutura. "Música eram as noites" é uma leitura possível para *Mornas eram as noites* (contos/crônicas). Música de mulheres, de nacionalidade e identidade. *Mornas eram as noites* apresenta a cumplicidade e a curiosidade femininas, o machismo e sua revisão (por parte da mulher e do próprio homem), a liberdade da mulher (adiada ou assumida), a loucura, a bruxaria, a bebedeira, o sexo entre mulheres, a prostituição, a maternidade precoce, a violência conjugal, o abuso e a prostituição infantis, a pedofilia, entre outros temas.

O conto "Álcool na noite", motivo ou glosa do título do livro, expõe a tragicidade da vida de muitas mulheres em Cabo Verde, com a morna cantada por Cesária Évora (Ó mar, Ó mar!) ao fundo:

> A noite estava serenamente calma e o calor convidava a estar-se a olhar para as estrelas, preguiçosamente [...]. De lá das bandas do cemitério uma voz canta uma morna. Tudo normal se a voz não parecesse sair dos intestinos de algum bicho em vez de uma garganta humana, por muito desafinada que fosse.

> Era de uma mulher, reconheci com mais cuidado. Aliás, eram as vozes de duas mulheres. A segunda faz coro com obscenidades e a desarmonia, o desleixo transparecido e o despudor agridem os ouvidos. [...] Vêm-se aproximando. E estão bêbadas. [...] Sinto raiva. Agora posso vê-las no arco iluminado pelo candeeiro. Parecem-me jovens. [...] A noite não tinha mais magia. Acho que nem estrelas. [...] vou pensando, enquanto desço as escadas.
>
> E os passos falam vergonha, humilhação e revolta. E pena (Salústio, 1994, p. 46-47; cf. a estrutura similar a algumas mornas tradicionais, com uma mulher solista acompanhada por um coro feminino).

Nos textos de autoria feminina produzidos pelas cabo-verdianas, Vênus recusa a Beleza ideal, assumindo a imperfeição e a riqueza plural da realidade. Agora, o riso das galinhas (Salústio, 1994) acorda Cabo Verde junto com o canto do galo (e ao som do tambor e da *catchupa*, comida tradicional, na frigideira). A morna, na ótica e na vivência femininas, ultrapassa o êxtase criativo e contemplativo, mergulha, qual a narrativa de Dina Salústio, nos "esconderijos privados" da sociedade crioula, denunciando hipocrisias e situações-limite. Para Daniel Spínola, Dina Salústio "inaugura uma nova forma de comunicar e um novo modo de percepção do mundo" (Spínola, 1998, p. 205) na ficção cabo-verdiana, envolvendo o leitor e propiciando-lhe outro olhar para situações sociais e existenciais cristalizadas ou estagnadas.

Vera Duarte mapeia esse processo de desvelamento da Vênus, deslocando-a do nível ideal para o real, sobretudo no livro *Preces e súplicas ou os cânticos da desesperança*. No poema "Tempos de angústia" a poeta assume a impossibilidade de corresponder aos padrões tradicionais de beleza feminina:

> Queria ser uma mulher leve e diáfana
> De gestos lânguidos
> E andar etéreo
> Esvoaçante sobre as linhas frágeis
> Do meu corpo magro
>
> Queria ser uma mulher *esbelta*
> De sorriso tímido e olhar esquivo
> Sob as minhas pálpebras doces
> E profundas

Queria ser uma *mulher sensual*
De formas cheias
E peito redondo
Num riso quente
E tropical

Queria ser
...e não sou (Duarte, 2005, p. 55; grifos meus).

E assim define, no poema "Prece Terceira ou Novo Holocausto", o percurso real daquela Vênus idealizada, imutavelmente jovem e bela: *"Que te direi / Da mulher leve e diáfana / Que lentamente, inexoravelmente, se deformou?"* (Duarte, 2005, p. 75). Depois de referir "várias hecatombes que sacodem o nosso quotidiano (Ruanda, Burundi, Sarayevo, Kosovo, Cambodja)" no texto de apresentação do livro, em poema emblemático, "Dolor", Vera Duarte apresenta "a imagem /diferente e subversiva / da mulher de hoje / a ganhar forma / a ganhar corpo": a Vênus idealizada, eternamente jovem, bela e distante sofre uma deformação para dar lugar à mulher real, que agora pode ser atingida pela velhice, pela deformação física, moral, pela miséria, pela violência e pela morte.

Bem à noitinha
ventando vento
com a maré a subir
ela nasceu
e com ela a dor a sorte e a morte
da pedra rolada rolou
passou pela cidade e morreu
morreu à beira do cais
de jovem
bonita e contente fez-se feia
rosto acabado ar tristonho
    apenas miséria
    varizes
    filhos
acabou bêbada
morta à beira do cais
no meio do lodaçal
de uma vida sem glória
farta de miséria
de homens de tudo
(Duarte, 2005, p. 95).

Nessa investigação, embora o tenhamos demonstrado aqui apenas com rápidas remissões a pequena parte do *corpus* literário selecionado (pela exiguidade do espaço que um artigo oferece), a escritura literária de autoria feminina em Cabo Verde tem procurado empreender a viagem ao espaço crioulo, notadamente aos "mundos" habitados e criados pela mulher, que têm por base a casa como metáfora nuclear, a imersão no privado e no pessoal. As escritoras (além de muitas que aqui não foram citadas) colocam em ação, em seus textos, a mulher cabo-verdiana, seja como protagonista, coadjuvante ou figurante de destaque, documentando a historicidade da participação feminina na construção e no desenvolvimento do país. Essas vozes que emergem do que chamo "margem da margem", essas observadoras implícitas e explícitas das "vidas vividas" pelas mulheres que constroem a nação cabo-verdiana encontram outra maneira de perceber a Vênus apresentada por Manuel Lopes e por boa parte das literaturas de língua portuguesa: alteram a relação entre subjetividade, experiência e realidade, propondo outras possibilidades de encenação do sujeito como condição da identidade social.

Fazendo aqui uma pausa necessária, com base no texto fundador de Manuel Lopes (criador que conjugou a literatura, a música e a pintura) e na trilha luminosa do arcabouço teórico arquitetado por Junito Bandão, espero ter transmitido o impacto e os ecos que a *imago mundi* de Afrodite/Vênus provocou e segue provocando nos modos de apreensão do universo cabo-verdiano pela via do interdiscurso artístico.

Referências

ABDALA JR., B. Utopia e dualidade no contato de culturas: o nascimento da literatura cabo-verdiana. In: LEÃO, Â.V. (org.). *Contatos e ressonâncias: literaturas africanas de língua portuguesa*. Belo Horizonte: PUC Minas, 2003.

BRANDÃO, J.S. *Mitologia Grega*. 3 vol. Petrópolis: Vozes, 1986.

BRANDÃO, J.S. *Dicionário Mítico-etimológico da Mitologia Grega*. 2 vol. 4. ed. Petrópolis: Vozes, 2000.

DIAS, M.O.L.S. Novas subjetividades na pesquisa histórica feminista: uma hermenêutica das diferenças. *Estudos feministas*, p. 373-382, 2º sem./1994.

DUARTE, V. *Preces e súplicas ou os cânticos da desesperança*. Lisboa: Instituto Piaget, 2005.

GOMBRICH, E.H. *Simbolic images: studies in the art of Renaissance II*. Nova York: Phaidon, 1978.

GOMES, S.C. Cabo Verde: mulher, cultura, literatura. *Revista Pré*-Textos, p. 27-35, dez./1998.

GOMES, S.C. Óleo sobre tela: mulher com paisagem ao fundo (a prosa literária de autoria feminina em Cabo Verde). *In*: BRANDÃO, I.; MUZART, Z. (orgs.). *Refazendo nós: ensaios sobre mulher e literatura*. Florianópolis: Edunisc, 2003, p. 317-326.

GOMES, S.C. Echoes of Cape Verdean identity: literature and music in the archipelago. *In*: LEITE, A.M. (org.). *Cape Verde: language, literature & music*. Dartmouth: Portuguese Literary/Cultural Studies, 2003, p. 265-285.

HESIODO. *Teogonia*. Trad. do original grego e comentário de A.L.S. Cerqueira e M.T.A. Lyra. 2. ed. Niterói: Eduff, 1996.

LOPES, M. *Galo cantou na baía e outros contos*. Porto: Ed. 70, 1984.

MARIANO, G. *Cultura caboverdiana*: *ensaios*. Lisboa: Vega, 1991.

MARQUETI, F.R. A figuratividade concebida: a permanência de traços arcaicos de imagens de Vênus. *Caderno de Resumo do I Congresso Internacional da Associação Brasileira de Estudos Semióticos – Percepção e sentidos: tendências atuais dos estudos semióticos*, Araraquara, 2003, p. 767.

MARQUETI, F.R. Encanto de sereia: a permanência de traços arcaicos de imagens de Vênus. In: FUNARI, P.P.A. (org.). *Amor, desejo e poder na Antiguidade: relações de gênero e representações do feminino*. Campinas: Unicamp, 2003, p. 97-216.

MARTINS, V. *A música tradicional cabo-verdiana: a morna*. Vol. 1. Praia: ICLD, 1988.

MARTINS, V. *Navegam os olhares com o voo do pássaro*. Praia: Instituto Caboverdiano do Livro, 1989.

MARTINS, V. A música cabo-verdiana: breve introdução. *Mar além*, Lisboa, p. 34-38, 02/05/1999.

MCDERMOTT, LeRoy. Self-representation in upper paleolithic female figurines. *Current Anthropology*, v. 37, n. 2, p. 227-275, abr./1996.

MITCHELL, W.J.T. *et al. The language of images*. Chicago/Londres: Chicago University Press, 1974.

MITCHELL, W.J.T. *et al. Iconology – Image, text, ideology*. Chicago/Londres: Chicago University Press, 1986.

POÉTICA CLÁSSICA. *Aristóteles, Horácio, Longino*. Introd. de R.O. Brandão. Trad. direta do grego e do latim por J. Bruna. São Paulo: Cultrix/Edusp, 1981.

RAMOS, I.A.F. *Vidas vividas*. Mindelo: OMCV, 1990.

SALÚSTIO, D. *Mornas eram as noites*. Praia: Instituto Caboverdiano do Livro e do Disco, 1994.

SANTOS, B.S. (org.). Cabo Verde: um caso singular de relações socioculturais no Portugal colonial. *Portugal: um retrato singular*. Porto: Afrontamento, 1993, p. 609-628.

SCHOLHAMMER, K.E. Regimes representativos da Modernidade. *Alceu*, Rio de Janeiro, v. 1, n. 2, p. 28-41, jan-jun./2001.

SOUSA, M.L. *Nascimento de um mundo*. Praia: Instituto Caboverdiano do Livro e do Disco, 1991.

SOUSA, M.L. *Sob os signos da luz*. Praia: Spleen, 1994.

SPÍNOLA, D. Mornas eram as noites. *Cabo Verde: insularidade e literatura*. Paris: Karthala, 1998, p. 205-208.

SPÍNOLA, D. Sementeira, chuva e seca. *Cabo Verde: insularidade e literatura*. Paris: Karthala, 1998, p. 47-56.

TENAILLE, F. Saudade majeure. *Révue Noire*, Praia, 10, p. 47, set-nov./1993.

VV.AA. *Claridade: revista de artes e letras*. Ed. fac-similada. Lisboa: Alac, 1986.

VV.AA. *Mirabilis: de veias ao sol – Antologia dos novíssimos poetas cabo-verdianos*. Praia: Instituto Caboverdiano do Livro, 1988.

WELLEK, R.; WARREN, A. *Teoria da literatura*. Trad. de J.P. Carmo. Lisboa: Europa-América, 1971.

WITCOMBE, C. *Venus of Willendorf*. Apple Books, 2013.

WITCOMBE, C. *Ars history resources*. Disponível em: http://arthistoryresources.net/ARTHprehistoric.html#general. Acesso em: jan./2023.

7
Mito e inconsciente

Walter Boechat
Analista junguiano, Instituto Junguiano do Rio de Janeiro / IJRJ
Pesquisador do Nubea / UFRJ
Doutor em Saúde Coletiva pelo Instituto de Medicina Social / UERJ.

> *Quando terminei as* Wandlungen und Symbole *[Transformações e símbolos da libido] tive um momento lúcido peculiar no qual examinei o caminho no qual eu percorrera até ali. Pensei: "Agora você tem a chave para a mitologia e a capacidade de abrir todas as portas".*
> Jung, 1925, p. 65.

As articulações entre o mito e a psicologia de profundidade são muitíssimas. O mito foi a chave para Freud e Jung penetrarem nos múltiplos sentidos das manifestações do inconsciente. O capítulo discorre sobre como o mito foi uma chave importante para os estudos do inconsciente pelo movimento psicanalítico de uma maneira geral. Freud, Rank, Jacques Lacan se detiveram no mito para alicerçar seus conceitos teóricos. Também para Jung, o mito foi essencial na elaboração de um sólido fundamento à sua teoria do inconsciente coletivo e dos arquétipos. O mitólogo húngaro Cároly Kerényi, colaborador próximo de Jung, foi essencial em suas pesquisas sobre as relações entre os mitologemas e as imagens arquetípicas. O artigo percorre os caminhos pelos quais Junito Brandão se tornou um verdadeiro Cároly Kerényi para a psicologia junguiana no Brasil.

A psicanálise como um todo mergulhou no estudo da mitologia como referência para o estudo do inconsciente a partir do final a década de 1900, processo que Shamdasani denominou *a intoxicação da mitologia* (2013, p. 11). Por essa ocasião Freud e diversos colaboradores perceberam nas riquíssimas imagens dos mitos um referencial importante para entender processos inconscientes. Rank escreveu que o mito é um sonhar coletivo dos povos, assim como o sonho é o mito do indivíduo; Maeder, Ferénczi e diversos outros também mergulharam no estudo dos mitos. Também Jung, logo após sua saída do Hospital Burghölzli em 1909, dedicou-se intensamente à pesquisa sobre os mitos, percebendo sua importância para a compreensão da dinâmica mental.

É conhecida a importância central do Mito de Édipo para o construto freudiano, em especial a tragédia de Sófocles, Édipo-Rei. Em torno desse mitologema gravitou todo o mito freudiano do parricídio e incesto, além do que Freud chamou a ansiedade de castração e a inveja do pênis, todas essas questões advindas da passagem da relação bipessoal mãe-bebê para a relação tripessoal quando a figura do pai como terceiro passa a desempenhar papel de relevância, sendo o *triângulo edípico* um aspecto central no desenvolvimento do ego. Alguns ainda lembraram uma questão por vezes esquecida, o mitologema do *filicídio*, tão importante quanto o que Freud enfatizou, o parricídio. Afinal, antes que Édipo, sem o saber, matasse seu próprio pai Laio no *Trivium* do caminho para Tebas (novamente o número três...), Laio já o *expusera*[69] no alto do monte Citerão, de forma consciente, premeditada, dependurado para morrer, já que o oráculo havia predito que o filho o mataria e o sucederia no trono.

Esses são apenas alguns dos *mitologemas* (conteúdos nucleares que se repetem tipicamente em diversos mitos) que iluminam e orientam a compreensão de processos psicológicos inconscientes. O filicídio preside os mais variados processos psíquicos, processos que exprimem dinamismos contrários à renovação, a sufocação do novo, o arquétipo de Crono-Saturno que devora seus filhos. Encontramos esse dinamismo em indivíduos, em grupos, em famílias e instituições, por ser um processo arquetípico do inconsciente coletivo, como o denominou Jung.

---

69. O ritual da exposição faz parte integrante do ciclo do herói. Lembrar não só Édipo, mas Perseu lançado no oceano, Atalanta deixada na floresta etc. Cf. BRANDÃO, J. Mitologia Grega, Vol 3.

Um dos aspectos mais fascinantes da trajetória intelectual de Junito Brandão é sua habilidade em trafegar entre múltiplas disciplinas, em dialogar com desenvoltura entre o mito e suas diversas tangências disciplinares. Seu principal ponto de partida para o estudo do mito foi o filológico, e a partir dessa perspectiva estabeleceu um intenso e criativo diálogo interdisciplinar. Entre as disciplinas que o interessaram a psicologia complexa de Jung foi escolha de primeira ordem. E esse diálogo foi riquíssimo e fértil, pois a psicologia junguiana e seus estudos sobre o inconsciente coletivo dependem diretamente de estudos mitológicos.

Junito Brandão já chamava a atenção que o mito seria a soma de todas as suas variantes, ou como dizia poeticamente, *as variações são o pulmão do mito.* Podemos considerar com segurança que o próprio Mito de Édipo como narrado na tragédia de Sófocles já seria uma variação do mitema original que teria suas origens nas narrativas na origem dos tempos entre os profetas, videntes e contadores de estórias. Assim o criador da psicanálise, ao visitar e revisitar o Mito de Édipo estava propondo uma nova variação para o mitema original. O mesmo Sófocles com a avançada idade de 90 anos escreveu uma outra tragédia em torno da estória do filho de Laio, *Édipo em Colono*, cidade onde o herói chega, cego, conduzido por sua filha Antígona. Se na primeira tragédia temos o falso saber, o olhar para fora em busca do poder, na segunda temos a maturidade dos anos tardios do processo de individuação, o olhar para dentro, a descida ao mundo de baixo em busca do conhecimento interior, quando Édipo como protetor de Colono desce até o interior da Grande Mãe Terra. Se a tragédia Édipo-Rei descreve as vicissitudes da primeira metade da vida, com seu olhar para fora, Édipo em Colono trás todo um simbolismo no qual a *audição* (Dioniso) predomina sobre a *visão* (Apolo) (Hillman; Kerényi, 1991, p. 150, 151).

Também outros mitos serviram de referência a Freud e diversos autores da *psicologia profunda*[70]. O Mito de Narciso serviu de modelo a Freud, Jung e seguidores para todo um estudo dos chamados transtornos narcisísticos de personalidade. A história de Narciso, fala de autoimagem, o voltar-se para si e a incapacidade de relações criativas de alteridade. O jovem Narciso, filho da ninfa aquática Liríope e do rio Cefiso, era de beleza ímpar e muito

70. Psicologia profunda (*Tiefenpsychologie*) foi o nome sugerido por Eugen Bleuler para todas as correntes de psicologia que levam o inconsciente em consideração para o estudo dos fenômenos psicológicos.

desejado. A beleza também pode levar à *Hybris*, o *pecado de orgulho* e posterior punição pela *nêmesis*, a justiça divina. Narciso foge aos muitos pedidos de amor das ninfas perdidamente apaixonadas, desdenhando das relações, egoisticamente mergulhado no isolamento de sua própria beleza. Em Freud e na escola psicanalítica como um todo, o Mito de Narciso adquire diversas interpretações passando por uma verdadeira evolução em seu simbolismo (Roudinesco; Plon, 1998, s.v. Narcisismo). Inicialmente ligado ao homoerotismo e a processos psicopatológicos, passa a ser considerado um fator normal sempre presente no desenvolvimento do ego, *narcisismo primário,* em oposição ao *narcisismo secundário*, este sim, inadequado ao desenvolvimento da personalidade. O narcisismo secundário irá aparecer de forma marcante na clínica das psicoses quando a libido desinvestida do objeto se concentra no eu com perda de contato com a realidade. Essa situação extrema associa-se claramente com a dramática imagem do efebo Narciso apaixonado por sua própria imagem refletida nas águas.

Diversos autores da escola psicanalítica dedicaram-se ao complexo tema do narcisismo em relação ao desenvolvimento psicológico, o último deles sendo Jacques Lacan, que postulou o importante conceito da *fase do espelho* do desenvolvimento infantil, fundamental para a organização do ego sadio. É uma fase fundamental da relação mãe-bebê e refere-se à capacidade da mãe de *espelhar* características estruturantes do ego em desenvolvimento. A fase do espelho reaparecerá, como seria de se esperar, em diversos momentos da análise na transferência especular. Forçoso é reconhecer a constelação desses momentos estruturantes fundamentais para que o analista saiba personificar de forma adequada a mãe-espelho que o paciente-Narciso procura para sua organização psicológica.

Entre os junguianos, Schwartz-Salant (1982) pesquisou com viés sofisticado diversas perspectivas psicológicas para o drama de Narciso. Explora as questões das diferentes visões da psicanálise e da psicologia complexa de Jung sobre o self, (a imagem refletida nas águas da psique), as ideias de Freud, Kohut e Jung sobre o self, a transferência especular, o espelhar e a idealização, as possibilidades de transformação do self narcisista, o poder penetrante do feminino e a influência da ninfa Eco sobre Narciso e o processo de individuação. Enfim, o drama de Narciso e seu rico imaginário reforçam mais uma vez o potencial riquíssimo da mitologia para a psicologia e que o processo psicológico é um constante desdobramento de um tecido imaginal mitopoético.

Freud (1922/1973), além de Édipo e Narciso, faz breve incursão a outro mito de herói, o de Perseu. Interpretando a história de Perseu, Freud dá especial ênfase ao problema da petrificação, que ocorre no mito quando se olha a Górgona de frente. Em meu *Mitopoese da psique* (2020, p. 81-82) discuti essa questão fundamental. Freud interpreta a petrificação como a rigidez da ereção. A visão da Górgona monstruosa seria para o pai da psicanálise uma analogia à visão do objeto tabu, os genitais da mãe (Freud, 1973, p. 273). Slater (1971), seguindo um referencial psicanalítico, mas abordando o Mito de Perseu de forma mais sofisticada, discorda de Freud, lembrando que o imobilismo e a petrificação não podem ser associados à potência, mas à *impotência* (Slater, 1971, p. 321-322). O autor traça curiosa comparação mítica entre a espada com a qual Perseu decapita a mãe arquetípica com o instrumento semelhante com o qual Crono castrou Urano. Em ambos os casos temos uma experiência psicológica chamada por Freud de *cena primal*, no caso de Crono elaborada pela castração do pai, no caso de Perseu, pela castração da mãe, ou melhor, pela sua *dessexualização*. Nessa interpretação psicológica Dânae e Medusa seriam as duas faces da mesma moeda, a fundamental experiência do materno Dânae, durante todo o ciclo mítico do herói é mantida próxima a ele, mesmo durante o ritual de exposição no oceano. Durante todo o mito ela é resguardada em sua pureza, ou melhor, dessexualizada. Talvez essa dessexualização possa representar a necessidade de uma separação do sexual do maternal para elaboração da pulsão edípica.

A Medusa e seu poder petrificador é o núcleo desse mitologema. Como todo símbolo mitológico, a Górgona tem um significado polissêmico. Vernant[71] aborda aspectos simbólicos de função social desse complexa figura. Segundo o autor francês, Medusa, Ártemis e Dioniso são os poderes ritualisticamente configurados como mascarados na sociedade grega clássica (Vernant, 1988, p. 11-12). Vernant discorre sobre as características da máscara, com sua estrutura plana e perfurada para o eu do outro, uma diferenciação da *identidade* da *alteridade*. Platão elaborou pela primeira vez o conceito de alteridade, o *tó héteron*, para representar o outro, imaginário ou real, necessário mesmo para a existência do pensamento. Essa elaboração do gênio de Platão permite a síntese criativa da ontologia de Parmênides

71. Cf. VERNANT, J.P. *A morte nos olhos: figuração do outro na Grécia antiga.*

(identidade) com o devir heraclítico (alteridade). Na realidade essa preocupação com dialética identidade-alteridade aparece mesmo antes com o pitagóricos, na oposição entre números ímpares e pares.

Vernant vê ainda o tema importante da alteridade na cultura grega como que esquematizado em dois eixos perpendiculares entre si e dominados por deuses mascarados. No eixo horizontal a ênfase é dada à deusa Ártemis, protetora das crias, dos limites entre cultura e natureza e da caça. Ártemis delimita o eu-outro na relação dos adolescentes e nos hábitos sexuais da puberdade, na guerra, delimita os códices, para que a guerra não degenere em pura carnificina. O eixo vertical tem Dioniso no ponto mais acima, como deus do *êxtase* (gr., *ex- tásis*: o estar fora de si) e do *entusiasmo* (gr., deus dentro de nós), deus da experiência mística e dos estados alterados de consciência, e no ponto mais profundo e abaixo, nas profundidades abissais, a Medusa, representando o estado de alteridade mais radical, segundo Vernant *o outro absoluto do homem*, o indizível, a morte; ou poderemos dizer, dentro de uma perspectiva psicológica, a morte em vida, o *estado psicótico*. Realmente, podemos perceber na petrificação provocada pelo olhar da Górgona uma descrição mitopoética da paralisação da libido, uma impossibilidade do fluir da vida psíquica. Essa petrificação só pode ser evitada pelo *poder da reflexão,* atributo do escudo mágico que Atená oferece a Perseu. A reflexão foi considerada por Jung (1936) um dos instintos básicos do comportamento humano, juntamente com a sexualidade, a fome, a agressividade, a criatividade[72].

Do ponto de vista psicológico a polarização Dioniso-Medusa sugerida por Vernant apresenta interessantes aspectos com relação aos movimentos da energia psíquica. Dizíamos que o olhar petrificador da Górgona representaria a catatonia de um estado psicótico, a fixidez em traumas passados, a incapacidade de se ir adiante. Ao contrário, Dioniso, o deus das Mênades, o errante, o que sempre se opõe ao poder dos reis, seja Penteu, Licurgo e tantos outros, representa a libido sempre movente, o êxtase criativo, a transformação pela criatividade, o *pyrogenés,* o que renasce pelo fogo. De um lado, petrificação; de outro, transformação. Hillman dentro de uma perspectiva histórico-arquetípica chega mesmo a perceber Dioniso *como o deus da histeria* (Hillman, 1984, p. 227). Hillman assim justifica sua colocação:

72. Cf. JUNG. Determinantes Psicológicas do comportamento humano [1936]. *O.C.*, 8/2, 2011.

Freud trilhou seu caminho como fundador da psicanálise estudando as pacientes histéricas de Charcot, no hospital Salpetrière. Uma das verdadeiras dramatizações dessas pacientes em aulas dadas por Charcot a seus alunos era a posição corporal do opistótono, o corpo em hiperextensão, posição corporal que muito lembra as Mênades portando o tirso em procissões seguindo Dioniso. Na sociedade de Viena *fin-de-siècle*, extremamente apolínea, metrada, de grande repressão sexual e dos costumes, Dioniso reentrava a cultura pela histeria. Jung já lembrava em seu *Comentário a O segredo da flor de ouro:*

> Os deuses tornaram-se doenças. Zeus não governa mais o Olimpo, mas o plexo solar e produz espécimes curiosos que visitam o consultório médico; também perturba os miolos dos políticos e jornalistas, que desencadeiam pelo mundo verdadeiras epidemias psíquicas (Jung, 1929, § 54).

Em publicação posterior Vernant[73] irá revisitar o Mito da Medusa e dos deuses mascarados e seu sentido social. O autor irá lembrar então que a sociedade grega clássica pode ser olhada por nós já mais a distância de forma mais crítica. Ela não poderia de forma alguma ser um modelo para a sociedade contemporânea. Com diz Vernant:

> Quando falo de modelo grego não quero dizer um modelo da mesma maneira que os fabricantes de veículos falam de um modelo de automóvel ou de como os cientistas usam de modelos para descrever suas ideias. O conceito de modelo aqui não é uma repetição exata mas uma formulação abstrata de uma ideia a ser comparada com o momento atual (Vernant, 2001, p. 71, 72.)

Pensando no sentido estruturante que a ideia de Ártemis teve na Grécia clássica, inclusive limitando natureza e cultura, trazendo ordem ao caos, normas à própria guerra, impedindo que ela se degenerasse em verdadeira carnificina, o que pensar do mundo caótico que vivemos atualmente? A máscara organizadora de Ártemis como estrutura social arquetípica não está gravemente ausente, e essa ausência é sentida de forma seríssima em nossa cultura? A sociedade atual, tanto brasileira quanto mundial, está ameaçada de grave dissociação que ameaça sua própria continuidade como civilização organizada. Percebemos de forma radical que os deuses como poderes

73. Cf. VERNANT, J.P. *Entre mito e política*. São Paulo: Edusp, 2001.

arquetípicos regem fenômenos na profundidade da psique dos indivíduos sem perder sua dimensão social e coletiva.

É essa referência coletiva das imagens míticas que irá chamar a atenção de Jung durante seu período psiquiátrico no Hospital Burghölzli. Os pacientes que predominaram no hospital, em larga escala, eram pacientes esquizofrênicos. Jung notou nas produções delirantes desses pacientes elementos míticos frequentes, os mitologemas apareciam regularmente nessas produções delirantes. Devemos nos situar nos inícios do século XX, quando não existiam as medicações de terceira geração dos dias de hoje. Com grande frequência Jung era confrontado com os chamados *delírios floridos*, riquíssimos em imagens mitológicas e religiosas. É o bem conhecido caso clínico do Burghölzli, o chamado *o paciente do falo solar*, que aparece em vários momentos da obra de Jung e na conhecida entrevista à BBC de Londres[74]. Em delírio alucinatório o paciente diz a Jung que o sol tem um tubo e esse tubo é a origem dos ventos. Se ele balançar a cabeça do Oriente para o Ocidente verá o tubo de mover, e esse tubo é a origem dos ventos. Mais tarde Jung irá encontrar no chamado papiro de Paris, um fragmento de um ritual mitraico, religião da elite romana na época dos inícios do cristianismo, a recitação do sacerdote de Mitra com conteúdo muito próximo do delírio do paciente do falo solar. Freeman perguntou a Jung: "então o senhor teve aí a *prova* da existência do inconsciente coletivo"? Jung responde: "Não tive com esse achado a prova, mas uma *pista,* (*hint*) da existência de um inconsciente coletivo". Essa atitude de Jung de ver no fenômeno antes uma *pista* e não uma *prova* da existência do inconsciente coletivo é de um extraordinário rigor científico. A semelhança analógica entre a mitopoese da estrutura delirante do paciente do falo solar e a oração mitraica também de estrutura mitológica advém do fato de que o inconsciente não opera da mesma forma que o pensamento consciente, que segue a lógica racional. O inconsciente trabalha antes com analogias: sol, falo, vento, são todos elementos masculinos de fertilização, origem da vida e poder. Essas associações irão aparecer tanto na mitopoese da produção delirante quanto numa oração mítica ritualística de uma religião pré-cristã.

---

74. A entrevista, *Face to Face*, de 1958, conduzida com habilidade por John Freeman, aborda os principais momentos da vida de Jung, tendo sido largamente reproduzida no Youtube e redes sociais. O texto da entrevista pode ser também encontrado em McGUIRE, H. *C.G. Jung: entrevistas e encontros*. São Paulo: Cultrix.

Se o chamado Caso Dora, a paciente Olga Pappenheim tratada por Breuer e Freud pode ser considerado *o caso zero* da psicanálise, creio que podemos considerar o caso do paciente do falo solar como *o caso zero* da psicologia complexa. E mais do que isso, podemos observar que a psicopatologia dos pacientes pode moldar ou pelo menos influenciar toda a formulação de uma teoria científica. O Caso Dora apresentou uma forte tonalidade erótica onde a transferência desempenhou um papel central, levando a Breuer, tomado por forte contra-transferência, considerar a psicanálise uma profissão impossível. Também assim foram a maioria dos casos das pacientes tratadas por Freud, quando de sua permanência no Hospital Salpetrière com Charcot. A histeria é uma psicopatologia caracterizada basicamente por forte extroversão, sedução, mitomania e teatralidade, onde a transferência tem normalmente elementos infantis e regredidos. Já Jung trabalhou nos inícios de suas pesquisas com Eugen Bleuler no Hospital Burghölzli com pacientes esquizofrênicos, que apresentam uma psicopatologia bem diferente: introversão em seus limites mais patológicos com perda de contato com a realidade, recolhimento para um mundo interior próprio de alucinações de produções delirantes ricas em imagens religiosas e mitológicas. Podemos considerar, portanto, sem exageros teóricos, que *a histeria é essencialmente a psicopatologia da psicanálise assim como a esquizofrenia é a psicopatologia da psicologia complexa.* A histeria leva Freud a teorizar sobre a libido sexual, o complexo edípico, a novela familiar, a sedução, o parricídio e o incesto. A esquizofrenia, rica em mitologemas, leva Jung à sua teoria das imagens arquetípicas e do inconsciente coletivo.

Dizíamos que o paciente do falo solar foi uma primeira pista mitológica para Jung para a existência de um inconsciente coletivo. O criador da psicologia complexa continuou estudando intensamente a mitologia após sua saída do Hospital Burghölzli percebendo nela chaves importantes para o entendimento da dinâmica mental. Esses estudos culminaram em obra de grande fôlego, publicada em 1911 e 1912 sob o título de *Transformações e Símbolos da libido* e reeditada em 1951 com diversos acréscimos e modificações com o título de *Símbolos da Transformação*. Essa obra acabou se tornando um marco na produção teórica de Jung e foi um ponto de virada em sua criatividade, tendo marcado também sua ruptura com Freud. E as representações mitológicas das mais diversas culturas se tornaram o eixo fundamental da obra. Em nenhum outro trabalho de Jung dentro de sua extensíssima produção teórica o Mito não está tão presente quanto nessa.

Símbolos da Transformação foi produzido a partir de poesias e devaneios de uma aluna do psicólogo Prof. Theodore Flournoy, de Geneva. Na verdade, Jung nunca chegou a conhecê-la pessoalmente, tendo sabido do material de suas fantasias pelo Prof. Flournoy. A partir desse material, Jung inaugurou um método novo de pesquisa ao qual deu o nome de *método de amplificação*; isto é, a abordagem do material psicológico não pela explicação causal da origem do fenômeno, mas pelo uso de paralelos mitológicos análogos, pelo emprego de analogias simbólicas. Nesse trabalho Jung se afastou gradualmente de todo seu próprio trabalho anterior no Burghölzli, um trabalho que teve seus inícios na medida criteriosa de fenômenos psicológicos. Os inícios de seu trabalho científico se deram pelo uso de um *teste psicológico*, o teste de associação de palavras, no qual *palavras-estímulo* eram fornecidas ao paciente para que ele reagisse com a primeira palavra que lhe viesse à mente, a *palavra-resposta*. Havia uma série de distúrbios de reação, (demora no tempo de reação, repetições, esquecimentos, diversos fenômenos físicos) que indicavam a existência de complexos afetivos inconscientes. Em todo esse processo havia uma criteriosa medida desses distúrbios por uma verdadeira parafernália de aparelhos de medição.

Alongo-me um pouco aqui nessas experiências de associações de Jung por duas razões: a primeira, como lembra Shamdasani (2005), para assinalar que Jung não foi na verdade um discípulo de Freud, pois esse último teve seu trabalho baseado em casos clínicos (lembrar a já citada Anna O., Elizabeth von Ritter, O caso Joãozinho, O Homem dos Lobos etc.) enquanto que Jung teve o início de seu trabalho independente, mais centrado no estudo das psicoses e na pesquisa dos complexos afetivos por um teste experimental, o teste de associação de palavras, dois modelos de trabalho bem diferentes. Só posteriormente encontrou Freud e foi um colaborador importante, tendo mais tarde se afastado pelas divergências teóricas. Mas o segundo e mais importante motivo é para assinalar que com o trabalho citado de *Símbolos da Transformação*, a obra de Jung sofre uma verdadeira *transição paradigmática*, deixando o paradigma cartesiano da Modernidade para, de forma pioneira, adentrar o paradigma da complexidade, como o chamou Edgar Morin (2002). *E Jung o faz com o emprego do mito*. Como o próprio Jung relata em um Seminário de 1925[75], até conhecer os poemas

75. Cf. JUNG, C.G. *Seminários sobre psicologia analítica*, 1925.

e devaneios da Srta. Miller, ele julgava o pensamento de fantasia *inferior*, pouco focado. O verdadeiro pensamento científico e com validade era o pensamento dirigido sobre um só objeto e buscando uma finalidade específica. A Srta. Miller o ensinou o tesouro que se escondia na fantasia e no devaneio (Jung, 1925, p. 67; Shamdasani, 2005). Enquanto em seus trabalhos de associações de palavras usa a medida rigorosa para aferição de complexos afetivos, aqui Jung enfatiza a fantasia, a amplificação simbólica, o devaneio. E propõe a existência de dois tipos de pensamento: um chamado adaptativo ou linear, e um segundo, *o pensamento circular, ou mitológico*, próprio dos sonhos, devaneios, fantasias e mitos (Jung, 1911/2011, § 4ss.).

O eixo temático do erudito e alongado Símbolos da Transformação é o Mito do Herói e sua luta para se diferenciar da Grande Mãe Dual, mitologema presente nos mais diversos povos, nas mais diversas culturas em todos os tempos. O etnólogo alemão Leo Frobenius que pesquisou o tema da Barca Solar e da *Viagem noturna pelo mar* do deus Sol nas mais diversas culturas africanas do Egito às culturas subsaarianas é extensamente citado. Apolo, Ra, Osiris, são personificações do Sol como doar de vida e virilidade, que nascendo do Oriente, chega ao meio-dia em sua plenitude e depois prepara-se para morrer no Ocidente (*occidere* – morrer – segundo Junito Brandão). Mas depois viaja sob o mar, purificando-se das imperfeições contraídas em sua viagem diurna-tema da viagem noturna com a *Barca do Sol* e ressurge no Oriente, renovado, purificado.

Os mitos da Grande Mãe são também os mais diversos e os da maior complexidade, aparecendo essa imagem primordial como doadora de vida, necessária, fundamental à existência, Gaia, Terra Doadora, Ishtar que não deve ser contrariada pela onipotência do herói Gilgamesh que, junto com o companheiro Einkidu, ousa matar seu touro, Cibele que mantém seu filho-amante Attis sob sua tutela, Isis, que resgata o corpo despedaçado de Osiris e gera Hórus, mas também como serpente pica o calcanhar de Ra, devolvendo-lhe a dimensão de seu instinto.

Essas e as mais diversas imagens mitológicas são vistas como *imagens primordiais* representando as mais diferentes situações humanas possíveis, sexuais, espirituais, conflituosas, de poder, competição, morte, agressividade. O mitologema da viagem noturna pelo mar eclipsa, de certa forma, o tema edípico, pois o incesto, pode, mas nem sempre, é verdade, servir a um novo nascimento, e não necessariamente ao incesto neurótico, a volta para o oceano materno pode ser algo necessário para um renascer espiritual. Assim o Mito da Morte e do Renascimento torna-se um mitologema nuclear do processo de individuação. É o mito central do próprio processo terapêutico: a morte do *homem velho* e o renascimento para novas possibilidades de consciência.

As ideias de imagens primordiais (*Urbilden)* e inconsciente filogenético estão presentes em Símbolos da Transformação e são precursoras dos conceitos de inconsciente coletivo e de arquétipo que irão emergir posteriormente na obra de Jung. Mitos e mitologemas das mais diversas culturas proporcionam a Jung a percepção dessas imagens primordiais autóctones emergindo em diversos povos e são a base para a confirmação da existência de um inconsciente coletivo, hipótese que começara a formular ainda no período do Hospital Burghölzli.

No ano seguinte à publicação de Símbolos da Transformação em seu mais intenso mergulho mitológico, Jung irá consumar seu afastamento do movimento psicanalítico, o que lhe custou a perda de não poucas amizades e de seguidores. A escola de Zurique se aglutinou de forma separada à escola de Viena e Jung passou por crise pessoal significativa, com período de grande introspecção no qual escreveu seu famoso *Livro Vermelho* (2010) no período de 1914-1917. Após toda a pesquisa dos mitologemas nas mais diversas culturas para fundamentar seu conceito essencial da existência de inconsciente suprapessoal ou coletivo, em seu *Livro Vermelho* Jung parte em busca de seu *mito pessoal*. O mito deixa aqui de ser apenas um conceito fundante de uma teoria, mas adquire uma dimensão filosófica e psicológica do sentido da existência mesma. A finalidade da existência humana adquire um *sentido* quando o ser humano entra em contato com seu mito pessoal, que traz o sentido para sua própria existência, seu processo de individuação. Esse sentido não pode ser expresso por uma explicação racional, mas por uma simbologia pessoal cuja melhor expressão é o mito.

Assim, o *Livro Vermelho* pode ser sinteticamente explicado como *a busca de Jung pelo seu mito pessoal*. Diversas imagens e figuras mitológicas antes presentes em Símbolos da Transformação irão emergir no *Livro Vermelho* em forma subjetivada. O tema do herói reaparece em sua ambiguidade sob diversas figuras, algumas conflitantes, como o herói wagneriano Siegfried, a figura de um *trickster*[76] que ajuda Jung a assassinar Siegfried; mesmo o herói sumeriano Gilgamesh aparece sob um outro nome pelo qual foi conhecido, Izdubar, tendo papel bastante importante em todo o livro. O mitologema da viagem noturna pelo mar é prefigurado pela quase morte de Izdubar dentro de um Ovo, lá permanecendo em incubação mágica para depois renascer sob outro nome, aliás bastante significativo, de *Phanes*[77]. Phanes representa a glorificação de Izdubar e sua vitória sobre a morte, o que no *Livro Vermelho* tem múltiplos sentidos – como todo mitologema tem – mas o principal sendo a permanência da herança ancestral mitopoética na idade cartesiana da razão, em pleno paradigma da Modernidade, no qual o mito e as representações religiosas são relegados a meras superstições sob o rótulo desgastado de *não científicas*.

Comentei ser significativo que o deus renascido na mitopoese pessoal de Jung tivesse o nome de Phanes. Esse é o nome de um deus que desempenha papel central na mitologia dos órficos, segundo nos ensina Junito Brandão (1991). O orfismo, seita mística do século VI a.C., tinha Phanes como deus cosmogônico em seu mito de criação. Segundo os seguidores de Orfeu, Nix, a ave negra noturna, senhora do caos, deposita seu ovo prateado, e de sua abertura nasce Eros *Protógenes,* o primeiro nascido, ou *Phanes,* o senhor do mundo, criador de tudo. No mito pessoal de Jung após a situação de caos, uma nova ordem (gr. *cosmos*: beleza) se instaura a partir de *Phanes* (gr.: o brilhante) a possibilidade de nova ordem de consciência e de uma transformação pessoal. Os próprios nomes aqui são simbólicos: *kháos* (gr.: aquilo que se abre) dando origem ao novo *cósmos* (gr.: ordem, beleza).

Em sua crise pessoal e em sua busca de sentido Jung será ajudado pelo Mito. Por essa época – e essa é uma sincronicidade importante – toda a cultura estava em crise, e esse esgotamento de valores coletivos iria desembocar na Primeira Guerra Mundial, durante a qual Jung escreveu o *Livro Vermelho*. Voltemos à questão da crise de paradigma em ciências antes mencionado. A Primeira Guerra Mundial representou a culminância de um esgotamento do paradigma da Modernidade, e não por acaso, diversos movimentos apareciam em ciência e na física em particular, dos quais o pa-

76. Trickster, palavra inglesa que quer dizer: o trapaceiro. Cf. JUNG, C.G. *A psicologia da figura do trickster*, 1954.

77. Phanes, do grego *Phanein*, brilhar (Brandão, J.S. *Dicionário Mítico-Etmológico*, s.v. Orfismo).

radigma moderno newtoniano não dava mais conta de todos esses eventos na primeira metade do século XX, aos quais Boaventura de Sousa Santos denominou *Os quatro rombos da Modernidade*: a teoria da relatividade de Einstein, a Mecânica Quântica da escola de Copenhague, a teoria da negentropia e das estruturas dissipativas de Prygogine, o teorema de Gödel que abole as certezas matemáticas (Sousa Santos, 2000) e também, podemos incluir, a descoberta do inconsciente por Freud e Jung[78]. Um novo paradigma em ciências emerge anunciado por todas essas crises nos referenciais em ciência. Esse novo paradigma recebeu vários nomes, simplesmente "o novo paradigma emergente", por não ter se encontrado um termo totalmente adequado para ele, ou paradigma holístico, sistêmico, ou mesmo "quântico", nome que não nos agrada, ou a designação que nos parece mais apropriada, proposta por Edgar Morin, de *paradigma da complexidade*. Como lembra Shamdasani (2005), o nome psicologia complexa para designar o *corpus* teórico da psicologia junguiana passa a ser designado por ele a partir de 1930. O nome psicologia complexa nos parece mais interessante que o mais usado até aqui internacionalmente de psicologia analítica, já que nos refere diretamente ao novo paradigma emergente, o paradigma da complexidade. O pensamento junguiano se insere com toda certeza dentro do paradigma da complexidade por ser um pensamento em sua própria estrutura complexo. A modernidade cartesiana que dominou a ciência desde seus inícios após o renascimento, desdobrou-se durante a revolução industrial dos séculos XVIII-XIX, entrando em crise nos inícios do século XX, ficou presa em dicotomias, como chamou a atenção Sousa Santos. A primeira dicotomia é a do homem-natureza, e todas as demais dicotomias derivam dela: colonizador-colonizado, espírito-matéria, mente-corpo, consciente-inconsciente, homem-mulher, hemisfério norte-hemisfério sul, conhecimento acadêmico/conhecimento popular. É essa a visão dicotômica do mundo da Modernidade. Boaventura lembra que essas dicotomias têm o grave problema de serem rígidas e hierarquizantes; isto é: o homem é melhor do que a natureza, o espírito é melhor do que a matéria, a mente é superior ao corpo, o homem é superior à mulher, o conhecimento acadêmico é superior ao conhecimento popular, e assim por diante. Os saberes da complexidade trazem uma pers-

78. Lembrança do psicanalista Carlos Plastino em comunicação pessoal. Plastino lembrou a descoberta do inconsciente como um "quinto rombo" ao paradigma da Modernidade em correspondência pessoal com Boaventura.

pectiva nova, superando essa rigidez hierarquizante. O inconsciente só foi aceito na Modernidade em seus inícios pelo viés da psicopatologia, como mencionamos, pela histeria, por meio de Freud, e pela esquizofrenia, por meio de Jung. Isto é, o inconsciente sempre inferior ao consciente, *onde está o id, faça-se o ego* (Freud); o complexo autônomo inconsciente deve ser integrado à consciência (Jung). Embora esses pressupostos sejam válidos em certos momentos do processo pessoal, o inconsciente pode ser também visto como *portador de sentido* e como *sede da criatividade*, como o próprio Jung demonstrou em seus *Livros Negros*.

Abordamos nesse trabalho como o mito foi referência fundamental da obra de Jung desde seus inícios no hospital Burghölzli até a escritura do *Livro Vermelho*. O mito foi referência não só para a sua obra teórica mas também para sua própria noção de *mito pessoal*, que emerge durante a escrita dos *Livros Negros*, que irão originar seu *Livro Vermelho*, ou *Liber Novus*. Também para Freud e outros autores da psicologia de profundidade o Mito foi referência teórica importante, principalmente os mitos de Édipo e Narciso. Para a psicologia complexa de Jung a polissemia das imagens míticas adquiriu grande centralidade teórica devido aos conceitos fundamentais de inconsciente coletivo, inconsciente cultural e imagem.

Os *Livros Negros* representam, portanto, um período de transição importante, cultural, paradigmático e pessoal para Jung. Nele, a mitologia tem papel fundamental, sofrendo todo um processo de subjetivação simbólica, expressando todo um desdobrar de transformações no inconsciente do próprio Jung. Mas além dos mitologemas de *Transformações e símbolos da libido*, outro mito dá significado aos *Livros Negros*: o gnosticismo. Por ocasião da escrita dos *Livros Negros* Jung estava mergulhado na pesquisa dos evangelhos ditos apócrifos (Jaffé, 1972, p. 48). O interesse de Jung pelo material gnóstico advém de suas tentativas de encontrar paralelos nas questões culturais, coletivas e o psiquismo individual em determinada época histórica. Assim, para se entender os conflitos do homem europeu moderno se deveria compreender as origens da consciência coletiva contemporânea, sua formação, suas repressões e suas representações coletivas. Jung estava mergulhado em pesquisas nas origens do cristianismo, nos dogmas de fé, nas representações religiosas dos Primeiros Padres da Igreja, e essa elaboração aparece de forma sofisticada em sua publicação *Tipos psicológicos* (1921). O raciocínio fundamental aqui é que se certos dogmas ou representações dominam a consciência coletiva de certa época, uma contracorrente compensatória estará sempre dominando a psique coletiva inconsciente. Assim na fundação do cristianismo os evangelhos ditos apócrifos ou gnósticos, em número superior a cem, continham os mais variados símbolos e representações do inconsciente cultural de então, enquanto os quatro evangelhos canônicos serviriam de veículo de referência para moldar a nascente consciência coletiva cristã. O mais curioso aqui, e esse fato foi apontando pelo eminente *scholar* do gnosticismo Gilles Quispel, colaborador de Jung, é que este não teve acesso à época de suas pesquisas à impressionante Biblioteca Gnóstica de *Nag Hammadi*, descoberta no norte do Egito somente em 1945, época da bombas nucleares de Hiroshima e Nagasaki, fato já referido por alguém como uma verdadeira bomba nuclear nos estudos teológicos da época! Jung, trabalhando nos anos de 1915 em fontes secundárias[79], tinha acesso a textos dos padres fundadores da Igreja que atacavam os Gnósticos, Irineu e principalmente Hipólito. A partir desses textos, e isso é muito importante, baseado em suas próprias experiências do inconsciente, Jung penetrou no simbolismo da Gnose como representativo dos símbolos do inconsciente coletivo.

Os mitologemas presentes na Gnose são incontáveis, por ser esse movimento tão múltiplo quanto foram as seitas e influências de múltiplas origens que se aglutinaram em diversos pontos geográficos do Oriente Médio e Oriente Próximo durante o ocaso do paganismo, acompanhando o surgimento do movimento judaico-cristão. Mas desses três elementos nucleares míticos são importantes e aparecem nos *Livros Negros* em diferentes roupagens: a figura do Logos (como Elias, Filêmon ou Simão Mago), a Sabedoria Sofia encarnada na matéria, caminho para a libertação (Salomé, Alma-Guia) e um Demiurgo, o Senhor do Mundo (Abraxas). Esses mitologemas formaram a base de fragmentos mitológicos do mundo pagão que encontraram continuidade até os sonhos e devaneios da humanidade contemporânea. Deve-se perguntar como essas representações tão primitivas poderiam reaparecer no inconsciente do homem contemporâneo. A resposta é que o inconsciente, embora tendo uma camada coletiva e transpessoal, não é a-histórico, como alguns lendo de forma apressada a obra junguiana

79. Owens (2013) menciona que Jung consultava à época SCHULTZ, W. *Dokumente der Gnosis*, 1910. • MEAD, G.R.S. *Fragments of a Faith Forgotten*, 1906.

chegam a considerar. Suas representações sofrem sucessivas transformações através da história. Segundo Jaffé (1972, p. 48), Jung chegou à conclusão que *a alquimia medieval* foi o elemento de conexão entre o antigo Movimento Gnóstico e as representações contemporâneas do inconsciente coletivo. *O Mito da Alquimia* passou a ser o derradeiro referencial dos estudos míticos de Jung e de todo o segundo período de seu trabalho teórico. E a alquimia medieval reviveu, em meio ao cristianismo e mesmo a um fundamentalismo cristão dominante, toda uma rica imagética mitológica do paganismo greco-romano. Daí talvez, uma das raízes de sua impressionante vitalidade.

Podemos considerar, portanto, o mito como uma linguagem essencial da alma. Nas sociedades tribais, como eixo das representações coletivas e nos rituais, como meio de inserção dos grupos pré-letrados em sociedade, nas artes em geral, nos sonhos, devaneios, nos delírios dos psicóticos, na literatura e poesia os mitologemas irão aparecer em forma espontânea. Os pesquisadores da psicologia profunda perceberam a natureza do Mito como chave fundamental para o estudo da alma e para a terapia. E a linguagem simbólica mítica estará presente na própria interação do analista com seu paciente, sendo a essência da própria análise do inconsciente. Essa só poderá ocorrer se se mover dentro da esfera mítica, no momento que for literalizada, sofrerá um processo de congelamento. O Mito e o símbolo fecundam o processo terapêutico, vitalizam-no e o tornam possível.

Referências

BOECHAT, W. *A mitopoese da psique*. 2. ed. 4. reimpr. Petrópolis: Vozes, 2020.

BRANDÃO, J. *Mitologia Grega*. 3 vol. Petrópolis: Vozes, 1986.

BRANDÃO, J. *Dicionário Mítico-etimológico da Mitologia Grega*. 2 vol. Petrópolis: Vozes, 1991.

ELIADE, M. *Ferreiros e alquimistas*. Rio de Janeiro: [s.e.], 1979.

FREUD, S. *Medusa's Head*. Standard Edition of the Complete Psychological Works [1940]. Londres: The Hogarth Press, 1973.

HILLMAN, J. *O Mito da Análise*. Rio de Janeiro: Paz e Terra, 1984.

HILLMAN, J.; KERÉNYI, K. *Oedipus Variations: Studies in literature and psychoanalysis*. Dallas: Spring, 1990.

JAFFÉ, A. *From the Life and Work of C.G. Jung*. Londres: Hodder and Stoughton, 1972.

JUNG, C.G. *Liber Novus: Livro Vermelho*. Petrópolis: Vozes, 2010.

JUNG, C.G. *Símbolos da transformação* [1911/1951]. O.C., vol. 5. Petrópolis: Vozes, 2011.

JUNG, C.G. *Determinantes psicológicas do comportamento humano* [1936]. O.C., vol. 8/2. Petrópolis: Vozes, 2011.

JUNG, C.G. *A psicologia da figura do Trickster* [1954]. O.C., vol. 9/1. Petrópolis: Vozes, 2011.

JUNG, C.G. *Seminários sobre psicologia analítica* [1925]. Petrópolis: Vozes, 2014.

LÉVI-STRAUSS, C. *Mito e significado*. São Paulo: Ed. 70, 1987.

McGUIRE, W.; HULL, C.G. *C.G. Jung: entrevistas e encontros*. São Paulo: Cultrix, 1983.

MORIN, E. Os desafios da complexidade. In: MORIN, E. (org.). *A religação dos saberes*. Rio de Janeiro: Bertrand Brasil, 2002.

OWENS, L. Foreword. *In*: RIBI, A. *The Search for Roots: C.G. Jung and the tradition of Gnosis*. Los Angeles: Gnosis Archive Books, 2013.

SHAMDASANI, S. *Jung e a construção da psicologia moderna: o sonho de uma ciência*. Aparecida: Ideias e Letras, 2005.

SHAMDASANI, S. Liber Novus: o "Livro Vermelho" de C.G. Jung. *In*: JUNG, C.G. O *Livro Vermelho*. Petrópolis: Vozes, 2013.

SCHWARTZ-SALANT, N. *Narcissism and Character Transformation – The Psychology of Narcissistic Character Disorders*. Toronto: Inner City Books, 1982 [Em português: *Narcisismo e transformação de caráter*. São Paulo: Cultrix].

SLATER, P. *The Glory of Hera: Greek Mythology and the Greek Family*. Boston: Beacon Press, 1971.

SOUSA SANTOS, B. *A crítica da razão indolente – Contra o desperdício da experiência.* São Paulo: Cortez, 2000.

VERNANT, J.-P. *A morte nos olhos – Figurações do Outro na Grécia antiga.* Rio de Janeiro: Zahar, 1988.

VERNANT, J.-P. *Entre mito e política.* São Paulo: Edusp, 2001.

8
"Ni olvido, ni perdón": uma leitura das Madres de Plaza de Mayo à luz do Mito das 5 Idades

Maria Fernanda Gárbero
Professora Associada da Universidade Federal Rural do Rio de Janeiro (UFRRJ)

1 O início de uma história ao revés

Para nós que trabalhamos com os estudos clássicos, bem como para as pessoas que se interessam por esse encantador universo da Grécia antiga, seja por paixão, curiosidade ou também por interesse acadêmico, não resta dúvida da fundamental contribuição do professor e tradutor Junito de Souza Brandão para que tivéssemos e tenhamos acesso a este panorama. Com uma vida dedicada às pesquisas e à docência, para levar a todos e todas as mais variadas histórias dos gregos, sua obra constitui uma importante referência em nossa trajetória de leitores e professores. Seus três volumes de *Mitologia Grega*, cuja primeira edição é de 1986, já ultrapassaram vinte e seis edições, sendo, com razão, um fenômeno literário num país em que a literatura muitas vezes é tratada como artigo de luxo, infelizmente.

É, portanto, reconhecendo essa preciosa contribuição que temos como base as referências ao poema *Os trabalhos e os dias*, do poeta grego Hesíodo (século VII a.C, presente no capítulo oito do primeiro volume de *Mitologia Grega*.

A partir do v. 106 do poema, somos apresentados ao Mito das 5 Idades como uma alegoria da degradação dos valores por meio dos metais, respectivamente, ouro, prata, bronze – com exceção dessa representação para os heróis – e ferro. Nesta última, numa leitura que atualiza o mito, ora bastante pertinente para pensarmos no curso da história, escrito por guerras e disputas que têm em si a subjugação do Outro, não é raro que pensemos em nossa condição de seres humanos, tão marcada pela miserabilidade, pela injustiça e, por que não, assentada na violência. Segundo o Prof. Junito Brandão, essa proposta alegórica de Hesíodo proviria da seguinte cronologia mítica:

> A raça humana vivia tranquila, ao abrigo do mal, da fadiga e das doenças, mas quando Pandora, por curiosidade feminina, abriu o jarro de larga tampa, que trouxera do Olimpo, como presente de núpcias a Epimeteu, dela evolaram todas as calamidades e desgraças que até hoje atormentam os homens. Só a *esperança* permaneceu presa às juntas das bordas da jarra, porque Pandora recolocara rapidamente a tampa, *por desígnio de Zeus, detentor da égide, que amontoa as nuvens*. É assim, que, silenciosamente, porque Zeus lhes negou o dom da palavra, as calamidades, dia e noite, visitam os mortais...[80].

Ao culpar a criação e o ato de Pandora pela degradação da humanidade, como forma de castigo dos deuses a Prometeu e, por extensão, aos humanos "grande praga para ti e para os homens vindouros! / Para esses em lugar do fogo eu darei o mal e / todos se alegraram no ânimo, mimando muito este mal" (*Trab.* 56-58), Hesíodo usa esse mito para falar de uma injustiça que, segundo o poeta, teria sido cometida por seu irmão Perses, na partilha da herança paterna, por meio de atitudes desleais e escusas. E aqui convém ressaltar a diferença entre as palavras "culpa" e "responsabilidade" a Pandora nesse panorama, pois percebemos, da perspectiva das representações femininas nas obras da Antiguidade, o perigo e a inclinação a atos reprováveis que essas mulheres tinham num universo de exaltação dos valores completamente masculinos. Logo, as *5 idades* consistiriam na passagem do ouro à prata e ao bronze, até chegar ao ferro, como uma gradação valorativa dos metais. É por meio dessa escala que compreendemos também um tempo não linear que, como podemos ler no poema, dicotomicamente circula entre o predomínio da *Díke*, (justiça), e da *hýbris* (violência/excesso).

Utilizando um termo que a cada dia vem ganhando mais força em nosso tempo, sobretudo em séries e filmes, parece-nos que, já no século VII a.C., Hesíodo projeta em seu poema um protocenário distópico. Ao

80. Brandão, 1986 (edição consultada de 2015, p. 177).

contrário da utopia, equivalente ao espaço imaginário ideal (ora relacionado à Idade do Ouro e à prevalência da *Díke*), na distopia, as condições humanas são escassas pela ausência de quesitos básicos de sobrevivência digna; dentre elas, a justiça. A fome, a opressão, a brutalidade, a perda de direitos cidadãos, o silenciamento e o medo são apenas alguns dos elementos constituintes dessa espacialidade configurada pelo horror. O mal e as angústias incessantes são castigos destinados pelos deuses, e Pandora se ocupa de levá-los, por descuido, à humanidade, pois "Pandora, porque todos os que têm Olímpia morada / deram-lhe um dom, o mal aos homens que comem pão" (*Trab.* 81-82). É, portanto, por meio de um tempo não linear, que as *5 idades* coadunam o bem e o mal, a justiça e a violência, bem repartidas entre os que conhecem e desrespeitam as leis divinas.

Com efeito, essa ruptura com a linearidade temporal nos auxilia a articular alguns sentidos do presente com a Idade do Ferro. Ainda que mínimos e literários, quiçá estes sentidos recomponham um fio narrativo capaz de conectar tempos de horror, como a história recente da Argentina à resistência ao silenciamento ditatorial empreendida pelo movimento das *Madres de Plaza de Mayo*, a fim de compreendermos a que ponto podem chegar os excessos de um Estado comandado pelo ódio, erguido sobre o aniquilamento da justiça, desaparecimentos forçados e apropriações indevidas de crianças. Ou seja: uma distopia com todos os seus elementos em cena, a serviço da realidade.

Teria Hesíodo imaginado esse projeto de morte em nosso país vizinho? Teriam os ditadores argentinos se baseado no Mito das 5 Idades, focando-se com empenho na implementação sistemática de uma Idade do Ferro, isto é, nessa temporalidade em que a *hýbris* domina as atitudes humanas? Se uma hipótese soa estapafúrdia, diante da total impossibilidade, a outra parece improvável. Não que talvez não houvesse, entre ditadores, militares inclinados ao saber clássico. Sobre isso, não podemos afirmar nem que sim, nem que não, uma vez que as inclinações do ser humano podem ser de todas as ordens, sejam elas belas ou bizarras. Contudo, um dado nos é permitido afirmar com certeza: o desaparecimento de 30 mil pessoas (segundo a Conadep – Comisión Nacional sobre la Desaparición de Personas, fundada em dezembro de 1983), em um curto período de sete anos ou pouco mais[81],

81. CONADEP (Comisión Nacional sobre la Desaparición de Personas). *Nunca más*. Buenos Aires: Eudeba, 1986.

não é algo que se processe por acaso. Para isso, é preciso haver um projeto bem delineado e amplamente estabelecido, que agrega o poderio político dos militares daquele momento ao clima de denuncismo instaurado com o apoio da sociedade civil. Cúmplices, patrocinadores, agenciadores do autoritarismo e partícipes em seus mecanismos de atuação, muitos civis foram fundamentais para que a tortura se tornasse um método sistemático contra aqueles e aquelas que, de maneiras muito distintas, representavam algum tipo de oposição à ditadura, sendo esta, portanto, reconhecida historicamente como uma ditadura cívico-militar.

Hoje, quando vemos a produção cinematográfica argentina pós-ditatorial, podemos com facilidade identificar um projeto de memória fortemente erguido contra o esquecimento de um tempo incompatível com o perdão. Apenas para citar três, todos indicados ao Oscar (tendo os dois primeiros obtido o prêmio da Academia norte-americana), *A história Oficial* (Luis Puenzo, 1985), *O segredo de seus olhos* (Juan José Campanella, 2009) e *Argentina 1985* (Santiago Mitre, 2022) têm como enredo referências aos fatos desse tempo imperdoável. *Grosso modo*, esses filmes tratam de crimes ditatoriais e, de maneiras diferentes, vemos um projeto capaz de buscar a justiça e não deixar que o esquecimento chegue às novas gerações. Sucessos de público e bilheteria, os três levam à tela grande a memória desses abusos aos quais nos referimos.

No primeiro, as pessoas se defrontam com o roubo de crianças filhas dos desaparecidos forçados[82] e a importante presença das Madres[83] para que a verdade pudesse vir à tona. Personagens do filme, essas mulheres da vida real levantam seus reclamos, empunhando cartazes com os retratos dos detidos-desaparecidos. Não são fotografias ficcionais: são eles. E o público, querendo ou não, é obrigado a enxergá-los.

Já, no segundo, somos apresentados a episódios de abusos físicos prévios à instauração do Processo de Reorganização Nacional (PRN, assim

---

82. Empregaremos os termos "desaparecidos forçados" e "detidos-desaparecidos" em referências às vítimas dos desaparecimentos perpetrados pelo Estado, em consonância com a nomenclatura utilizada pelas Madres e por estudiosos do movimento formado por essas mulheres.

83. A partir da conformação do movimento *Madres de Plaza de Mayo* entendemos essas mulheres como atores políticos que, na ação coletiva a partir de um *páthos* compartilhado, tornam-se intraduzíves. Isto é: não são mães apenas no sentido familiar que o termo pressupõe; são as Madres, pois será do engajamento numa luta não individualizada que elas requisitarão novos sentidos sociais para o reconhecimento político de seus corpos.

nomeado pela Junta Militar que esteve no poder de 1976 a 1983), para fins de confissão. Logo, mais uma vez, é pela narrativa cinematográfica que muitos cidadãos terão acesso às estratégias de morte que anunciavam silenciosamente, nos centros de tortura clandestinos, o terrorismo de Estado que se consolidaria como prática sistemática dois anos depois.

Por fim, nesse pequeno e breve recorte das produções aqui propostas como exemplo, temos em 2022 o lançamento do exitoso filme *Argentina 1985* que, assim como o vencedor do Oscar de 2010 (*O segredo de seus olhos*), traz em seu elenco o ator internacionalmente consagrado Ricardo Darín. Não é por acaso que, numa Argentina atual também inclinada ao desrespeito pelos procedimentos legais por parte do poder judiciário (praticante do que se convencionou chamar, desde a década de 1970, a partir dos estudos de acadêmicos norte-americanos, de *Lawfare*, cuja tradução literal é "guerra jurídica"), o julgamento dos torturadores militares (*Juicio a la junta*) seja resgatado. Concluído em 1985, a partir de provas legais, que incluíam o testemunho das vítimas, colhidas pelos promotores Julio Strassera e Luiz Moreno Ocampo, esse julgamento possibilitou a condenação de muitos oficiais responsáveis pelos crimes de tortura e desaparecimento, dentre esses militares, os ditadores Jorge Rafael Videla e Emilio Massera, condenados à prisão perpétua por crimes contra a humanidade.

Como vemos no filme *A história oficial*, as Madres retornam para testemunhar com seus corpos as violências atrozes perpetradas pelo Estado de exceção[84]. Em dois momentos de *Argentina 1985*, o público vê e ouve – caso não tenha tido acesso prévio – a voz de Estela de Carloto, dirigente do movimento *Abuelas de Plaza de Mayo*, dedicado à busca de crianças apropriadas durante a ditadura, ou seja, os filhos dos desaparecidos forçados, em rede nacional em 1985, bem como o episódio em que as Madres, durante a leitura da sentença final dos torturadores, vestem o lenço branco, signo indissociável deste ator político e sobre o qual falaremos mais adiante. Ao mesmo tempo, o fato incorporado à narrativa ficcional atravessa a dramaturgia e recria um dos processos mais contundentes na

84. Sobre a noção de "Estado de Exceção" temos como referência a proposta do filósofo Giogio Agamben, em livro homônimo, ao mencionar uma das transformações que forma parte dos procedimentos necessários à dita nomenclatura; isto é, uma "medida 'ilegal', mas perfeitamente 'jurídica e constitucional', que se concretiza na criação de novas normas (ou de uma nova norma jurídica)" (Agamben, 2011, p. 44).

conformação política das Madres, impedidas de portarem seu símbolo de luta nas audiências anteriores.

Embora não tenha ganhado o Oscar de 2023, na categoria de Melhor Filme Estrangeiro, perdendo para a produção alemã *Nada de novo no Front* (Edward Berger, 2022), cujo enredo se baseia nos horrores da Primeira Guerra Mundial, vemos que, de maneiras distintas (sobretudo no que concerne à época de ambos os eventos), a Academia norte-americana parece ter reconhecido a importância de narrativas cinematográficas dedicadas à memória das múltiplas formas de violência que marcaram o século XX.

No que concerne às Madres, ainda que tenhamos, desde o início deste estudo, indicado a importância desse movimento formado pelas mães dos desaparecidos forçados, um aprofundamento maior na conformação desses atores políticos se faz necessária, para que possamos traçar as relações entre *Díke* e *hýbris*, segundo a descrição hesiódica do Mito das 5 Idades, por meio da alegoria do gavião e do rouxinol; as aves de rapina e as aves anunciando um tempo de esperança.

2 "*As* rouxinóis" e "os gaviões"

Os desaparecimentos forçados na Argentina datam de antes de 1976, ano em que se inicia o período ditatorial. No entanto, será em 30 de abril de 1977 que, pela primeira vez, quatorze mães se encontrarão na Plaza de Mayo[85] – principal praça portenha, onde está situada a Casa Rosada; isto é, a sede do governo nacional – para obterem entre si informações possíveis sobre seus filhos. Sistemático e muito bem arquitetado, o desaparecimento forçado era posto em prática de amplas formas, que podiam ir desde a detenção sumária por quaisquer denúncias, vindas de quem quer que fosse, em sua maioria sem provas, aos horrendos "apagões" que consistiam no *blackout* da rede elétrica de determinadas áreas onde moravam essas vítimas. Casas invadidas por policiais e militares, e simulações de assaltos também serviram de estratégia para a "desaparición" de pessoas.

Com relação à terminologia histórica utilizada para esse crime, cabe aclarar que a palavra utilizada pelas Madres é "desaparición" e não "desaparecimiento", aqui apenas tratando de ambos dentro de uma perspectiva

85. O sintagma Plaza de Mayo permanecerá na grafia da língua de partida, a fim de conservarmos sua espacialidade dentro da importância que encontramos para a identidade coletiva das Madres.

lexical da língua espanhola, que também tem dicionarizada a palavra "desaparecimiento". Consideramos que o emprego do termo conserva o que foi feito: o ato de desaparecer, pois traz à luz uma atrocidade praticada por terceiros, e não um ato voluntário de quem, por razões diversas, desaparece sem ter sido vítima de um crime. Assim como "desaparición", o ato consciente e proposital de empregar o sintagma "desaparecidos forçados" em nosso estudo confirma o lugar da vítima e reforça a ideia da implantação de um Estado terrorista, também como uma estratégia semântica que, historicamente, denuncia os métodos intimidatórios e atrozes postos em ação por um governo ilegítimo.

Inicialmente, as primeiras reuniões das Madres no espaço público eram feitas em silêncio. A marcha surge em decorrência da ordem de um policial que lhes diz: "circulem". Elas, então, desobedecem – ao obedecer – e corporificam o dever de memória. Os lenços brancos, mencionados anteriormente na abordagem do filme *Argentina 1985*, nascem da contingência, da necessidade de reconhecimento entre si mesmas. Eles identificam não apenas a mãe do sujeito detido-desaparecido, mas aquela que agora forma parte de uma coletividade dolorosamente maculada pela *hýbris* do governo militar de turno. O lenço, bordado com o nome e a data de desaparecimento dos filhos, além de compor o figurino político, delata o escândalo ditatorial, a despeito do silêncio obrigatório. Obviamente, por serem objetos, eles não falam, porém passam a significar com contundência o grito por justiça e verdade, ecoado mundialmente. Com eles, há mais de quatro décadas, as Madres caminham contra o tempo. Às quintas-feiras, às 15:30h, a Plaza de Mayo se prepara para a marcha circular dos "pañuelos blancos" (lenços brancos), percurso realizado ao contrário dos ponteiros do relógio; sentido anti-horário que, simbolicamente, resgata o passado e impede o esquecimento.

No livro *Madres de Plaza de Mayo: à memória do sangue, o legado ao revés* (Gárbero, 2020), discutimos como essa tomada de posição das Madres poderia ser comparada ao Mito de Antígona em seu primeiro momento; isto é, quando uma parte do movimento decidira recuperar os restos mortais de seus entes queridos, contrapondo-se à outra que recusava as exumações. Essa divergência, inclusive, será um dos motivos da separação entre elas em 1986, conformando os movimentos Línea Fundadora e Asociación Madres de Plaza de Mayo. Às quintas-feiras, o encontro entre ambas se dá com distância, no entanto, a autoidentificação de Madre é a espinha dorsal da posição de enfrentamento de todas elas, anteriormente desacreditadas e chamadas de loucas, como nos diz Jean Franco, no excerto a seguir:

> Criaram um espaço de Antígona onde os direitos (e os ritos) do parentesco adquiriam prioridade sobre o discurso do Estado. Porque, ainda que os militares torturassem e massacrassem secretamente mulheres, crianças e homens militantes, em sua retórica pública se apresentavam como os promotores da família da nação e ridicularizavam as mães que protestavam, chamando-as de "loucas", dizendo que não pertenciam a essa família: um grupo de idosas delirantes que reclamava seus filhos em nome da maternidade, dificilmente podia representar uma ameaça (Franco, 2005, p. 128).

Um dos argumentos de Hesíodo para a degradação dos valores na Idade do Ferro é o desconhecimento das leis divinas, o que levaria ao desrespeito e à prevalência da *hýbris*. *Mutatis mutandis*, o descrédito, as prisões e as muitas tentativas de silenciar essas mulheres, desaparecendo com três Madres em 1977[86], ameaçando-as constantemente, incluindo invasões à sede do movimento para roubarem documentos e a suas residências para coagi-las, mostram como esse período fora pautado pela desmedida. No entanto, como bem nos recorda Junito Brandão, essa idade hesiódica não é tão simples ao ponto de ser reduzida apenas a uma noção de mal absoluto. Segundo o professor, a oposição é a marca do Ferro que:

> Está vinculado a um mundo ambíguo, definido pela coexistência dos contrários: o bem se contrapõe ao mal; o homem opõe-se à mulher; o nascimento à morte; a abundância à penúria; a felicidade à desgraça. *Díke* e *Hýbris*, Justiça e Violência, uma ao lado da outra, oferecem ao homem duas oposições igualmente possíveis entre as quais compete a ele escolher. A esse mundo tão contrário, o poeta acena com a perspectiva aterradora de uma vida humana em que triunfará a *Hýbris*, restando ao homem tão somente a anarquia, a desordem e a infelicidade. Da Idade do Ouro, em que reinou a *Díke*, chegou-se, com degeneração da humanidade, à Idade do Ferro em que triunfou por fim a *Hýbris* (Brandão, 2015, p. 181).

86. Azucena Villaflor de Vincenti, Mary Ponce e Esther Ballestrino, sequestradas e desaparecidas em dezembro de 1977.

Pensar na oposição das Madres, como signo de dignidade, aos militares, como representantes do horror, tendo em vista que todos partilhavam do mesmo tempo histórico, é entender que, à população, cabia uma escolha. Enquanto muitos participavam, direta ou indiretamente, dessas violências, outros resistiam como era possível. Ambivalentes e complementares, bem e mal coexistiam e, assim, podemos dizer que a desmedida daqueles levou essas mulheres à luta. Essa dicotomia, então, se torna causa e consequência num país onde a vida e a justiça são sequestradas pelo desejo de morte como procedimento legal do Estado terrorista.

Outra alegoria de *Os trabalhos e os dias* que nos interessa para tratar dessa oposição entre as Madres e os militares é a do Gavião e o Rouxinol, que vemos na sequência do Mito das 5 Idades, como desdobramentos das atitudes de Perses, neste caso, o "gavião". Hesíodo assim canta a seguinte história:

> Agora uma fábula falo aos reis mesmo que isso saibam,
> assim disse o gavião ao rouxinol de colorido colo,
> no muito alto das nuvens levando-o cravado nas garras;
> ele miserável varado todo por recurvas garras
> gemia enquanto outro prepotente ia lhe dizendo:
> "Desafortunado, o que gritas? Tem a ti um bem mais forte;
> tu irás por onde eu te levar, mesmo sendo bom cantor;
> alimentos, se quiser, de ti farei ou até te soltarei.
> Insensato quem com mais fortes queira medir-se,
> de Vitória é privado e sofre, além de penas, vexame" (trab. 201-211).

Nos pares analógicos, Madres como rouxinol e ditadores como o gavião, observamos que o silêncio, decorrente da impossibilidade do canto, será subvertido por elas. É pela via da necessidade de resistência que, embora mais fortes naquele momento, os militares se apequenam moralmente diante delas. Se, no primeiro momento do movimento, as Madres não falavam nada ao marcharem, o silêncio forçosamente é quebrado pela presença do lenço, das fotos que carregavam de seus filhos e de seus corpos cansados, porém, sustentados e firmes pela luta coletiva.

Com o passar dos anos, as frases "Nuestros hijos nos parieron" e "Ahora resulta indispensable: aparición con vida y castigo a los culpables"[87], entoa-

87. Tradução: "Nossos filhos nos pariram" e "Agora é indispensável: aparecimento com vida e castigo aos culpados" (Gárbero, 2020, p. 176).

das nas tardes de quinta-feira, por elas e por muitas pessoas que se juntam para cantar a memória, traduzem também duas impossibilidades. Primeiramente, só é possível compreendê-las por meio de sentidos construídos a partir da ideia de uma luta herdada, trágica e implacável, a qual subverte também o nascimento de ambos; mãe e filho. Em segundo lugar, ao requisitarem – até hoje – a "aparición" com vida, ou seja, seus filhos vivos, elas cobram por justiça, pois a noção de "sequestro" em lugar de "assassinato" garante legalmente que o crime não seja prescrito, apesar de a maioria delas terem conhecimento, com os documentos trazidos à luz no período democrático, do que fora realizado com seus entes queridos. A condenação dos culpados, consequentemente, se transforma num dever assumido pelo Estado com as famílias vitimadas por ele mesmo em outro momento. Além disso, caberá às Madres a preservação da honra desses desaparecidos políticos, pois as estratégias de deslegitimação direcionadas a esses sujeitos não cessarão, permanecendo, infelizmente, em muitas pessoas que ainda veem nesses militares as defesas de sua própria degradação humana e de seu desejo de aniquilamento do Outro.

Ainda com relação à frase "Nuestros hijos nos parieron", convém discutirmos um pouco mais detidamente sobre sua importância para a conformação do movimento das Madres. Na proposição de um parto ao revés, é o filho que gerará a mãe politicamente engajada na continuidade de seus ideais interrompidos pelos desaparecimentos forçados. Além disso, a frase sinalizará, exatamente por sua impossibilidade genealógica, o nascimento de uma outra mulher como sujeito coletivo. A maioria dessas mães era dona de casa, com conhecimentos políticos diferentes de seus filhos, aos quais, em muitos casos, se opunham por medo. Porém, a passagem da mãe à Madre faz com que sejam recriados os ideais de luta, bem como a biografia daqueles que, vitimados pela *hýbris* dos operativos do Estado, não puderam sobreviver para contá-la.

Uma nova história imaginada se torna necessária, tanto para fazê-los ainda mais presentes como para reforçar a injustiça com aqueles que, para elas, entregaram a vida para defender um país socialmente desigual. Logo, a personagem do herói responderá à composição mais adequada para essa biografia recriada a partir de uma ausência física completa, pois a impossibilidade do sepultamento suspenderá a despedida e a materialidade do corpo. O sujeito diante disso se transforma num imortal, como os heróis míticos que povoam nossas ilusões; como só aqueles que se entregam a uma causa, a uma revolução, como observamos no poema a seguir, por meio da passagem do legado do filho à Madre, e de ambos ao povo:

El miedo

Si tenés miedo, luchá.
Si tenés miedo, gritá.
Si tenés miedo, denunciá.
Si tenés miedo, marchá con las Madres.
Si tenés miedo, señalá a los culpables.
Si tenés miedo, ayudá a los compañeros.
Si luchás, si gritás, si denunciás, si marchás,
Si senãlás, si ayudás, jamás te dominarán.
Así vencerás al miedo, así vencerás a la explotación
Así harás la revolución[88].

A palavra "revolução", neste contexto, confirma o dever dessa herança ao revés e nos incita a pensar num movimento circular em que ambos, mãe e filho, se encontram a partir de um mesmo ponto, onde os nascimentos significam a luta pela memória e a trajetória do ator político Madre. Com efeito, ao se mencionarem nessa escrita em letra maiúscula, elas se distinguem de outras "madres", como o plural de uma palavra que, com o tempo, teve de ser ressignificada. Diferente de outras mulheres capazes de parir, elas revolucionam o sentido da criação ao se colocarem como as Madres geradas por esses homens e mulheres heroicos, responsáveis por individualizá-las ao uni-las às suas companheiras (termo que também aparece no poema e reforça o vínculo construído pelo *páthos* compartilhado).

Nessa projeção heroica do filho detido-desaparecido, cujo corpo insepulto o transfere para uma espacialidade intangível, a aproximação com o que Hesíodo nos diz sobre a Idade dos Heróis (alegoria que, astuciosamente, propõe um hiato entre as Idades do Bronze e do Ferro) serve de paralelo

88. Tradução: O medo. "Se você tiver medo, luta / se tiver medo, grita / se tiver medo, denuncia / se tiver medo, marcha com as Madres / se tem medo, aponta os culpados / se tem medo, ajuda os companheiros / Se você lutar, se gritar, se denunciar, se marchar, se apontar, se ajudar, jamais será dominado. / Assim, vencerá o medo, assim vencerá a exploração, / assim fará a revolução". Este poema faz parte do livro *La convicción de las Madres: la cobardía del enemigo* (Ed. Madres de Plaza de Mayo, 2011) e, embora a autoria dos relatos que o compõe seja de Hebe de Bonafini, acreditamos que este texto faça parte de alguma oficina de escritura, realizada por elas durante os anos de 1990. Nestes momentos, muitos poemas coletivos foram escritos, o que nos faz acreditar que "O medo" possa ser um exemplo disso, pois não há a referência ao ano em que o poema possa ter sido escrito, nem em qual livro de poemas por elas produzidos possamos encontrá-lo.

à recriação biográfica à qual nos referimos anteriormente. Ao alçá-los a uma condição divina, inclusive pela própria noção de uma geração inviável biologicamente, eles se assemelham aos semideuses da *Díke*, os Heróis. A terra que não pode abrigá-los se transforma num lugar indigno ao corpo imortal, livre da finitude, logo, uma terra incapaz de comportar uma "ideia".

Para esses corpos, portanto, a Ilha dos Bem-aventurados se localizará no ventre político dessas mulheres, que seguirão engendrando vidas e se dirão paridas por seus filhos. Um parto infinito, cíclico, onde ambos nascem e renascem, gerando um ao outro sem cessar. Com relação ao destino desses heróis da Justiça, como assim serão compreendidos por elas, Junito Brandão nos diz o seguinte:

> A quarta Idade é a dos heróis, criados por Zeus, uma "raça mais justa e mais brava, raça divina dos heróis, que se denominam semideuses (*Trab.* 158-160). Lendo-se com atenção o que diz Hesíodo acerca dos heróis, nota-se logo que os mesmos formam dois escalões: os que, como os homens da Idade do Bronze, se deixaram embriagar pela *Hýbris*, pela violência e pelo desprezo pelos deuses e os que, como guerreiros justos, reconhecendo seus limites, aceitaram submeter-se à ordem superior da *Díke*. [...] o segundo, os heróis da *Díke*, recebem como prêmio, já se frisou, a Ilha dos Bem-aventurados, onde viverão para sempre como deuses imortais (Brandão, 2015, p. 185).

Quiçá, muitos cidadãos da atualidade discordem dessa imagem divina criada pelas Madres, por conta dos posicionamentos políticos que elas assumiram ao longo dos anos, sobretudo por Hebe de Bonafini, líder da *Asociación Madres de Plaza de Mayo*, falecida em 20 de novembro de 2022. Em muitas ocasiões, não era raro ver Hebe envolvida em declarações polêmicas e mesmo questionáveis, como seus apoios a ETA ("Euskadi Ta Askatasuna", grupo independentista do País Basco), às Farc (Forças Armadas Revolucionárias da Colômbia) e ao ditador venezuelano Nicolás Maduro. Além disso, em agosto de 2016, com o escândalo de desvio de dinheiro das casas populares geridas pela *Asociación*, Hebe quase foi para a prisão, o que não a isentou de ter que prestar depoimentos e ver, em rede nacional, sua imagem de dignidade ruir consideravelmente.

Entretanto, acreditamos que tais posicionamentos provenham também dessa imaginação de um filho que, ao se transformar em uma ideia, permanece biograficamente conectado à luta. A questão agora é: a qual luta nos referimos? Ou melhor: a que luta elas se referem? À defesa projetada na *Díke* ou à inevitável *hýbris* que, ademais de marcar o nosso tempo, vemos na ferida exposta desses corpos dilacerados pelo terrorismo de Estado? Embora elas afirmem em suas bandeiras "El amor pudo más que el odio"[89], acreditamos também na importância de certa desmedida para enfrentar e lutar para que a memória de um tempo permaneça viva; como seus filhos, afinal, para que o horror não se repita, é preciso sempre resgatar a esperança e gritar bem alto "ni olvido, ni perdón"[90].

Referências

AGAMBEN, G. *Estado de exceção.* Trad. de I.D. Poleti. 2. ed. São Paulo: Boitempo, 2011.

ASOCIACIÓN MADRES DE PLAZA DE MAYO. *Historia de las Madres de Plaza de Mayo.* Buenos Aires: Asociación Madres de Plaza de Mayo, 1996.

ASOCIACIÓN MADRES DE PLAZA DE MAYO. *Imágenes de la vida: 30 años de lucha por la vida venciendo a la muerte.* Buenos Aires: Asociación Madres de Plaza de Mayo, 2006.

ASOCIACIÓN MADRES DE PLAZA DE MAYO. *La convicción de las Madres: la cobardía del enemigo.* Buenos Aires: Asociación Madres de Plaza de Mayo, 2011.

BRANDÃO, J.S. *Mitologia Grega.* Vol. I. 26. ed. Petrópolis: Vozes, 2015.

CONADEP (Comisión Nacional sobre la Desaparición de Personas). *Nunca más.* Buenos Aires: Eudeba, 1986.

FRANCO, J. *Marcar diferenças, cruzar fronteiras.* Trad. de A.G. Diniz. Florianópolis/Belo Horizonte: Mulheres/PUC Minas, 2005.

GÁRBERO, M.F. *Madres de Plaza de Mayo: à memória do sangue, o legado ao revés.* Saarbrücken: NEA, 2020.

89. Tradução: O amor pode mais que o ódio. Atualmente, essa é a frase que elas carregam na bandeira das marchas de quinta-feira.

90. Tradução: Nem esquecimento, nem perdão. Todas as frases e informações referentes à atuação das Madres decorrem de mais de 18 anos de pesquisas e trabalhos docentes desempenhados por nós junto ao movimento.

GORINI, U. *La rebelión de las Madres – Historia de las Madres de Plaza de Mayo*. Tomo I (1976-1983). Buenos Aires: Norma, 2006.

GORINI, U. *La otra lucha – Historia de las Madres de Plaza de Mayo*. Tomo II (1983-1986). Buenos Aires: Norma, 2008.

HESÍODO. *Os trabalhos e os dias*. Trad. de M.C.N. Lafer. 3. ed. São Paulo: Iluminuras, 1996.

MADRES DE PLAZA DE MAYO: LÍNEA FUNDADORA. *Memoria, verdad y justicia a los 30 años X los treinta mil – Vol. I: Voces de la memoria*. Buenos Aires: Baobab, 2006.

SIGAL, S. *La Plaza de Mayo: una crónica*. Buenos Aires: Siglo XXI, 2006.

SÓFOCLES. *Antígona*. Trad. de D. Schüller. Porto Alegre: L&PM, 1999.

9
"O furor de Hércules": uma leitura possível

Miriam Sutter
Professora Adjunta da Pontifícia Universidade Católica (PUC-RJ)

Aue Magister Iunite!
In memoriam aeternam!

As *Tragoediae* de Sêneca já foram consideradas menores em relação às obras dos tragediógrafos helênicos. A escola filológica alemã do século XIX, por exemplo, considerava as tragédias de Sêneca mais como exercícios de retórica do que dramas propriamente ditos. Aliás, o desapreço ao legado latino e a valorização da cultura helênica deve-se a esta escola.

Já no século XX, movimentos artísticos de vanguarda, tais como o cubismo (1907); o dadaísmo (início em 1916), o surrealismo (década de 1920), apresentam propostas que têm em comum, sobretudo, perspectivas radicalmente antiacadêmicas. Em relação à tragédia Hercules furens, há de se mencionar a obra de Antonin Artaud, Le théâtre et son double, de 1938, em que expõe uma leitura radical e genuinamente nova desta tragédia romana, nos seus textos O teatro da crueldade e O teatro e a peste.

Na década de 1990, a latinista e helenista francesa, autora de uma vasta obra, Florence Dupont, em seu livro *L'Acteur-Roi ou le thèâtre dans la Rome antique*, apresenta uma leitura do teatro romano sob uma perspectiva, sobretudo, político-histórica. Neste sentido, e mais precisamente em relação ao período Imperial e às Tragoediae de Sêneca, associa o teatro à concepção político-religiosa do Império que, desde Augusto – e agora as palavras e as afirmações são de minha responsabilidade – inviabilizava não só a democracia e, *ipso facto* qualquer debate ou problematização pertinente à categoria dramática da *hýbris* (a ultrapassagem do métron, a "medida" do homem ou do humano), pois que a *hýbris*, por assim dizer, já era a realidade política do Império, como atesta o título Augustus ("sagrado"; "consagrado pelos Áugures") atribuído a Octávio (Júlio César Octaviano), o primeiro *princeps* e *imperator* romano[91].

Em outras palavras, se a um ser humano (*ánthropos*) é atribuída a auctoritas[92] por instituições religiosas e governamentais (senado), não há possibilidade da tragédia romana da época de Sêneca problematizar a categoria *hýbris* em termos político-sociais e, por extensão, dramáticos.

A tragédia grega é uma invenção do século V a.C., século em que a mitologia, apesar de ainda ser o fundamento da religião grega, já sofrera um processo de lenta, mas inelutável dessacralização desde os filósofos pré-socráticos à sofística e, com esta última, a afirmação do "homem-medida" de Protágoras de Abdera (aprox. 490-415 a.C.): O homem é a medida de todas as coisas; das que são enquanto são e das que não são enquanto não são. A tragédia grega vai problematizar justamente este axioma sofista – a de ser o homem (*ánthropos*) a medida da realidade –, tendo como base a própria mitologia e, mais precisamente, os mitos dos heróis, como explicitado no seguinte esquema.

O homem (*ánthropos*), simples mortal, em êxtase e entusiasmo (dionisiácos), comungando com a imortalidade, torna-se *anér*; isto é, um herói, um varão que ultrapassou métron, a medida de cada um. Tendo ultrapassado o métron, o *anér* é, *ipso facto*, um *hypocrités*; quer dizer, aquele que responde em êxtase e entusiasmo – isto é, o ATOR. Esta ultrapassagem do *métron* pelo *hypocrités* é uma *démesure*, uma *hýbris*; isto é, uma violência feita a si próprio e aos deuses imortais, o que provoca a *némesis*, o ciúme divino: o *anér*, o ator, o herói, torna-se êmulo dos deuses. A punição é imediata: contra o herói é lançada a áte, a cegueira da razão: tudo o que o hypocrités fizer, realizá-lo-á contra si mesmo (Édipo, p. ex.). Mais um passo e se fecharão sobre ele as garras da Moira, o destino cego[93].

---

91. Não entramos aqui em questões da teoria política contemporânea pertinente aos termos "principado" e "monarquia aboluta".

92. Cf. PEREIRA, M.R. *Estudos de história da cultura clássica*. Vol. II, p. 353.

93. BRANDÃO, J.S. *Teatro grego: tragédia e comédia*, p. 10.

Se na Grécia do século V a.C., a mitologia ainda era um referente vivo, pois o Estado grego organizava as festividades religiosas em homenagem aos seus deuses; e o teatro era uma cerimônia em homenagem ao deus Dioniso, cujo templo passou a ser o edifício (*théatron*) em que se realizava este culto, em Roma a situação era bem diferente. Senão vejamos.

A religião romana, desde seus primórdios, tinha por "templo" principal a própria natureza, e prova disto são os colégios sacerdotais dos áuspices e dos áugures. Os áuspices [< *auis; spicĕre*] delimitavam ritualisticamente um espaço no céu, o *templum* e, consoante um código sagrado (em que importavam o número de aves, a direção do voo etc.), interpretavam a vontade divina e proferiam os auspícios (cf. acima a consagração de Augusto). Já os arúspices [< *arus; spicĕre*] examinavam as entranhas (*arus*) dos animais sacrificados, observando-lhes o tamanho, a cor etc. dos órgãos internos (fígado, coração, rins etc).

Mesmo Júpiter, que é o deus a apresentar mais analogias com o grego Zeus, não é idêntico ao deus helênico. Suas similaridades devem-se à origem comum indo-europeia, o que permitiu o sincretismo entre ambas as divindades. Dyaus Páter, etimologicamente, define Júpiter como o deus da luz do dia e do céu, assim como Diana (< *dius*; "do céu") é a deusa da luz celeste noturna, ou a Lua, tanto que Cícero afirma que os romanos julgam que Diana é o mesmo que a Lua (*Natura deorum*, 2, 68). A deusa itálica Juno, "esposa" de Júpiter, assimilada mais tarde à Hera grega, era a deusa romana das mulheres e presidia aos casamentos (Iuno Pronuba) e aos partos (Lucina). Mas, etimologicamente, não há evidências de que o étimo latino *Iuno, -onis* derive do mesmo radical primário do qual deriva *Iuppiter, Iouis*, tanto que em etrusco seu nome é Uni.

O que buscamos assinalar é que na época imperial de Sêneca, a dita "mitologia" romana, após inúmeros sincretismos, não era mais um referente vivo para os romanos, pois que – assim como os gregos da época de Aristóteles, século IV a.C. – já tinham a filosofia como principal "bússola" individual. A natureza há muito perdera seu caráter "sagrado" e, com ela, a mitologia. Comprovam-no a obra do grego Evêmero (século IV a.C.) e sua teoria hermenêutica da interpretação dos mitos, segundo a qual os deuses gregos eram, na verdade, homens divinizados, devido ao medo ou admiração que inspiravam, bem como a obra *Fabulae* (Fábulas) do escritor romano Higino (64 a.C.-17 d.C.), uma espécie de catálogo ou manual de mitologia. Como, então, após aproximadamente cinco séculos de História, traduzir [*trans-ducĕre*] ou recuperar o sentido mítico do herói trágico grego, Héracles, em relação ao Hércules romano?

Sêneca recupera este sentido religioso-mítico já no título da tragédia, por meio particípio presente do verbo *furo, -ĕre*, verbo que possui os seguintes sentidos: "estar louco" (com ideia acessória de agitação violenta, "estar fora de si", "estar furioso"). Diz-se de homens e, por extensão, de coisas, tais como ventos, mar, tempestade. Cícero distingue *furor, -oris* de *insania, -ae* (gr.: mania). O furor é um acesso que pode acometer até um sábio, enquanto a *insania, -ae* não o pode"[94].

Outra indicação de que a categoria furor possuía uma conotação mítica é o substantivo próprio feminino, empregado geralmente no plural, *furiae, -arum*, as Fúrias, associadas às Erínias gregas (Aleto, Tisífone e Megera), como atestam os seguintes versos:

> Incipite, famulae Ditis, ardentem citae (100)
> concutite pinum et agmen horrendum anguibus
> Megaera ducat atque luctifica manu
> Uastam rogo flagrante corripiat trabem.
>
> Começai, ó escravas de Dite,
> a brandir o pinho ardente; que Megera conduza o horrendo
> bando coroado de serpentes
> e com mão funesta
> rogo, arranque das chamas um devastador tição.

Corrobora a intencionalidade e a importância do título da tragédia romana o fato de ter o substantivo "furor" significado distinto de "insanidade mental" (*insania*), no vocabulário jurídico romano: Estão sujeitos à curatela os furiosos e os pródigos, ainda que sejam maiores, estão, contudo, sob curatela dos agnados, em virtude das leis das XII tábuas. *Inst.*, liv. 1, tit. 23, § 3[95].

Esta lei, muito provavelmente, ecoa uma tradição 'mítica' registrada na obra de Tito Lívio[96]. Segundo a tradição histórico-lendária romana, durante

---

94. ERNOUT; MEILLET. *Dictinnaire Étymologique de la Langue Latine*. Paris: Klinchsieck, 1985.

95. Cf. http://www.stf.jus.br/bibliotecadigital/OR/54803/pdf/54803.pdf

96. *Ab urbe condita*, 1,24-25.

o reinado de Túlio Hostílio, terceiro rei de Roma, ocorreu a luta entre Roma e Alba Longa, que acabou sendo resolvida por um combate singular entre os três irmãos Horácios, representantes de Roma, e os três irmãos Curiácios, de Alba Longa. Dois dos Horácios logo foram mortos, e o terceiro simulou fugir, a fim de separar os inimigos, mas voltando sobre seus passos matou os Curiácios um a um. Após a vitória, contudo, ainda tomado do ímpeto ou furor guerreiro, ao ver sua irmã chorando seu amado morto (um dos Curiácios), o campeão romano matou sua própria irmã. Condenado à morte, apelou para o povo que lhe concedeu a vida, devendo, apenas, passar sob o jugo (*iugum, -i* s.n.). Dataria deste episódio mítico-histórico, narrado por Lívio, a tradição de fazer passar o inimigo vencido sob o jugo: "duas lanças verticais e uma horizontal ou várias coisas semelhantes ou análogas a um jugo"[97]. Aventa-se, outrossim, ter sido este episódio da tradição mítico-histórica romana a origem dos famosos "arcos de triunfo" romanos (Dupond).

Retomemos a tragédia em questão. Já em seu título, Sêneca torna Hércules um referente "mítico" possível para os leitores e/ou espectadores latinos de seu tempo. Emprega o substantivo furor 7 vezes e as formas nominais 06 vezes, incluído o título, o que perfaz um total de 13 empregos desta categoria, em um texto de 1.344 versos, e cremos ter evidenciado o sentido mítico-religioso do Hércules latino recuperado por Sêneca em nossa explanação acima. Falta-nos abordar, o sentido filosófico que subjaz à tragédia.

Roma "herda" a filosofia helênica e a helenística em seu conjunto: platonismo, epicurismo, estoicismo, cinismo, ceticismo, neoplatonismo, ecletismo só para mencionar as mais relevantes. Na Roma republicana duas grandes escolas, o epicurismo e o estoicismo, tiveram grande adesão e notoriedade, e o comprovam as obras de Cícero e, em relação ao estoicismo, suas *Tusculanae Disputationes* e seu *De oficiis*.

Na época Imperial, Sêneca é o maior filósofo do estoicismo. De sua vasta obra, optamos pelo seu Diálogo De ira como contraponto filosófico ao Sêneca tragediógrafo e, mais precisamente, a seu "texto" trágico Heracles furens. Para tanto, achamos oportuno apresentar, esquematicamente, um resumo da teoria estoica.

---

97. Cf. *Oxford Latin Dicctionary*.

O estoicismo (gr. *stoa*: pórtico) tem como fundador o filósofo Zenão de Cítio (333 a.C.-263 a.C.), fundador da escola estoica em Atenas. Instituiu um sistema filosófico tripartido, a saber: lógica, física e ética.

Resumo esquemático[98]

Física: o Universo é um animal vivente (*zóon émpsychon*), totalmente racional, composto de (a) uma Alma ou Logos divino (Fogo, ar quente ou pneuma), elemento ativo, e contém em si as razões seminais (*lógoi spematikoi*) ou as formas de todas as coisas e de (b) um Corpo (água e terra), elemento passivo. A alma ou Lógos divino é o deus estoico, pois a alma e o corpo do mundo derivam de uma única substância originária que é o Fogo, ao qual retornam quando o ciclo do mundo se cumpre e ocorre uma conflagração universal em que todos os seres são destruídos e tudo retorna à fonte divina (teoria do "eterno retorno"). O Universo nasce da ordem natural do mundo, subordinada ao Fatum, à Necessitas. Donde resulta estar a liberdade do homem comprometida.

Ética: a vontade humana deve respeitar a ordem divina e conformar-se a ela. Viver consoante à natureza é viver consoante à razão, o que equivale à ausência de paixão (*apatéia*). O sábio a sente, mas não a consente. A diferença entre o bem e o mal: o Bem é a virtude (*uirtus -tis*); o mal é o vício (*uitium -i*). Com o uso da razão o homem torna-se senhor de si. Quando as circunstâncias o impedem de viver conforme o ideal da Virtude, ele tem como opção o suicídio. Há duas categorias de homens: os sábios e os loucos. Os loucos são escravos de suas paixões. A sensação, mediada pela razão, é o critério da verdade, donde resulta o homem não ter liberdade, já que a razão está subordinada à ordem natural do mundo, que é o Fatum.

Da concepção física do Universo vai depender a teoria do conhecimento do estoicismo. Para os estoicos, por negarem um dualismo metafísico – isto é, por negarem uma realidade incorpórea e transcendente –, a filosofia terá uma finalidade prática, qual seja, a obtenção da felicidade, mas esta entendida como a "ciência das coisas humanas e divinas", conhecimento que não pode ser alcançado sem o exercício da virtude (*uirtus, -utis*: aquilo que é próprio do *uir, -i*, do homem enquanto pessoa, distinto, portanto,

---

98. Cf. SICACCA, M.F. *História da filosofia*. Vol. I. São Paulo: Mestre Jou.

do *homo, -inis* (*humus*: barro), ou o homem enquanto espécie humana). Os estoicos consideravam a alma humana uma tábula rasa, sobre a qual as sensações imprimem as imagens ou signos. A alma recebe passivamente estas impressões produzidas pelas imagens das coisas que, fixadas pela e na memória, tornam-se as noções gerais (conceitos comuns) ou, por meio do raciocínio, conceitos verdadeiros e próprios. São sobre estes últimos é que se funda a ciência como sistema de conceitos e raciocínios; mas somente os conceitos individuais são verdadeiros e próprios: é o uso universal que se fará de certas palavras que garantirá a universalidade dos próprios conceitos. O sujeito não é livre de receber uma certa representação, mas é livre de dar ou não dar a ela seu assentimento. Antes de dá-lo, é preciso evitar possíveis causas de erro; logo, assentir é julgar, e o juízo se define, portanto, como assentimento ou suspensão provisória (ou não) do assentimento.

Exposto de maneira resumida e talvez confusamente o sistema filosófico estoico, passemos à leitura da categoria *furor, -oris* sob a perspectiva filosófica no texto da tragédia em questão. Para tanto, usaremos como texto filosófico básico *De ira*, de Sêneca. Verificaremos os contextos em que o substantivo (*furor, -oris*) e suas formas participiais adjetivas são empregados na tragédia, estabelecendo sua possível relação com os conceitos filosóficos do autor em seu texto filosófico.

A CATEGORIA DO FUROR E A ESTRUTURA DA TRAGÉDIA

Estrutura da peça

Ato I

Prólogo: enunciado pela deusa Juno [versos 1-124]

• Versos 95-98: "[...] educam et imo Ditis e regno extraham / Quicquid relictum est: veniet inuisum Scelus / suumque lambens sanguinem Impietas ferox / Errorque et in se semper armatur Furor" [Farei sair, intimarei a sair das profundezas do reino de Dite tudo que lá restou: virá o invisível Crime e (virá) a sempre banhada em seu sangue, a feroz Impiedade e o Erro e o Furor, sempre armado contra si mesmo].

• Versos 105-110: "Concutite pectus, acrior mentem excoquat / quam qui caminis ignis Aetnaeis furit: / ut possit animo captus Alcides agi, magno furore percitus, nobis prius / insaniendum est. Iuno, cur non furis?” [Sacudai seu peito, que sua mente ferva com mais violência que aquela que enfurece as forjas ígneas do Etna: / mas a fim de que Alcides, capturado pelo espírito, possa ser levado a agir tomado de grande furor, antes devemos nós ensandecer. – Juno, por que não enfureces?].

• Versos 120-121: “[...] Regam furentis arma, Pugnanti Herculi / tandem fauebo” [Dominarei as armas do furioso; serei favorável, contudo, a Hércules durante sua luta].

Párodo: entrada do coro [versos 125-204]

Ato II

Episódio 1 [versos 205-591]: Anfitirão, Mégara, Lico

• Verso 429: “Lico: Morriere demens”. [Tu morrerás, insensata!”] (*furor* X *dementia*).

1º estásimo

• Versos 524-591: O coro reforça os rogos de Anfitrião e reafirma o desejo do retorno de Hércules como outrora o havia feito Orfeu.

Ato III

Anfitrião, Mégara, Hercules, Teseu [versos 592-829]

Teseu: “[...] Postquam est ad oras Taenari uentum et nitor / percussit oculos lucis ignotas nouus / resumit animos uictus et uastas furens (815) / quassat catenas; paene uictorem abstulit. [...] Tunc et meas respexit Alcides manus / geminis uterque uiribus tractum canem / ira furentem et bela temptantem inrita [820] / intulimus orbe”. [Após ter chegado às bocas do Tênaro e o novo brilho de uma luz desconhecida ter lhe ferido os olhos, recuperou o ânimo vencido e, furioso, sacudindo violentamente as cadeias de ferro, quase arrastou seu vencedor... Então Alcides recorreu também a minhas mãos e, com ambas as forças unidas, o cão, furioso em sua ira e tentando em vão lutar, foi arrastado, e o trouxemos ao mundo (terrestre)].

2º estásimo [versos 830-894]: O coro canta a vitória de Hércules sobre os *inferni, -orum*, além de outras façanhas do herói.

Ato IV

Hércules, Teseu, Anfitrião, Mégara [versos 895-1.053]

• Versos 965-969] – Hércules: "Vincla Saturno exuam / contraque patris impii regnum impotens / auum resolvam; bella Titanes parent, / me duce, furentes. [Livrarei Saturno de seus grilhões de ferro / e contra o reino de um ímpio pai, libertarei meu avô; que os Titãs se preparem: sendo eu a comandar as guerras, hão de se tornar furiosos].

• Versos 973-975 – Anfitrião: "[...] Infandos procul / auerte sensus; pectoris sani parum / magni tamen compesce dementem impetum" [Afasta para bem longe os sentimentos nefandos; refreia um pouco o coração que, embora grande, está demente].

• Verso 991 – Anfitrião: "Quo se caecus impergit furor?" [Até que ponto o cego furor o lançou contra si mesmo?]

• Verso 1.009 – Anfitrião: "Megara furenti similis e latebris fugit" [Mégara, semelhante a uma furiosa, fugiu de seu esconderijo].

• Verso 1.049 – Anfitrião: "[...] vivis an leto dedit / idem tuos qui misit ad mortem furor? [[...] vives ou deu-te a morte o mesmo furor que enviou à morte os teus?]

• Verso 1.053 – Anfitrião: "[...] remouete, famuli, tela, ne repetat furens" [[...] removei, ó escravos, as armas; que não as retome o furioso].

3º estásimo [versos 1.054-1.137]: O coro invoca os deuses e os astros, os elementos, o sonho a fim de que se compadeçam de Hércules para, em seguida, lamentar a chacina dos filhos do herói.

• Verso 1.097: "[...] solus te iam praestare potest". / Verso 1.098: "[...] furor insontem: proxima puris". / Verso 1.099: "[...] sors est manibus nescire nefas". [[...] já tão somente o furor pode garantir-te inocente: a sorte mais próxima a mãos puras é não conhecer a violação da lei divina].

• Verso 1.134: "[...] ite ad Stygios, umbrae, portus [...] ite inocuas, / quas in primo limine uitae / scelus oppressit patriusque furor". [Ide, ó sombras, aos portos Estígios [...] ide inocentes, que, no primeiro limiar da vida, o crime e o furor paterno matou].

Ato V

Hércules, Anfitirão, Teseu [versos 1.138-1.341]

• Verso 1220 – Anfitrião: "Nondum tumulto pectus attonito carens / mutauit iras, quodque habet proprium furor, in se ipse saeuit". [Seu coração, ainda não livre do tumulto frenético, mudou suas iras contra si mesmo, como é próprio do furor].

• Verso 1.244 – Hércules: "[...] si remanet furor, / pater, recede: mortis inueniam viam". [[...] se persistir o furor, ó pai, afasta-te: encontrarei o caminho da morte].

O *De ira*, de sêneca

Apresentada a estrutura da obra e, conjuntamente, as ocorrências da categoria *furor, -oris* (substantivo e formas participiais), vejamos a mesma categoria sob o ponto de vista filosófico. Como já referido, usaremos o diálogo do autor, *De ira* – escrito durante o exílio do filósofo na Córsega, e dedicado ao seu irmão Novato –, cuja data de publicação é incerta. Aventa-se que tenha sido escrito após a morte de Calígula; logo, depois de 41 d.C. ou em meados dos anos 40 d.C., após dez anos de vida pública.

Composto de três livros, este Diálogo apresenta questões teóricas e reflexões acerca dos males que a ira causa aos outros e, principalmente, ao próprio indivíduo, pois Sêneca considera a ira uma transgressão (*delictum*) moral: "[...] nam cum ira delictum animi sit, non opportet peccata corrigere peccantem. [Posto que a ira seja um delito da alma, não convém que os malfeitos sejam corrigidos por um malfeitor" [Livro I, XVI, 3][99].

Em relação ao furor, considera-o uma afecção da alma e companheiro da ira: "Nos non aduocabimus patientiam, quos tantum praemium expectat, felicis animi immota tranquilitas? Quantum est effugere maximum malum, iram, et cum illa rabiem, saeuitiam, crudelitatem, furorem, alios comites eius adfectus [Livro II, XII, 6] [Não havemos de recomendar paciência a nós, os que um tão grande prêmio, a inabalável tranquilidade de um espírito feliz, aguarda? Quão importante é evitar o maior dos males, a ira, e com ela, a raiva, a violência, o furor, e outros sentimentos companheiros deste sentimento!]

99. Nas citações em língua latina referentes ao *De ira* usamos o texto disponível no site The Latin Library: https://www.thelatinlibrary.com/sen/sen.ira2.shtml

Além desta passagem, ao explicitar a importância da contenção da ira, emprega o verbo *furio, -ire*, para designar o paroxismo da ira, estado em que o indivíduo perde por completo o autocontrole mental ou psicológico, tonando-se um incapaz segundo a lei romana: "Ceteri enim adfectus dilationem recipiunt et curari tardius possunt, huius incitata et se ipsa rapiens uiolentia non paulatim procedit sed dum incipit tota est; nec aliorum more uitiorum sollicitat animos, sed abducit et impotentes sui cupidosque uel communis mali exagitat, nec in ea tantum in quae destinauit sed in occurrentia obiter furit [Livro III, cap. I, 3] [As outras paixões, com efeito, admitem dilação e podem ser curadas paulatinamente; diferentemente é a violência – incitada contra ela mesma, arrasta a si mesma para a desgraça – não progride paulatinamente, mas quando surge é completa. E não estimula as almas ao modo dos outros vícios, mas arrasta-as impotentes de si e cúpidas, ou lhes amplifica os males comuns, e não apenas estes contra os quais [a ira] se destinava, mas se enfurece contra todos os que se apresentarem no seu caminho].

A fim de exemplificar a ação da ira em seu paroxismo, Sêneca recorre à tragédia grega de Sófocles, Ájax, de 445 a.C., usando-a como um exemplo. Livro II, XXXVI, 5-6: "Multi itaque continuauerunt irae furorem nec quam expulerant mentem umquam receperunt: Aiacem in mortem egit furor, in furorem ira. Mortem liberis, egestatem sibi, ruinam domui inprecantur, et irasci se negant non minus quam insanire furiosi. Amicissimis hostes uitandique carissimis, legum nisi qua nocent immemores, ad minima mobiles, non sermone, non officio adiri faciles, per uim omnia gerunt, gladiis et pugnare parati et incumbere. / Maximum enim illos malum cepit et omnia exsuperans uitia. Alia paulatim intrant, repentina et uniuersa uis huius est. Omnis denique alios adfectus sibi subicit: amorem ardentissimum uincit, transfoderunt itaque amata corpora et in eorum quos occiderant iacuere complexibus; auaritiam, durissimum malum minimeque flexibile, ira calcauit, adactam opes suas spargere et domui rebusque in unum conlatis inicere ignem. Quid? non ambitiosus magno aestimata proiecit insignia honoremque delatum reppulit? Nullus adfectus est in quem non ira dominetur [E assim muitos passaram da ira ao furor, e nem quando já os manifestaram, nunca recuperaram a razão: o furor levou Ájax à morte; a ira, ao furor. Imprecam a morte dos filhos, a indigência para si mesmos, a ruína de sua casa; e os irados, não menos que os furiosos, não admitem estar insanos.

Esquivando-se da multidão de amigos caríssimos; esquecidos das leis, exceto das que prejudicam; minimamente flexíveis; não aceitam facilmente um discurso, um ofício ou dever: executam tudo por meio da violência, sempre prontos a lutar com e a lançar-se sobre as espadas[100]. / Com efeito, o mal máximo deles se apoderou, exasperando todos os vícios. Outros vícios assomam paulatinamente; repentina e total é a força da ira: incapazes de se autocontrolar e, desejosos de morrer ou do mal comum, a ira os exaspera, e nem tanto contra o que se destinava, mas contra a agitação a caminho, a ira enfurece. Com efeito, a ira submete todas as demais paixões: vence o amor mais ardente: e assim sepultaram os amados corpos abraçados aos que os mataram. A avareza, o mal mais empedernido e o minimamente flexível, a ira a pisoteou, condenando-a a espalhar suas obras e a queimá-las. Por quê?! Não obrigou o ambicioso a jogar fora as insígnias que tinha e a negar a honra a ele conferida? Não existe nenhuma paixão que a ira não domine].

Apresentados estes dois fragmentos do *De ira*, podemos afirmar que, em linguagem contemporânea, o autor considera o furor um estado psicopatológico extremo que pode acometer qualquer pessoa, mas principalmente as que detêm um poder político. E exemplos não lhe faltavam, basta mencionar o de Calígula. Mas voltemos ao aspecto literário do Diálogo em questão.

A ira também caracteriza um dos tipos sociais descritos por Teofrasto em sua obra *Os caracteres: o irascível*, que Sêneca menciona no Livro I, XII, 1, 3: “Irascuntur boni uiri pro suorum iniuriis”: “Cum hoc dicis, Theophrate... [Os bons homens ficam irados pelas injustiças cometidas contra os seus”. Quando dizes isto, Teofrasto...”].

Sêneca refuta e nega esta afirmação do ateniense, pois as paixões para os estoicos são provenientes da razão humana, e não de sua condição.

Livro II, XXVIII, 1, 4: “Si uolumus aequi rerum omnium iudices esse, hoc primum nobis persuadeamus, neminem nostrum esse sine culpa; hinc enim maxima indignatio oritur: ‘nihil peccaui’ et ‘nihil feci’”. / [...] Hoc cogitantes aequiores simus delinquentibus, credamus obiurgantibus; utique bonis ne irascamur (cui enim non, si bonis quoque?), minime dis; non enim illorum <uitio>, sed lege mortalitatis patimur quidquid incommodi accidit.

100. Enunciado que retoma o referente Ájax, pois este herói, após seu acesso de fúria, lançou-se sobre sua própria espada.

'At morbi doloresque incurrunt'. Vtique aliquo defungendum est domicilium putre sortitis" [Se queremos ser juízes justos de todas as coisas, primeiro devemos nos persuadir disto: de que não existe ninguém dentre nós sem culpa; pois daí tem origem nossa máxima indignação "nada cometi de errado" e "eu nada fiz". / [...] Considerando isto, seremos mais justos com os delinquentes, teremos mais confiança em quem nos reprova (e contra quem mais, senão também contra os bons?) e minimamente com os deuses. As adversidades que sofremos não decorrem daqueles vícios, mas em consequência da lei relativa à nossa condição humana. "Mas somos acometidos de doenças e de dores!" De um modo ou de outro, teremos de abandonar esse domicílio putrefato que nos deram por sorte].

Ora, a Sorte (*sors, -tis*), na concepção mítico-religiosa dos romanos, era o conjunto de bens e males que o Destino, o Fatum atribuía a cada ser vivo. E, como vimos, o estoicismo concebia a ordem natural do mundo subordinada ao Fatum, à Necessitas. E assim como Ájax – mencionado como exemplo no *De ira* –, também Hércules, em seu acesso de furor estava subordinado ao Fatum. Deve-se a esta concepção da condição humana o aspecto trágico-filosófico do herói Héracles. O suicídio era a última opção em situações de extrema desmoralização. Daí o peso da 'fala" do herói: "[...] si remanet furor, / pater, recede: mortis inueniam viam" [...se o furor persistir, ó pai, afasta-te: encontrarei o caminho da morte] (Ato V).

Tempos de despotismo político, tempos de ira e fúria...

Referências

BRANDÃO, J.S. *Teatro grego: tragédia e comédia*. Rio de Janeiro: Mafc, 1978.

BRANDÃO, J.S. *Dicionário Mítico-etimológico da Mitologia e da Religião Romana*. Petrópolis: Vozes.1993.

DUPONT, F. *L'Acteur-Roi ou le théâtre dans la Rome antique*. Paris: Société d'Édition/Bellles Lettres, 1985.

INWOOD, B. (org.) *Os estoicos*. Trad. de P.FT. Ferreira e R. Fike. São Paulo: Odysseus, 2006.

PEREIRA, M.R. *Estudos de história da cultura clássica*. Vol. II. 3. ed. Lisboa. Calouste Gulbenkian. 1989.

SCIACCA, M.F. *História da filosofia*. Trad. de L.W. Vita. 3. ed. São Paulo: Mestre Jou, 1967.

SÉNÈQUE. *Tragédies – Tome I: Hercule Furieux*. Texte établi et traduit par Léon Herrman. Paris: Société d'Édition/Bellles Lettres, 1985.

SÉNÈQUE. *De ira*. The Latin Library. Disponível em: https://www.thelatinlibrary.com

SPALDING, T.O. *Dicionário da Mitologia Latina*. São Paulo: Cultrix, 1993.

10
O herói, a morte e a escatologia

Márcia Regina de Faria da Silva
Professora Associada da Universidade do Estado do Rio de Janeiro (UERJ)
Membro da Associação Brasileira de Filologia (ABRAFIL)

Para falar sobre herói precisamos necessariamente remontar à antiguidade clássica e estabelecer as semelhanças e as diferenças entre os heróis homéricos, como Aquiles ou Odisseu, e o herói virgiliano, Eneias. Além, é claro, de situá-los como construções literárias do gênero épico e sua relação intrínseca com a morte e com a vida pós-morte. A figura do herói, contudo, não está restrita à Antiguidade. Vemos o conceito ser construído e reconstruído durante todo o percurso entre a Antiguidade e os dias atuais e nos perguntamos o quanto o herói apresentado pela mídia hoje dialoga com os heróis da Antiguidade. Neste capítulo tentaremos refletir sobre essas questões.

Comecemos, portanto, com o episódio considerado o mais antigo da história grega, a Guerra de Troia que pode ser considerada como um exemplo de como era organizada a civilização micênica. As narrativas sobre Troia e seus heróis foram imortalizadas, especialmente, por causa dos poemas épicos, embora preexistissem a eles.

Para além dos mitos e das lendas, sabemos que Troia teve existência histórica. Foram descobertas, em escavações arqueológicas, no que hoje é a Turquia, várias cidades sobrepostas no lugar em que os antigos indicavam que a cidade se localizava. Schiellemann conclui, após testes de datação e análise comparativa de peças encontradas, o "tesouro de Atreu", com descrições de objetos nas narrativas homéricas, que a sétima cidade teria sido a Troia cantada pelos gregos.

O motivo histórico para tantas cidades destruídas, provavelmente foi comercial. Troia localizava-se no meio do caminho entre a Grécia e o Oriente e, provavelmente, atrapalhava o comércio dos gregos.

Vários monumentos foram encontrados também na Grécia Continental que se relacionam de alguma forma com as narrativas dos heróis que participaram da Guerra de Troia. O grego Theodoros Spyropoulos, após 20 anos de escavações, em 2002, afirmou que tinha descoberto o que havia restado do palácio do rei Menelau e de sua mulher Helena. As ruínas ficam situadas a aproximadamente 25km de Esparta, no sul da Grécia. Acredita-se que o local pode ter sido a antiga Lacedemônia, o reino de Menelau, antes da destruição em 1200 a.C. por um terremoto. Oficinas, depósitos, muros e tumbas sumptuosas foram encontrados nas escavações. Um outro arqueólogo Christofilis Maggidis, também no sul da Grécia, acredita ter encontrado o fragmento de um trono do palácio de Micenas, governado por Agmamenon.

Miticamente, por outro lado, a guerra teria acontecido por causa do rapto de Helena, esposa de Menelau, por Páris, príncipe de Troia, filho mais novo dos reis Príamo e Hécuba.

Homero nas duas grandes epopeias, *Ilíada* e *Odisseia*, mostra-nos a dimensão dos grandes heróis micênicos, cujos feitos foram cantados por séculos nas praças públicas por *aedos*, artistas que compunham as histórias e cantavam tocando algum instrumento, ou por *rapsodos* que se limitavam a recitar poemas de outros artistas. Sabemos que as lendas dos heróis eram muito diversificadas e cantadas como histórias separadas. Muitas delas não tinham ligação entre si. Os primeiros autores gregos, especialmente, Homero, transformaram a narrativa oral em poema escrito e fizeram a ligação entre as várias lendas, agrupando todos os heróis em um lugar único e em um grandioso evento, a Guerra de Troia. É necessário dizer que este motivo mítico forneceu material para a composição não só de epopeias, mas também de tragédias e poemas líricos na Grécia e foram reelaborados e relidos inúmeras vezes aos longos dos séculos.

Através de todo este conteúdo lendário, podemos perceber a organização de uma soberania composta por um rei que detinha poderes políticos, militares, sociais e religiosos e que os guerreiros eram os nobres, os *aristoi* que são regidos pelo conceito de *arete*. Termos usados para designar a força ou a destreza na guerra, mostrando superioridade e excelência, acrescidas posteriormente de qualidades morais e espirituais.

Arete e *aristos* possuem uma raiz comum e mostram o homem que consegue na paz ou na guerra ser conduzido por normas certas de conduta, que o distinguem do homem comum. Em Homero, há a identificação da coragem com a *arete* e, por isso, o homem comum não possui *arete*, ela é a prerrogativa dos heróis, os descendentes dos deuses. Vemos, ainda, que mesmo entre os nobres, há uma luta pelo prêmio da *arete* e por sua confirmação. Por isso, a importância da *aristeia*, os combates singulares dos grandes heróis épicos. Existe uma ânsia em superar seus pares e se mostrar o melhor entre os melhores.

Com o tempo, o conceito de *arete*, do homem perfeito, passa a não estar ligado somente à ação, mas também à nobreza espiritual. A *arete* passa a estar diretamente relacionada ao reconhecimento da sociedade, não podendo existir sem ele, pois o homem homérico é um produto de sua classe e mede sua *arete* pelo seu prestígio. Devido a isso, a negação da honra, *arete*, era a pior tragédia humana. Isso faz com que o herói busque a honra de forma insaciável, que será reconhecida através do elogio. Se não acontecer o elogio e sim uma reprovação, haverá a desonra.

Esse anseio de lutar pela honra leva, em geral, o herói à morte. Atingir essa morte gloriosa é, na verdade, encontrar a perfeição da *arete* heroica, pois a glória se perpetuará com a morte, através da fama que o herói alcançará. A morte, portanto, é uma recompensa que levará o herói aos Campos Elísios ou Bosques de Perséfone, onde sua alma permanecerá eternamente.

Esses conceitos explicam o fato de um herói preferir uma vida breve, mas com finalidade nobre, a passar a vida na obscuridade. Não podemos confundir, essa atitude, contudo, com um desprezo irracional pela morte. Ao contrário, o herói busca subordinar a vida a um ideal elevado de beleza espiritual. Quando ele troca a beleza pela vida, é o momento de mais alta realização. Na verdade, a perda da vida revela a ânsia do homem pela imortalidade. São esses os conceitos que permeiam a identificação dos heróis homéricos.

A imagem da nobreza é diferente na *Ilíada* e na *Odisseia*. Naquela temos nobres com *arete* sobre-humana, enquanto nesta temos os nobres reais. Vemos, em Ítaca, uma assembleia do povo, comandada pelos nobres, que até mesmo Odisseu deve respeitar e, por isso, precisa justificar-se pelo massacre dos pretendentes. No reino dos Feaces, encontramos a figura do rei de influência jônica. A nobreza da *Odisseia* constitui uma classe fechada que tem consciência dos seus privilégios, costumes e modos de vida refinados. Ela apresenta-se mais humana, com um *ethos* civilizado e uma cortesia irrepreensível, ao contrário dos nobres da *Ilíada* que, pelo seu caráter sobre-humano, já predestinam um destino trágico.

A *Ilíada* mostra o *pathos* do sublime destino do herói, enquanto a *Odisseia* mostra o *ethos* da cultura e da moral aristocrática. A sociedade apresentada por Homero desapareceu, mas a representação ideal converte-se no fundamento vivo da cultura helênica, por isso a poesia grega tem espírito educador. A função educadora do poeta reside na união da poesia ao mito, que mostra o conhecimento das grandes ações do passado. Através dessa união o poeta mantém viva a glória através do canto que é sua ação educadora.

Podemos dizer que o mundo épico homérico apresenta um tom ponderativo, enobrecedor e transfigurante, suprimindo tudo o que é baixo, desprezível e falho de nobreza. Os cantos heroicos orientam-se para a criação de modelos heroicos por força da própria essência idealizadora, pois apresentam o homem em luta contra o destino e em busca da construção de um objetivo elevado. A *aristeia*, o combate singular, portanto, representa a mais antiga forma de cantos épicos, pois mostra combates individuais com conteúdo pessoal e ético como elemento moralizante. As batalhas em grupo só interessam se dominadas por um grande herói.

Observe que epopeia é, portanto, uma narrativa literária na qual fatos históricos são misturados a lendas e a mitos. Na *Ilíada,* por exemplo, temos como um pano de fundo histórico a Guerra de Troia real, que provavelmente aconteceu por causa de fatores comerciais, e um mítico, cantado pelos poemas homéricos, que apresenta como causa da guerra o rapto de Helena. Os heróis misturam-se aos deuses, criando uma atmosfera de maravilhoso, na qual os deuses atuam e fatos sobrenaturais interferem nos problemas humanos.

Poucas são as pessoas comuns nos poemas épicos, especialmente nos homéricos. A força sobre-humana e a destreza na guerra são característica de descendentes divinos, como Aquiles, não de pessoas comuns e, por isso, a presença divina e sua intervenção são constantes.

Etimologicamente a palavra epopeia é composta de *epos* (canto, narrativa longa) + *poieo* (fazer). Portanto, o que importa é fazer a narrativa, ou seja, a própria construção da narrativa, que inicialmente era oral, como vimos. Toda epopeia possui alguns elementos essenciais que a identifica. Através da ação conhecemos o teor central da narrativa, o recorte escolhido pelo poeta. Por exemplo, a *Ilíada* narra apenas alguns dias do nono ano da Guerra de Troia. A narrativa delimita como fonte da ação a ira de Aquiles. Outro aspecto importante é o desenvolvimento do assunto, que se apresenta em narrativas, descrições e comparações. As personagens são imprescindíveis pois são os agentes da ação e constituem-se, como já vimos, pela nobreza da sociedade da época. O último elemento é o maravilhoso que se manifesta, como vimos acima, pela intervenção dos deuses.

O épico tem como ponto de partida o passado heroico de um determinado povo, mantido na memória coletiva de geração em geração. Por isso, ele tem um caráter universal. Ele fala de uma coletividade ancestral daquele povo, ou seja, a poesia épica fala do todo de uma sociedade e de suas aspirações. Assim, temos o passado como tempo da narrativa, no qual a história é grandiosa e os fatos são enaltecedores. É um passado que faz parte da história e do inconsciente coletivo. Portanto, o narrador pode apenas narrar, não o modificar. Ele encontra-se tão distante do objeto de sua narrativa quanto o leitor. Cabe aos dois apenas observar.

Conhecemos os acontecimentos que antecederam a narrativa através da construção dos episódios sucessivos ao fato inicial, ou seja, com o desenrolar da história. O que acontece, muitas vezes, pelas conversas entre as personagens, outras por *flash back do* próprio narrador.

O épico se importa com a narrativa em si. O autor quer mostrar e examinar tudo à sua volta. Por isso, os episódios são autônomos. São adicionados trechos independentes no correr da obra que enriquecem a narrativa, mas que podem ser retirados sem prejudicar a sequência lógica da história. O narrador, portanto, rememora e apresenta um passado já consolidado como lendas ou mitos. Ele não recorda, não traz de volta ao coração. A recordação é a base do gênero lírico. O que o poeta épico faz é trazer de volta à mente o passado, sem o influenciar com o presente.

Devemos lembrar que o poeta trabalha com a verossimilhança, não com a realidade. A arte, segundo Aristóteles, é *mímesis*, imitação. O poeta não conta o que aconteceu, que é papel do historiador, mas o que poderia ter acontecido, segundo a verossimilhança ou a necessidade, pois

> Imitar é natural ao homem desde a infância – e nisso difere dos outros animais, em ser o mais capaz de imitar e de adquirir os primeiros conhecimentos por meio de imitação – e todos têm prazer em imitar (Aristóteles, 1997, p. 21-22).

O que diferenciaria o gênero épico dos outros dois estudados por Aristóteles, o lírico e o dramático, além de cada um possuir seu próprio ritmo, palavra e melodia, é a forma de imitar. Enquanto a tragédia imita através da ação, a epopeia faz a imitação através de um narrador. Ambas trazem o mesmo objeto que é a saga dos heróis e as personagens são constituídas de integrantes da nobreza.

Outra diferença marcante é o fato de o gênero dramático ter uma extensão bem mais restrita do que o épico. A narrativa épica deve possuir uma ação uniforme, com princípio, meio e fim. Embora haja um fio condutor, ela tem a trama acrescida de vários episódios. Alguns deles poderiam ser retirados sem prejuízo do entendimento do ponto central do poema. Essa construção episódica é uma herança do período de oralidade. O importante não é o início, nem o final, mas a construção da própria narrativa. Mais uma vez vamos ver o que Aristóteles nos ensina:

> Por isso também sob esse aspecto Homero em confronto com os outros, como já dissemos, parece inspirado; ele não tentou narrar a guerra inteira, embora ela tenha tido um começo e um fim; a fabulação seria excessivamente longa para ser abrangida numa visão única, ou, se moderada a extensão, a variedade de incidentes a complicaria. Ele, porém, tomou apenas uma parte e lançou mão de muitos episódios, que distribuiu em seu poema, entre outros, o Catálogo dos Navios (Aristóteles, 1997, p. 46).

Observamos a oralidade também presente, ainda que menos necessária na forma escrita, nas fórmulas mnemônicas ou repetição de partes, usadas pelos *Aedos* para não esquecer o desenrolar da narrativa.

O poeta épico busca apresentar a narrativa de forma mais plástica possível através da linguagem épica, como se pintasse quadros, tentando transformar em imagens tanto acontecimentos quanto sentimentos. Para isso ele utiliza muitas vezes da comparação ou da adoção de uma característica representativa da personagem. Assim cria para eles os epítetos: Aquiles de pés rápidos ou o piedoso Eneias.

O épico liga-se à luz. A organização dos guerreiros representa o que Homero acredita ser o Olimpo. Contudo, ele tenta excluir da narrativa o amor e a morte. O poeta reconhece o prazer conjugal e a posse do homem sobre a mulher, mas repudia o delírio báquico ou o erotismo de Afrodite e Eros. Embora muitos morram no campo de batalha, a forma como o poeta descreve a morte é estereotipada. A existência do herói é a luz, o reconhecimento. Assim sendo, Staiger nos diz que

> Ao homem épico, porém, o escuro rouba a essencialidade. Ele deixa de ver e, como sua existência fundamenta-se no ver, ele deixa consequentemente de "ser". Os deuses abandonam o moribundo. Este afunda-se no *mè ón*, no nada, em que as sombras de Hades são apenas a metáfora insegura de um poeta que quer tornar mesmo o invisível de certo modo visível (Staiger, 1974, p. 87).

O herói da epopeia tem suas próprias regras, segue, como vimos, em busca de sua *arete*. Seu objetivo é provar para a comunidade sua força guerreira, mostrar que é o melhor entre os melhores. É a sobrevivência de seus feitos heroicos para a posteridade que o guia. Ele faz o que é necessário para atingir seu objetivo. Se for preciso, enfrenta os próprios deuses. Arrisca constantemente sua vida. Não luta, contudo, por uma ideologia ou por um governo. Staiger novamente nos esclarece:

> Nada está mais afastado da ideia do herói homérico que uma guerra ideológica. Inexiste qualquer relação de um guerreiro particular para com um dever obrigatório, qualquer vestígio de respeito moral ou político. Isso não quer dizer que um herói homérico não possa fazer o bem. Mas quando o faz, não age por respeito a qualquer lei moral eterna, e sim porque

> deseja naquela oportunidade agir assim. Não é o bem e sim um bem que o orienta (Staiger, 1974, p. 105).

Vimos que o tempo da narrativa é o passado. O homem e os deuses homéricos desprezam o futuro. Os videntes e oráculos não são levados a sério. A queda de Troia tinha sido prevista antes do nascimento de Páris, mas todos agem como se a predição não existisse ou como se fosse possível alterar o destino que os próprios gregos consideravam imutável, a *Moira*.

Os heróis cantados na *Ilíada* e na *Odisseia* e suas façanhas serão utilizados, depois de Homero, tanto pela tragédia como pelos poetas líricos, mas a epopeia pura, como encontrada em Homero, não sobrevive ao poeta. Nos poemas épicos posteriores, vemos cada vez mais uma mistura de gêneros com uma sobreposição do épico. Veremos que, embora Virgílio tenha utilizado com maestria os originais gregos para composição da *Eneida*, encontraremos também o trágico delineado em todas as suas características no IV canto do poema.

O herói virgiliano é diferente dos heróis homéricos. Ele represanta os principais valores romanos. Pensa sempre no coletivo e não em seu destino individual ou em sua glória pessoal, que são a base da *arete* grega. Ele, contrariamente ao herói grego, é possuidor da *uirtus*, característica do *uir* romano e, assim, busca ser um homem honesto, reto e conveniente. Para Eneias, a valentia e a coragem são qualidades de caráter, não apenas de força. Em *Eneida* vemos um herói que aceita o seu Destino. Eneias é um herói estoico que se destaca pela *pietas*, ou seja, a obediência irrestrita aos deuses e aos superiores. O que importa é a vontade dos deuses e o bem de sua comunidade, não sua felicidade pessoal. Assim, ele caracteriza-se como um herói da paz. As circunstâncias é que o levam à guerra, cumprindo seu dever com justiça e fidelidade.

Virgílio, em seus dois primeiros poemas, as *Bucólicas* e as *Geórgicas*, apresenta uma nítida influência da filosofia epicurista, da qual se afasta quando o assunto é o papel da divindade no mundo, que essa escola rejeita. Na *Eneida*, contudo, o poeta deixa transparecer sua crença no poder da oração e no auxílio das divindades, notório no canto V no momento do incêndio das naus, estreitando sua relação com o estoicismo e a crença na imortalidade da alma, apresentada e desenvolvida no canto seguinte.

No canto VI, Virgílio desenvolve conceitos religiosos, com nítida influência do Orfismo e do Pitagorismo. Eneias desce aos Infernos com a missão de encontrar a alma de seu pai Anquises. Nos Elísios, ele ouve do pai as professias a respeito do futuro de sua raça. Este canto estabelece as bases de uma Escatologia verdadeiramente latina.

A topografia dos Infernos foi sistematizada por Hesíodo, na *Teogonia*. Na cultura grega, os Infernos eram o lugar de todas as almas, de heróis ou homens comuns. O reino de Hades recebia todas as almas, que eram julgadas e direcionadas ao seu destino. Os heróis iam para os Campos Elísios, equivalente ao Paraíso cristão. O Culto Dionisíaco, o Orfismo e os Mistérios de Elêusis davam conta de questões como a sobrevivência da alma e o que acontecia após a morte e como chegar aos Bosques de Perséfone.

Diferente dos gregos, os romanos antigos eram muito supersticiosos e tinham muito medo do sobrenatural, especialmente das almas dos antepassados. Na tentativa de que estas não lhes fizessem mal algum e, ao contrário, lhes fossem benéficas, criaram o culto aos deuses *Lares*. Os antepassados mortos eram cultuados na lareira das casas. As almas boas protegiam a família e eram chamadas de *Manes*, mas elas tinham que ser honradas anualmente para continuarem boas para a família. Havia, assim, as *Parentalia*, festa em honra aos antepassados. *Parentes* eram denominados os pais ou antepassados familiares. Durante as *Parentalia*, os romanos acreditavam sentir a presença dos mortos que deixavam o mundo dos mortos e vinham à cidade. As atividades eram suspensas, os templos fechados, o fogo dos altares ficava apagado, casamentos não eram realizados e as pessoas não podiam ostentar riquezas. As sepulturas eram enfeitadas com grinaldas de rosas e violetas e eram oferecidos mel, azeite e leite e também um banquete com lugares reservados às almas. Além dessa homenagem, havia outra: as *Lemuralia*. Lêmures eram as almas maléficas, fantasmas noturnos que visitavam os descendentes com o intuito de lhes fazer mal. O objetivo das cerimônias era aplacar estas almas e torná-las almas benéficas durante o período de um ano. Estas festas são uma amostra das tradições romanas mais antigas. Num período em que não existia um julgamento para as almas, que estavam irremediável e eternamente presas nos Infernos.

O canto VI da *Eneida* tenta unir diferentes tradições escatológicas gregas e romanas. Virgílio usa, ao compor os Infernos, o XI canto da *Odisseia*, 4 mitos escatológicos de Platão (o do *Górgias*, o do *Fédon*, o do *Fedro* e o do *Er*), o *Sonho de Cipião* de Cícero, conceitos estoicos e órfico-pitagóricos. A partir de todo esse arcabouço, ele apresenta uma visão religiosa diferente para a reencarnação, que deixa de ser a punição órfico-pitagórica e passa a ser considerada como um prêmio pela bravura do herói. Isso explica a longa fila de heróis troianos esperando, nos Elísios, para reencarnar como futuros heróis romanos, dispostos a regressar e repetir sua heroicidade.

As sagas dos heróis foram contadas e recontadas ao longo do tempo e ainda o são na contemporaneidade. Para além da literatura, temos grandes produções cinematográficas como "Helena de Troia" de 2003, filme dirigido por John Kent Harrison, "Troia" de Wolfgang Petersen, "Ulysses" sob a direção de Mario Camerini. Todos eles mostram a importância do herói e sua superioridade em relação aos demais mortais, dialogando com questões que entretenham o público de sua época. Vemos, por exemplo, que nos filmes sobre Troia o foco se desvia dos feitos heroicos propriamente ditos para o conteúdo amoroso. O fio condutor passa a ser o amor de Páris e Helena.

Para além das releituras dos heróis da Antiguidade, temos hodiernamente a construção de heróis de HQs que se tornaram sucesso estrondoso nas produções cinematográficas dos universos DC e Marvel. Ao observar a construção de alguns desses heróis, podemos notar intrínseca relação com o herói da Antiguidade. Em primeiro lugar, a maioria deles tem características sobre-humanas porque são de outro planeta, como o Superman; por serem geneticamente modificados; como o Homem Aranha, o Hulk, o Capitão América ou a Capitã Marvel; por serem deuses ou semi-deuses, como o Thor ou a Mulher Maravilha; ou pelo uso de uma tecnologia excepcional que os distinguem dos demais mortais como o Batman ou o Homem de Ferro.

Todos eles têm como ponto de contato uma síntese entre as características dos heróis homéricos com sua *arete* apresentada na força e destreza na guerra e a virtude do herói virgiliano, sempre honesto e reto. Contudo, existe uma diferença crucial entre o contexto dos heróis da Antiguidade e do mundo dos quadrinhos. Na epopeia, temos o herói e seu destino, na vida e para além da vida, e a busca de ser lembrado para a eternidade. Nesse contexto, não vemos a relação entre os feitos heroicos e o mito escatológico, ao contrário do que temos nos filmes de heróis da atualidade, nos quais eles estão sempre tendo que impedir o fim do mundo, fazendo uma ligação entre o conceito mais amplo de mito à contrução de herói. E o que seria o mito?

Mircea Eliade o define do seguinte modo:

> [...] o mito conta uma história sagrada; relata um acontecimento que teve lugar no tempo primordial, no tempo fabuloso das origens. Por outras palavras, o mito conta como, graças aos atos dos seres sobrenaturais, uma realidade teve existência, quer seja a realidade total, o Cosmo, ou apenas um fragmento: uma ilha, uma espécie vegetal, um comportamento humano, uma instituição. É, pois, sempre uma narrativa de uma criação: conta-se como qualquer coisa foi produzida, como começou a *ser*. O mito não fala senão naquilo que aconteceu *realmente*, naquilo que se manifestou completamente, as personagens do mito são Seres Sobrenaturais (Eliade, 2006, p. 15).

O mito é algo que os povos primitivos consideram como uma verdade. Narra a criação de algo: o mundo, o homem, uma ilha, um animal, uma planta. Não temos dúvida sobre a existência do mundo ou do ser humano, mesmo que não haja um consenso científico a respeito de como estes passaram a existir. Por isso prevalece o Mito da Criação. A este tipo de mito chamamos cosmogônico (*cosmos* – mundo + *genos* – origem). O mito cosmogônico pode estar relacionado também à modificação da condição humana, como por exemplo, a gradativa punição do homem causando o encurtamento de seu tempo de vida.

O mito acontece sempre em um tempo primordial, ou seja, *in illo tempore*. Naquele tempo do princípio em que o homem e divindade viviam em perfeita união, em que o homem constantemente reatualizava o mito, através dos ritos, que o conduziam diretamente ao momento da criação.

> As cerimônias religiosas são, por conseguinte, festas rememorativas. “Saber” significa aprender o mito central [...] e esforçar-se por jamais esquecê-lo. O verdadeiro sacrilégio é o *esquecimento* do ato divino. A “falta”, o “pecado”, o “sacrilégio” consistem em “não haver lembrado” que a forma atual da existência humana é o resultado de uma ação divina (Eliade, 2006, p. 97).

Com o tempo, o ser humano vai deixando de realizar os ritos e afastando-se dos *entes sobrenaturais* que decidem puni-los. Temos inúmeras narrativas de punição em diferentes culturas. Na clássica, existe o Mito das Idades, em que Hesíodo, na obra *Os trabalhos e os dias*, divide a existência humana, até sua época, em etapas, nas quais acontece uma gradativa degradação da força física e do período de vida. Assim existem as idades do ouro, da prata, do cobre, dos heróis e do ferro. A raça de cada período é destruída pelos deuses ou por circunstâncias criadas por eles próprios e substituída por uma mais fraca.

Observem que os responsáveis pelas ações de criação ou modificação não são os homens e sim os *entes sobrenaturais*. O afastamento entre humano e divino vai crescendo até chegar ao ponto em que os deuses resolvem destruir a humanidade. Temos assim os mitos escatológicos (*escatos* – fim + *logos* – palavra). Observem que não é o fim do mundo e sim dos homens, os detentores da razão. Também não é, como pode parecer, o oposto do Mito de Criação, pois para o povo primitivo a realidade é cíclica. Por isso, o fim é um recomeço, uma volta ao tempo primordial.

> Em suma, esses mitos de fim do mundo, implicando mais ou menos claramente a recriação de um novo universo, exprimem a mesma ideia arcaica e extremamente difundida da "degradação" progressiva do Cosmo, requerendo sua destruição e sua recriação periódicas (Eliade, 2006, p. 58).

O mito é educativo pela própria natureza, porque celebra a glória, o conhecimento do que é magnífico e nobre. Louva e exalta o que é digno de elogio e louvor, trazendo exemplos e modelos dos ideais e normas de vida universais para determinada sociedade.

Nas narrativas dos heróis atuais, vemos que os Entes Sobrenaturais são geralmente configurados como seres de outros planetas tecnologicamente mais evoluídos que os humanos e que pretendem destruir a Terra e a humanidade. Assim, os heróis estão constantemente tendo que evitar a escatologia. Vemos que essa visão quebra a ideia principal do mito como cíclico no qual o mito escatológico devolve à humanidade o mundo perfeito do momento da criação. Concluímos que atitude dos heróis hodiernos apenas adia e repete indefinidamente o momento da destruição. Nos filmes de heróis, vemos sempre Sísifo levando a pedra inutilmente até o alto da montanha, apenas para vê-la novamente rolar montanha abaixo.

Referências

AMORA, A.S. *Teoria da literatura*. São Paulo: Clássico-Científica, 1961.

ARISTÓTELES; HORÁRIO; LONGINO. *A poética clássica*. Trad. de J. Bruna. São Paulo: Cultrix, 1997.

ELIADE, M. *Aspects du mythe*. Paris: Gallimard, 1963.

ELIADE, M. *Mito e realidade*. Trad. de P. Civelli. São Paulo: Perspectiva, 1972.

GRIMAL, P. *Virgílio ou o segundo nascimento de Roma*. Trad. de C. Benedetti. São Paulo: Martins Fontes, 1992.

GRIMAL, P. *Dicionário de Mitologia Grega e Romana*. Rio de Janeiro: Bertrand Brasil, 1997.

HOMERO. *A Ilíada*. Trad. e adap. de F.C.A. Gomes. Rio de Janeiro: Tecnoprint, [s.d.].

HOMERO. *A Odisseia*. Trad. e adap. de F.C.A. Gomes. Rio de Janeiro: Tecnoprint, [s.d.]../

JAEGER, W. *Paideia: los ideales de la cultura griega*. Trad. de J. Xirau (libros I e II) e W. Roces (livros III e IV). México: Fondo de Cultura Económica, 1957.

PEREIRA, M.H.R. *Estudos de história da cultura clássica*. Vol 1. Lisboa: Calouste Gulbenkian, 1964.

PEREIRA, M.H.R. *Estudos de história da cultura clássica*. Vol. 2 Lisboa: Calouste Gulbenkian, 1982.

STAIGER, E. *Conceitos fundamentais da poética*. Trad. de C.A. Galeão. Rio de Janeiro: Tempo Brasileiro, 1974.

VERNANT, J.-P. *As origens do pensamento grego*. Rio de Janeiro: Difel, 2002.

VIRGILE. *Énéide*. Texto org. Por H. Goelzer. Trad. de A. Belessort. Paris: Belle Lettres, 1938.

11
O simbolismo dos ritos de passagem no mito grego do rapto de Perséfone e no conto *O búfalo*, de Clarice Lispector

Isabela Fernandes
Professora Adjunta da Pontifícia Universidade Católica (PUC-RJ) (1990 a 2020)
Doutora em Literatura / PUC-RJ

Felippe Carvalho
Especialista em Gestão e Administração Escolar / UVA
Licenciado em Letras-Literaturas / PUC-RJ

Este capítulo pretende discutir sobre o simbolismo dos ritos de passagem em duas obras literárias: o mito do rapto de Perséfone, narrado no *Hino homérico a Deméter*, composto por volta do século VII ou VI a. C. na Grécia antiga[101]; na literatura brasileira contemporânea, o conto *O búfalo*, de Clarice Lispector, inserido na obra *Laços de família* ([1960], 1974). A proposta do capítulo é elaborar um diálogo entre as duas narrativas abordando o tema arquetípico da morte simbólica e dos ritos de passagem. A seguir serão apresentados os resumos da narrativa do *Hino homérico a Deméter*[102] e do conto *O búfalo*.

101. RIBEIRO JUNIOR (org.). *Hinos homéricos*. São Paulo: Unesp, 2010, p. 228-267.

102. O *Hino homérico a Deméter*, de autoria anônima, foi composto por volta do século VII ou VI a.C.; os estudiosos divergem quanto à época da sua composição. A narrativa destaca principalmente o drama de Deméter em busca da filha e os episódios que marcaram a estadia da deusa em Elêusis, pois o poema está nitidamente relacionado às cerimônias dos Mistérios de

Perséfone é uma jovem deusa, bela e meiga, a própria expressão da pureza de uma donzela virgem. Ela é filha de Zeus e de Deméter, a augusta deusa da agricultura, doadora generosa de todos os grãos e frutos para a humanidade. No início da narrativa, Perséfone está no Monte Nisa, junto das suas amigas, as ninfas Oceânides, brincando de colher flores. Perséfone avista uma brilhante flor de narciso que chama a sua atenção. A flor era estranhamente grande, tinha pétalas lindas e seu perfume era inebriante. Maravilhada com o narciso, ela tentou colhê-lo. Mas a flor estava muito presa à terra e, ao ser colhida, suas raízes abriram uma fenda profunda no solo. Então, do fundo negro do abismo emergiu o Senhor dos Mortos, o deus Hades, o encoberto, galopando em uma dourada carruagem puxada por cavalos imortais. O deus agarrou a jovem com violência. Perséfone, apavorada, gritou alto, chamando pelo pai, o senhor do Olimpo. Mas o pai Zeus parece não ter ouvido o seu chamado. A carruagem de Hades, então, mergulhou no subterrâneo e a jovem nada mais viu a não ser trevas.

Uma dor profunda dominou Deméter ao ouvir o grito da filha e constatar seu desaparecimento. Ela vagou desesperada pela terra, pelos céus e pelo mar, buscando inutilmente a filha. Acompanhada pela deusa Hécate, Deméter dirige-se ao deus Hélios, o sol, que lançou finalmente a luz sobre os eventos ocultos, revelando que Perséfone, com o aval do próprio Zeus pai, tinha sido raptada por Hades, e que este respeitara a esposa, tornando-a a poderosa rainha do subterrâneo. Enfurecida, Deméter não retornou ao Olimpo e continuou sua angustiada errância pela terra, chegando um dia na cidade de Elêusis, onde foi acolhida pelos reis, Céleo e Metanira. Em seu desespero, Deméter arruinou a fertilidade do solo, matando as sementes e deixando secar todas as fontes e rios. As plantas, os animais e os homens começaram a morrer.

Zeus compreendeu que a crise era irreversível, então ele chamou o único deus capaz de descer ao Hades e de lá retornar, o único deus que consegue solucionar as crises irreversíveis: Hermes. Zeus pediu ao diplomata divino que tentasse persuadir o deus da morte a devolver a esposa para a furiosa mãe. Rapidamente o guia das almas mergulhou no subterrâneo e, com brandas palavras, conseguiu persuadir Hades a devolver Perséfone

Elêusis. Como o objetivo deste artigo não é discutir a mitologia de Deméter, tanto o resumo do mito quanto as discussões aqui apresentadas vão se restringir ao drama do rapto de Perséfone, que vem a ser o foco do estudo.

para o mundo da luz. O deus da morte pediu à esposa que comesse com ele sementes de romã, garantindo assim que ela voltaria para junto dele depois de visitar a mãe. Hermes conduziu Perséfone para um vale onde Deméter já a esperava, e as duas se abraçaram. Mas a deusa mãe percebeu que a filha tinha comido alguma coisa junto com o marido e compreendeu que ela retornaria para as trevas, pois era agora a esposa de Hades, a poderosa deusa da morte. O hino termina com um acordo entre Deméter e os deuses olímpicos, determinando que Perséfone passaria um terço do ano com seu marido no subterrâneo, quando então a vegetação morreria, e dois terços do ano junto com a mãe sob a luz do sol, quando a terra voltaria a brilhar com a nova brotação.

O conto *O búfalo*, de Clarice Lispector, relata a história de uma mulher angustiada que decide ir ao Jardim Zoológico para observar os animais. O conto deixa subentendido que a personagem central, chamada simplesmente de "a mulher", recentemente teve uma experiência infeliz com um homem amado, que a traiu ou a fez sofrer. A sua intenção no Jardim Zoológico era observar os bichos para tentar aprender com eles a sentir ódio do homem, pois, em sua vida bem-comportada, ela só aprendera a amar e perdoar. No entanto, era primavera e ela só encontra nos animais a marca do amor e da meiguice. Muito abalada, a mulher observou o leão que, carinhosamente, lambia a testa loura da leoa; a deslumbrante girafa, que brilhava ao sol de primavera com sua leveza tola e inocente; o hipopótamo úmido, que transpirava "amor humilde" com sua "carne roliça e muda"; a macaca que amamentava a sua cria; o camelo "em trapos, corcunda, mastigando a si próprio" em um exercício de paciência; o quati, ingênuo como uma criança que, curioso, olhava-a de dentro da jaula; e o elefante com seus olhos que exalavam "uma bondade de velho". A mulher, então, vai andar na montanha-russa para encontrar a violência e o ódio, mas neste passeio a sua vulnerabilidade só aumenta. Frustrada, a personagem se depara de repente com um grande búfalo de cor negra, encontrando nele o que buscara: o ódio. Hipnotizada pela fera sombria de cornos alvos e atraída por sua presença altiva, a personagem é invadida por emoções tão violentas que ela desmaia junto ao cercado do animal.

Nas duas narrativas analisadas, o rapto de Perséfone, de um lado, e o desmaio da "mulher" após o encontro com o búfalo, de outro, representariam o cenário típico dos ritos de passagem: uma jovem imatura sofre uma experiência de morte simbólica para se transformar em uma mulher madura a partir de seu encontro com o masculino. O sombrio deus da morte e o obscuro búfalo deflagram o processo de rito de passagem a partir do qual as duas personagens, inicialmente frágeis e passivas, vão renascer em um estágio superior de existência.

Arnold van Gennep (1977), em sua obra *Os ritos de passagem,* afirma que um indivíduo, ao longo da sua vida, realiza diversas transições que correspondem a passagens simbólicas sucessivas de níveis existenciais ou sociais. As experiências de transposição de níveis envolvem mudanças radicais no modo de ser do indivíduo dentro do seu grupo social. Para preparar e proteger o indivíduo, estas transições são celebradas nas comunidades em cerimônias rituais denominadas *ritos de passagem*. Segundo o autor, os ritos de passagem podem ser atestados nas mais variadas culturas e em diferentes épocas históricas.

> É o próprio fato de viver que exige as passagens sucessivas de uma sociedade especial para outra, e de uma situação social a outra, de tal modo que a vida individual consiste em uma sucessão de etapas, tendo por término e começo conjuntos da mesma natureza, a saber, nascimento, puberdade social, casamento, paternidade, progressão de classe e especialização de ocupação, morte. A cada um desses conjuntos acham-se relacionadas cerimônias cujo objeto é idêntico, fazer passar um indivíduo de uma situação determinada a outra (Gennep, 1977, p. 24).

Ampliando a discussão de Gennep, Florenzano (1996) argumenta que, dentre os tipos de ritos de passagem existentes, um dos mais significativos nas diversas culturas são aqueles associados à puberdade, que demarcam a passagem da infância para a vida adulta. Segundo a autora, a puberdade é uma das transições mais complexas e marcantes para o indivíduo. A fase de amadurecimento dos jovens envolve grandes dificuldades relacionadas à perda do convívio com os pais, à aquisição de independência e à definição das responsabilidades na sociedade:

> Os rituais de iniciação são extremamente comuns em todas as culturas. Tão comuns que os especialistas em estudos religiosos acreditam que sejam uma parte essencial da própria natureza humana. Por muitos motivos, a mudança mais importante no indivíduo é aquela entre infância e a idade adulta,

entre um estado de dependência e um de responsabilidade. Os ritos iniciatórios reconhecem essa transição e a formalizam (Florenzano, 1996, p. 21).

Sob o enfoque da psicologia analítica de Carl Gustav Jung, vale lembrar que compreendemos os ritos de passagem como uma experiência arquetípica que estaria presente em diversas sociedades e em distintos ambientes históricos. Da mesma forma, grande parte das imagens veiculadas pela literatura e pela mitologia apresentam um caráter arquetípico. A partir desta perspectiva, símbolos semelhantes relacionados a ritos de passagem podem estar presentes em obras tão distantes no tempo e no espaço como uma narrativa do século VI a.C. e um conto do século XX d.C. Tendo esclarecido esse ponto, vejamos como as duas obras criam imagens arquetípicas que representam um rito de passagem.

No início do *Hino homérico a Deméter*, Perséfone é uma jovem inocente que vive junto à sua mãe Deméter numa simbiose paradisíaca. Perséfone está acompanhada pelas ninfas em um cenário bucólico e pueril: "[...] no prado macio, com as Oceânides de fundos colos, brincava de apanhar flores: rosas, crocos, violetas belas, lírios, jacinto [...]"[103]. Uma jovem infantil brincando em meio às flores sob a vigilância de sua mãe nos remete à imagem arquetípica da Core, a jovem divina, a jovem eterna. O termo "Core" é uma tradução adaptada do grego *kóre*, que significa "menina", "virgem". A imagem da Core aparece em diversos contos e mitos apresentando uma donzela inocente que está condenada ao rapto e ao sacrifício[104].

Segundo Seabra (1985), o arquétipo da Core diz respeito à jovem que ainda desconhece a vida e que está no começo da sua jornada: "Core é a jovem primordial, a jovem divina, a jovem eterna. Encarna o brotar, o novo, o que está no começo, e tem a luz e o frescor da manhã. [...] Tem a fragilidade da beleza no seu instante de perfeição" (Seabra, 1985, p. 54). No entanto, Perséfone colhe flores, que vêm a ser o órgão sexual das plantas. Então a jovem já se aproxima das fronteiras do mundo adulto, porque a pureza da Core se mescla à sexualidade incipiente da brotação, anunciando o rito de passagem.

---

103. *H. Hom. 2: A Deméter*, v. 5-7.

104. Sobre o arquétipo da Core, cf. Jung, 1941/2000, p. 181-202: "Aspectos psicológicos da Core".

No conto O *búfalo*, a personagem é também uma jovem que, embora já tenha conhecido o amor, parece estar ainda adormecida em um estado de inocência infantil. A ingenuidade da personagem é representada, no começo do conto, por meio da imagem da girafa: "Mas a girafa era uma virgem de tranças recém-cortadas [...] com a tola inocência do que é grande e leve e sem culpa" (Lispector, 1974, p. 149). Outro traço que caracteriza a imaturidade da personagem de Clarice é sua vulnerabilidade. A mulher vai ao Jardim Zoológico para encontrar dentro de si o ódio pelo homem que a magoou. Mas ela não consegue, pois está presa ao modelo social da mulher submissa e amorosa. A personagem é dotada de uma bondade pueril que traduz a necessidade do rito de passagem: "No peito que só sabia resignar-se, que só sabia suportar, só sabia pedir perdão, só sabia perdoar, que só aprendera a ter a doçura da infelicidade, e só aprendera a amar, a amar, a amar" (Lispector, 1974, p. 155-156).

No mito de Perséfone, a jovem sofre uma experiência de morte ao ser raptada por Hades. Ela "morre"; isto é, desce para o mundo dos mortos e fica presa nas trevas. Hades se associa a uma imagem sombria e hostil porque ele representa um elemento estranho e ameaçador no universo feminino infantil da relação entre Deméter e Perséfone. O deus surge da escuridão abissal para arrebatar a menina dos braços da mãe e levá-la para o desconhecido. A imagem dramática do rapto é envolta no simbolismo da morte e da descida às profundezas da terra: "Abriu-se a terra de vasta via na planície nísia e por ali saiu o senhor Hospedeiro de muitos, filho de muitos nomes de Cronos, nos seus cavalos imortais. Tendo-a raptado, contrariada conduzia-a gemendo para as douradas carruagens"[105].

No conto de Clarice, a inocência da personagem também é rompida por meio do encontro com um búfalo apavorante. O negro animal possui um simbolismo similar ao do deus da morte no mito, pois ele se apresenta sob uma forma misteriosa. O búfalo, como Hades, está envolto em trevas e vem a ser o mensageiro de um mundo invisível: "Tão preto que, a distância, a cara não tinha traços. Sobre negror a alvura erguida dos cornos" (Lispector, 1974, p. 157). A visão do animal arrebata de tal modo a mulher que ela se sente apunhalada, sofre uma vertigem e desfalece. A imagem final do conto claramente nos remete ao simbolismo do rapto associado à morte:

---

105. *H. Hom. 2: A Deméter*, v. 16-20.

> Inocente, curiosa, entrando cada vez mais fundo dentro daqueles olhos que sem pressa a fitavam, ingênua, num suspiro de sono, sem querer nem poder fugir, presa ao mútuo assassinato. Presa como se sua mão se tivesse grudado para sempre ao punhal que ela mesma cravara. Presa, enquanto escorregava enfeitiçada ao longo das grades. Em tão lenta vertigem que antes do corpo baquear macio a mulher viu o céu inteiro e um búfalo (Lispector, 1974, p. 160).

Nas duas narrativas, o rito de passagem vai ocorrer através do encontro das duas jovens com uma figura masculina ameaçadora. Trata-se da cena arquetípica do rapto da virgem pelo homem sob uma forma monstruosa ou animal, com o consequente sacrifício da jovem, tão comum em diversos contos e mitos: o conto de *Cupido e Psiquê,* de Apuleio; o conto *A bela e a fera*, de Madame de Beaumont; o conto *Barba azul*, de Charles Perraut; o conto *João Ouriço,* dos irmãos Grimm; ou a tragédia *Otelo*, de Shakespeare. Nessas histórias, o homem surge sob uma forma assustadora para se casar com as jovens e ao mesmo tempo "matá-las". Em todas essas imagens arquetípicas, é nítida a troca simbólica entre casamento e morte. Da mesma forma, no mito de Perséfone e no conto de Clarice, o deus dos mortos ou o negro búfalo expressam o masculino que, em sua manifestação monstruosa, emerge das trevas para empurrar as jovens numa experiência de morte e de transformação.

Florenzano (1996) completa a nossa discussão trazendo uma reflexão sobre os ritos de passagem femininos. A autora discute como, na Grécia antiga, o ritual do casamento constituía o rito de passagem principal das meninas gregas, estando por isso associado a uma experiência de morte simbólica. A autora oferece o exemplo da tragédia grega *Ifigênia em Áulis*, de Eurípides, composta no século V a.C. A virgem Ifigênia, filha do rei Agamêmnon, pensa que vai se casar com o herói Aquiles, mas na verdade será sacrificada à deusa Ártemis, patrona dos ritos de passagem da adolescência e deusa da natureza. Segundo Florenzano, o casamento se identificava simbolicamente com a morte porque representava o doloroso fim da vida infantil da menina e sua entrada no grupo social das mulheres adultas.

> A representação ritual da morte do iniciado é também um elemento padrão dos ritos de iniciação em geral. O iniciado deve – mesmo que simbolicamente – morrer, para renascer em uma posição social diferente. Uma existência é abandona-

> da para que se possa assumir outra existência. [...] No Mito de Ifigênia, ela se prepara para o casamento, mas, em vez disso, é sacrificada a Ártemis. Tanto a iniciação quanto o casamento, como ritos de passagem que são, mantêm uma relação intensa com a morte (Florenzano, 1996, p. 26).

Seabra (1985) vem ampliar essas reflexões ao analisar o mito de Perséfone. A autora afirma que, no *Hino homérico*, o homem surge sob a forma do temível deus das trevas porque ele representa a ruptura da simbiose entre mãe e filha e a transformação da Core em mulher madura. Para Seabra, o mundo infantil de Perséfone só pode ser rompido pelo senhor dos mortos. Portanto, tanto a iniciação da mulher quanto o casamento, como ritos de passagem que são, mantêm uma relação simbólica com a morte. O homem representa o elemento estranho que vem "matar" a virgem inocente e levá-la para uma descida às profundezas da terra e da alma:

> O homem irrompe na história como elemento de violência e profanação. O encontro com o masculino é apresentado como um sequestro e um estupro. O rapto é, em alguns povos, parte do ritual do casamento [...]. O conhecimento da morte associado ao encontro com o masculino não se refere apenas ao rompimento da unidade infantil mãe-filha. Refere-se também à experiência de passagem – a iniciação – ritualizada de tantas maneiras nas diferentes culturas, na qual sempre se conhece um sofrimento e uma vivência de morte (Seabra, 1985, p. 63-64).

No conto de Clarice, o búfalo também traduz, de forma exemplar, a presença do masculino sombrio. O simbolismo do búfalo se associa ao do touro, cuja imagem aparece em muitos mitos e contos. O touro, por vezes identificado como um deus, representa a fertilidade masculina primordial. Para Chevalier e Gheerbrant (2005), o touro evoca a ideia de um poder irresistível do macho impiedoso. No texto clariciano, o búfalo, animal da espécie do touro, possui uma aura misteriosa, personificando o masculino em uma manifestação primitiva e numinosa. Ele é negro, não possui rosto nem forma, e revela apenas o músculo enrijecido do corpo. "De longe, no seu calmo passeio, o búfalo negro olhou-a um instante. No instante seguinte, a mulher de novo viu apenas o duro músculo do corpo. Talvez não a tivesse olhado. Não podia saber, porque das trevas da cabeça *ela só distinguia os contornos*" (Lispector, 1974, p. 157).

O encontro entre o búfalo e a mulher, no conto, remete-nos também ao mito de Europa, raptada por Zeus disfarçado de touro, narrado por Ovidio na obra *Metamorfoses*[106]. Trata-se, de novo, da cena arquetípica do rapto da virgem pelo masculino sob a forma não humana ou divina, configurando um rito de iniciação feminino. Tanto o búfalo quanto Zeus no mito de Europa expressam a virilidade masculina em seu caráter sagrado. Um deus touro, ou um búfalo divino, arrebatam uma jovem imatura para iniciá-la na relação com o homem, compreendida como um mistério que envolve morte e transformação.

Sob o foco junguiano, a figura sombria do masculino nas duas histórias analisadas pode expressar o arquétipo do *animus*. Segundo Stein (1998), o *animus* designa a imagem masculina inconsciente da personalidade feminina, e sua função é permitir ao ego entrar em contato com as camadas mais profundas do inconsciente coletivo[107]: "A função natural do *animus* (assim como a da *anima*) é manter-se em seu lugar entre a consciência individual e o inconsciente coletivo. [...] Por outras palavras, *anima/us* permite que o ego penetre e tenha a experiência das profundidades da psique" (Stein, 1998, p. 118). Para Stein, quando o *animus* é integrado, ele se torna um fator psíquico de emancipação porque confere à consciência feminina uma energia masculina que inspira a ação, a conquista, a discriminação, a maturidade e a criatividade. Assim, o *animus* permite ao ego experimentar as "alturas e profundidades do mundo interior", promovendo a elevação do nível da consciência individual (Stein, 1998, p. 130-131).

Walter Boechat (2008), na mesma linha de reflexão, define o arquétipo do *animus* como um princípio espiritual inconsciente, de tonalidade masculina, que permite a mediação entre a consciência e o inconsciente coletivo, atuando de forma criativa e transformadora no processo de desenvolvimento da personalidade, que Jung chamou de processo de individuação. No entanto, o *animus* pode permanecer envolto em projeções infantis e sombrias quando permanece desconectado em relação ao ego. O *animus* pode, portanto, apresentar-se sob uma forma indiferenciada quando o arquétipo não é integrado pela consciência.

106. OVIDIO. *Metamorfoses*, livro II, 2017, v. 833-875.

107. Para o aprofundamento do conceito junguiano de *animus*, cf. Stein, 1998, p. 115-136. O autor esclarece que os conceitos junguianos de *animus* e *anima* adquirem sua função psíquica a partir da dinâmica de opostos entre feminino e masculino, independente do gênero e do sexo biológico dos indivíduos.

> *Animus* – É a volição, a voz que fala de dentro, a vocação, o vocatio, a chamada espiritual. Manifestação do princípio do *lógos* dentro do processo de individuação. Quando ouvimos um *animus* diferenciado, estamos caminhando no processo de individuação. Mas o *animus* pode ter manifestações pouco diferenciadas, o que exige a discriminação da consciência. [...]. Os contos do tipo *A Bela e a fera* representam, do ponto de vista simbólico, o penoso processo de resgate de um *animus* primitivo (Boechat, 2008, p. 195-196).

A partir desta discussão, podemos compreender o deus Hades e o búfalo do conto de Clarice como uma imagem do *animus* que, em ambas as narrativas, manifesta-se inicialmente de forma indiferenciada e primitiva. No mito de Perséfone, o *animus* surge sob a imagem sombria do deus da morte porque o masculino está excluído da relação simbiótica entre Deméter, a mãe possessiva, e a Core infantil. No conto de Clarice, o *animus* surge na figura primitiva e perigosa do búfalo porque o masculino não pode ser integrado por uma mulher que desconhece as suas próprias emoções e se comporta de forma submissa diante do homem que a faz sofrer. No entanto, nas duas histórias, o *animus* será afinal resgatado, trazendo o fortalecimento e o amadurecimento das duas jovens.

No *Hino homérico a Deméter*, a imagem de integração do *animus* vai ocorrer quando Perséfone come com o marido grãos de romã. Essa refeição do casal precede imediatamente a saída de Perséfone do subterrâneo, ao mesmo tempo em que garante o seu retorno posterior para o marido. Ao comer a romã, Perséfone ficará ligada ao mundo dos mortos, pois a lei de Hades estabelece que todo aquele que fizer uma refeição no reino das trevas jamais retorna à terra. A ingestão da romã simboliza assim a negação da vida infantil de Perséfone, já que ela estará proibida de retornar para junto da mãe: "Mas ele, escondido, deu-lhe para comer um grão de romã doce como mel, após espreitar ao redor, a fim de que ela não permanecesse para sempre lá junto da veneranda Deméter de escuro manto"[108].

Ao discorrer sobre o símbolo da romã no mito de Perséfone, Junito Brandão (1986) afirma que os frutos com muitas sementes expressam a fertilidade da mulher e o desejo sexual, podendo representar inclusive o órgão reprodutor feminino. Brandão também vem lembrar que a refeição comunal

---

108. *H. Hom. 2: A Deméter*, v. 371-374.

fortalece os laços entre os indivíduos. O alimento possui uma força mágica enquanto elemento de fixação ou de retorno obrigatório de uma pessoa a determinado lugar (Brandão, 1986, p. 304-305).

Podemos então compreender a cena da romã como um símbolo da confirmação da união de Hades e Perséfone, que assume seu lugar ao lado do esposo como deusa dos mortos. A romã "doce como mel" nos remete ao deleite da intimidade conjugal. Por outro lado, o fruto é signo de fertilidade e amadurecimento, expressando a maturidade da própria Perséfone. Hades, o terrível deus da morte, revela ser afinal um bom marido, respeitando a esposa e lhe concedendo grande honra e poder. A refeição da romã expressa a transformação do masculino monstruoso em esposo afetuoso, ao mesmo tempo em que representa o renascimento de Perséfone como poderosa deusa da vida e da morte:

> Vai, Perséfone, para junto de tua mãe de escuro manto, mantendo em teu peito suave e favorável ânimo; e não te apavores excessivamente em vão. Não serei para ti, entre os imortais, inconveniente esposo, eu que sou o próprio irmão de Zeus pai. Quando aqui estiveres, serás a senhora de todos quantos vivem e se movem, e terás entre os imortais as maiores honras[109].

Hades, de início um deus ameaçador, tornou-se um guia iniciático da Core na sua descida às profundezas da terra, imagem que simboliza o mergulho no inconsciente e a descoberta do mundo interior. Por sua vez, a subida de Perséfone para a luz, trazendo de volta a vegetação dourada, traduz a sua elevação existencial. A descida da jovem para as trevas e seu retorno para a luz constituem um movimento circular que representa uma imagem de totalidade, de harmonia entre a vida e a morte. Portanto, sob o foco junguiano, a cena da romã expressa a integração do *animus* com a consequente união entre masculino e feminino, trevas e luz, inconsciente e consciência.

No conto *O búfalo*, a imagem de integração do *animus* é constelada quando a mulher e a fera se confrontam com o olhar. De início, o animal estava distante em seu cercado e não olhava a jovem; ela via apenas o seu contorno escuro e indefinido, como uma presença que ainda não pudesse se tornar consciente. De repente, o búfalo se volta para ela e chega bem perto.

109. *Ibid.*, v. 360-366.

Os dois se encaram. Nessa troca de olhares, a mulher adquire plena consciência do búfalo e de si mesma. A jovem vê refletido, nos olhos do animal, o ódio que ela tanto buscava, agora percebido como seu próprio ódio interior. A cena alude a uma revelação divina, pois a personagem entra em uma espécie de êxtase ao descobrir uma dimensão profunda de si mesma:

> Lá estavam o búfalo e a mulher, frente a frente. Ela não olhou a cara, nem a boca, nem os cornos. Olhou seus olhos. E os olhos do búfalo, os olhos olharam seus olhos. E uma palidez tão funda foi trocada que a mulher se entorpeceu dormente. De pé, em sono profundo (Lispector, 1974, p. 159-160).

As reflexões de Benedito Nunes (1989) a respeito do poder do olhar na obra *Laços de família* vêm completar nosso argumento. O autor afirma que a percepção visual das personagens femininas é destacada nos momentos de máxima tensão conflitiva. Em quase todos os contos, no ápice de uma crise, um abismo se abre na realidade cotidiana da protagonista, que subitamente tem acesso a uma visão epifânica. Essa percepção pelo olhar permite à mulher conhecer uma nova realidade mais significativa e se libertar das amarras do mundo familiar:

> Contudo, pela sua extensão e profundeza, essa mesma crise arma-a de uma percepção visual penetrante, que lhe dá a conhecer as coisas em sua nudez, revelando-lhe a existência nelas represada, como força impulsiva e caótica, e desligando-a da realidade cotidiana, do âmbito das relações familiares (Nunes, 1989, p. 86).

As imagens do conto tecem uma associação simbólica entre o búfalo e o homem que traiu a mulher, revelando um processo de projeção dos sentimentos de amor e ódio da personagem sobre o animal. Nesse movimento projetivo, a jovem é capaz de integrar o poder masculino e primitivo do *animus* representado pelo búfalo. Assim, a mulher consegue compreender e elaborar seus instintos destrutivos antes reprimidos. O búfalo se torna um mestre iniciático que guiará a jovem para a essência selvagem de seu mundo interior. Através da integração do *animus,* a jovem tem acesso a uma força inédita e ao início de uma libertação. No fim do conto, embora o texto deixe em aberto o que vai ocorrer com a personagem, podemos supor que ela jamais será a mesma:

> Sua força ainda estava presa entre barras, mas uma coisa incompreensível e quente, enfim incompreensível, acontecia; uma coisa como uma alegria sentida na boca [...]. O búfalo voltou-se, imobilizou-se, e, a distância, encarou-a. Eu te amo, disse ela então com ódio para o homem cujo grande crime impunível era o de não querê-la. Eu te odeio, disse implorando amor ao búfalo (Lispector, 1974, p. 159).

De acordo com Benedito Nunes (1989), nas obras de Clarice Lispector ocorre com frequência um processo de súbita desconstrução da vida cotidiana das personagens femininas. Um cenário doméstico e superficial é bruscamente rompido, a protagonista se vê empurrada em um espaço existencial indeterminado e sem contornos sociais. Neste ambiente liminar, a personagem entra em um estado de êxtase e vivencia uma "participação mística" com uma face misteriosa e anômala da existência. Esse pequeno desvio no universo corriqueiro transforma radicalmente a personagem, que passa a sentir, pensar e agir a partir de uma nova perspectiva.

> Verifica-se, no mundo de Clarice Lispector, uma constante reversão do espaço como ambiência cotidiana ao espaço geral da existência em sua realidade fáctica. Com essa reversão, que atinge principalmente o meio doméstico e familiar, a vida cotidiana se decompõe, e desaparecem o comum e o banal [...]. Em Clarice Lispector, essa experiência subtrai o sentido do mundo, para estabelecer, por meio do êxtase místico, conforme nos mostrou o exame da trajetória de G.H, uma relação de participação entre o sujeito humano e a realidade não humana [...] (Nunes, 1989, p. 113, 122).

Florenzano (1996) pode esclarecer como os ritos de passagem estão associados a este ambiente liminar e criador de uma realidade alternativa discutido por Benedito Nunes. A autora oferece o exemplo dos ritos de puberdade femininos na Grécia antiga. Na região da Ática, as meninas deixavam a casa paterna um pouco antes da puberdade e, por um longo período, ficavam longe de sua família e de sua cidade, vivendo junto à natureza no santuário da deusa Ártemis, fora dos limites da *pólis*. Durante esta fase, as meninas vivenciavam uma identificação simbólica com os animais. Elas usavam uma túnica cor de açafrão que lembrava o pelo dos ursos, e muitas vezes portavam um capuz ou uma máscara de urso. De vez em quando elas executavam danças em que imitavam ursas, por isso esse rito era chamado de *arctéia,* que vem do grego *árktos,* palavra que designa "urso". Ao se disfarçarem de ursas, as meninas incorporavam ritualmente o lado selvagem do ser humano, passando por uma experiência de inversão em relação aos papéis sociais e de morte simbólica de sua existência infantil anterior.

> Com efeito, a inversão ritual é característica de muitos ritos de passagem em diferentes sociedades. [...] para se passar de um estatuto para outro o grupo ou o indivíduo se isola, fica à margem da sociedade, e se comporta de maneira oposta àquela normalmente aceita [...]. A transformação das meninas em ursas na *arctéia* torna-as animais selvagens, o que as faz assumir, portanto, um papel contrário àquele que lhes será atribuído como esposas e mães na sociedade grega. Durante o isolamento as meninas se recolhem para o santuário de Ártemis, numa área fora da *pólis*, onde passam por um período de experimentação (Florenzano, 1996, p. 26).

A seguir veremos como, no conto *O búfalo* e no mito de Perséfone, as duas personagens se encontram no espaço de liminaridade típico dos ritos de passagem. Ambas as jovens deixam o ambiente familiar, se aproximam da natureza e se comportam de forma invertida em relação aos padrões normais. Ambas estão sozinhas, nas fronteiras entre uma realidade conhecida e banal e um cenário arquetípico onde atuam forças sinistras e misteriosas.

No *Hino homérico a Deméter*, Perséfone se afasta da mãe para colher uma flor de narciso grandiosa e mágica. A narrativa descreve o narciso como um objeto de temor, dotado de um perfume inebriante que faz a jovem e o mundo todo entrar em êxtase. Uma atmosfera lúgubre envolve a flor, que foi colocada no caminho de Perséfone pelos deuses para lançá-la nas trevas: "Um objeto de temor foi então visto por todos, tanto pelos deuses imortais quanto pelos homens mortais. De sua raiz nasceu uma cabeça de cem pétalas, e com a fragrância da flor, todo o céu vasto do alto, toda a terra, e a onda salina do mar, riram"[110].

Brandão (1987, p. 173-174) vem lembrar que a palavra "narciso", em grego *nárkissos*, é composta pelo radical *nárke,* que significa torpor, constituindo a base etimológica da palavra "narcótico". Segundo o autor, para os gregos antigos a flor de narciso se associava à morte devido ao seu efeito entorpecente. Por isso a flor estaria presente nas cerimônias de iniciação do

110. *Ibid.*, v. 10-14.

culto de Deméter e Perséfone, em Elêusis, representando a morte simbólica do iniciado.

Por outro lado, no mito de Narciso, a flor se associa ao torpor do adolescente que permanece deprimido numa experiência de introversão e de autodescoberta. Podemos então compreender que, no *Hino homérico a Deméter,* a flor do narciso abre uma fenda no mundo infantil de Perséfone causando na jovem o entorpecimento típico do adolescente que começa a conhecer seu mundo interior. Como o iniciado nos ritos de passagem, Perséfone entra em êxtase ao ser lançada nos abismos escuros da morte e de si mesma.

No conto *O búfalo,* o passeio da jovem no Jardim Zoológico expressa claramente o espaço de liminaridade dos ritos de passagem. Existe inclusive uma semelhança entre o rito grego da *arctéia* e certas imagens do conto. A personagem se afasta do ambiente urbano e familiar, como as meninas gregas, para transitar entre animais selvagens. A jovem ocupa um cenário marginal, cercada de feras, procurando o ódio, rangendo os dentes, agindo de forma anômala em relação ao modelo de mulher bem-comportada. Ela ingressa neste espaço selvagem numa tentativa de se identificar com os animais, anular sua bondosa humanidade e encontrar, junto aos bichos, os instintos primitivos que podem fortalecê-la.

O casaco marrom usado pela mulher do conto de Clarice possui uma função simbólica similar à da pele de urso que as meninas gregas vestiam durante o ritual da *arctéia.* O casaco marrom e a pele de urso não apenas evocam a identificação com o animal, mas também permitem um estado de ocultamento iniciático da identidade cotidiana. A vestimenta da mulher, como traje ritual, parece ser uma espécie de pele de animal, um disfarce de sua personalidade "domesticada". Escondida sob o manto escuro, a personagem busca apagar a sua dócil existência para encontrar a crueza primitiva e o instinto "doente" que vão salvá-la de si mesma.

> A mulher desviou os olhos da jaula, onde só o cheiro quente lembrava a carnificina que ela viera buscar no Jardim Zoológico. [...] A mulher do casaco marrom desviou os olhos, doente, doente. Sem conseguir – diante da aérea girafa pousada, diante daquele silencioso pássaro sem asas – sem conseguir encontrar dentro de si o ponto pior de sua doença, o ponto mais doente, o ponto de ódio, ela que fora ao Jardim Zoológico para adoecer (Lispector, 1974, p. 149-150).

Em artigo intitulado *O duplo em O búfalo, de Clarice Lispector*, Oliveira (2012) argumenta que o búfalo representa uma face complementar da personagem, uma imagem sombria e desconhecida dela mesma, o seu "duplo". O animal perigoso que encara a jovem serve como um espelho em que ela pode enxergar, dentro de si, as emoções violentas que ela procurava. O ódio que emana do búfalo leva a mulher a descobrir o seu próprio ódio, reprimido numa vida inteira condicionada ao exercício exclusivo do amor. O búfalo é o duplo selvagem que revela à mulher a existência de um "outro eu" selvagem e oculto em seu interior.

> Dessa forma, o búfalo reaparece como um outro, o duplo, que é, ao mesmo tempo, uma face do próprio eu, do eu selvagem e, por isso, violento, não domesticado. A mulher se encontra no animal, no reconhecimento de seus contornos selvagens, nas proximidades do coração mais primitivo, da experiência mais vital (Oliveira, 2012, p. 12).

Oliveira (2012) afirma que a personagem conhece o amor como sentimento construído culturalmente e imposto ao seu papel social de mulher. Porém, no zoológico, ela busca regredir ao estatuto animal para encontrar o ódio compreendido como um instinto natural e legítimo de autodefesa (Oliveira, 2012, p. 7). O búfalo, atuando como duplo, permite à jovem reencontrar dentro de si esse instinto primevo que vai torná-la menos vulnerável diante do homem. O encontro com o duplo selvagem expresso pelo búfalo deflagra um processo de renovação da identidade da personagem. A mulher é capaz de transpor a máscara feminina que lhe foi imposta e libertar um poder primitivo represado dentro dela. Essa experiência lhe permite reconstruir uma nova subjetividade, livre da dependência em relação ao homem:

> O encontro aparentemente banal entre uma mulher e um animal enjaulado se transforma em Clarice Lispector em uma experiência subjetiva que desestabiliza os limites identitários da personagem, que, como o animal, também se encontrava prisioneira de seus sentimentos pelo homem 'cujo grande crime impunível era o de não querê-la'. Rejeitada e ferida, a personagem se liberta no contato com o que há de mais primitivo em si mesma [...] (Oliveira, 2012, p. 12).

Para finalizar o capítulo, resta discutir uma última questão. A proposta deste trabalho foi refletir sobre a imagem arquetípica dos ritos de passagem no conto *O búfalo* e no *Hino homérico a Deméter*. Para tanto, apontamos certas semelhanças simbólicas entre as duas obras literárias. Perséfone e a jovem do conto, inicialmente submissas e imaturas, vivenciam a morte simbólica e a transformação. O deus das trevas e o negro búfalo, aqui associados à imagem do *animus* inconsciente ou do duplo selvagem, representam um poder masculino oculto na mulher. Esse poder ao mesmo tempo espiritual e primitivo, luminoso e sombrio, foi integrado pelas personagens, permitindo a superação da sua identidade debilitada anterior. Perséfone se torna a esposa de Hades, a poderosa deusa da morte. A personagem do conto de Clarice reencontrou dentro de si o ódio e a libertação. Forma-se assim a imagem arquetípica dos ritos de passagem, com a consequente mudança de estatuto existencial das personagens.

No entanto, vale ressaltar que, apesar do cenário arquetípico comum às duas narrativas analisadas, ambas também constelam funções semânticas distintas, que decorrem de sua inserção em quadros culturais diferentes. Na Grécia antiga, o *Hino homérico a Deméter* está estreitamente associado ao simbolismo agrário. Segundo Brandão (1986), o mito de Deméter e Perséfone se relaciona às estações do ano e ao ciclo de semeadura e de colheita dos cereais, principalmente o trigo em seu caráter sagrado. Perséfone é a Core, a filhinha inocente junto à mãe. Mas Core também é o grão divino do trigo, que vai ser "raptado" e morrer, descendo ao subterrâneo, para depois renascer com a nova brotação:

> Deméter é, pois, a Terra-Mãe, a matriz universal, e mais especificamente a mãe do grão, e sua filha Core é o grão mesmo de trigo, alimento e semente que, escondida por certo tempo no seio da terra, dela novamente brota em novos rebentos. [...] Perséfone é o grão que morre para renascer mais jovem, forte e belo, e, por isso mesmo, ela é a Core, a Jovem (Brandão, 1986, p. 285).

Perséfone se transforma em deusa dos mortos, mas, ao mesmo tempo, também é a guardiã, junto ao marido, da essência da vida que jaz oculta na fecundidade subterrânea. O rito de passagem de Perséfone, então, traduz o drama do trigo associado ao mistério da unidade entre a vida e a morte. Um trecho final do *Hino homérico a Deméter* descreve como a "morte" de Perséfone faz parte da vida, pois ela, ao subir de volta para a luz, traz consigo, do fundo das trevas, a elevação de todos os grãos[111]: "Quando a terra se cobrir de odoríferas flores primaveris, de todas as espécies, das trevas nevoentas de novo subirás, para grande espanto dos deuses e dos homens mortais"[112].

Em 1960, Clarice Lispector publica o livro de contos *Laços de família*. Nele, assim como em grande parte da sua obra, o tema central é o universo da mulher aprisionada em seu estreito cotidiano em um mundo dominado por homens. No conto *O búfalo*, um espaço doméstico é de repente quebrado por um mal-estar representado pelo encontro com o animal. Abre-se uma fenda nas normas sociais, a personagem entra em uma vertigem que desperta uma força feminina adormecida. O conto evoca imagens arquetípicas de morte e renascimento para expressar uma mudança no padrão da consciência da personagem. Mas a obra de Clarice também está falando de uma transformação no padrão da consciência feminina que está ocorrendo no Brasil na década de 1960. O rito de passagem da personagem que integra o seu lado masculino, poderoso e selvagem, constitui a metáfora do próprio rito de passagem da mulher que, na realidade social brasileira, está iniciando a sua busca de aquisição de poder.

Referências

BOECHAT, W. *Mitopoese da psique*. Petrópolis: Vozes, 2008.

BRANDÃO, J. *Mitologia grega*. Vol. 1. Petrópolis: Vozes, 1986.

BRANDÃO, J. *Mitologia grega*. Vol. II. Petrópolis: Vozes, 1987.

CHEVALIER, J.; GHEERBRANT, A. *Dicionário de símbolos*. Rio de Janeiro: José Olympio, 2005.

FLORENZANO, M.B. *Nascer, viver e morrer na Grécia antiga*. São Paulo: Atual, 1996.

JUNG, C.G. *Aspectos psicológicos da Core* [1941]. OC, vol. IX/1. Petrópolis: Vozes, 2000.

---

111. Convém lembrar que no *Hino homérico a Deméter*, o rito de passagem de Perséfone, associado ao ciclo do trigo, invoca o drama da morte e do renascimento dos iniciados nos Mistérios de Elêusis. Para o aprofundamento deste tema, cf. Brandão, 1987.

112. *H. Hom. 2: A Deméter*, v. 400-403.

LISPECTOR, C. O búfalo. *Laços de família* [1960]. 6. ed. Rio de Janeiro: José Olympio, 1974.

NUNES, B. *O drama da linguagem.* São Paulo: Ática, 1989.

OLIVEIRA, A. *O duplo em O búfalo, de Clarice Lispector.* São Cristóvão: Gelic/UFS, 2012.

OVIDIO. *Metamorfoses.* Trad. de D.L. Mendes. São Paulo: Ed. 34, 2017.

RIBEIRO JUNIOR, W.A. (ed. e org.). *Hinos homéricos.* Trad., notas e estudo de E.B. Rosa *et al.* São Paulo: Unesp, 2010.

SEABRA, Z.; MUSZAKT, M. *Identidade feminina.* Petrópolis: Vozes, 1985.

STEIN, M. *Jung: o mapa da alma.* São Paulo: Cultrix, 1998.

VAN GENNEP, A. *Os ritos de passagem.* Petrópolis: Vozes, 1977.

12
O toque das musas
O entrelaçar de um *páthos* transformador nas obras de Junito de Souza Brandão e Calímaco de Cirene

Dulcileide V. do Nascimento Braga
Professora Associada da Universidade do Estado do Rio de Janeiro (UERJ)

Fernanda Lemos de Lima
Professora Titular da Universidade do Estado do Rio de Janeiro (UERJ)

> *Em primeiro lugar, para Hesíodo, o poeta tem uma missão a cumprir, já que, como poeta, o* poietés *em grego (donde nos veio através do latim poeta(m) o vocábulo poeta) não é tão-somente um "fazedor", um criador, mas antes um legislador em nome das Musas, as detentoras de todas as artes e é este o verdadeiro sentido de* poietés, *como atesta Platão. Como legislador, em nome das Musas, o poeta, o* poietés, *é um vidente, um* mántis, *um adivinho.* Brandão, 2001, v. 1, p. 161.

Os mitos são uma espécie de tracejado que seguimos para entendermos e nos identificarmos com a sociedade a qual pertencemos. A inspiração das Musas foi a responsável por proporcionar que algumas pessoas fossem seus arautos, seus legisladores, visto que foram tocadas por um *páthos* da transformação, e , por isso, compartilhassem com os seus um conhecimento que nortearia várias vidas. Por isso, consideramos Junito de Souza Brandão e Calímaco de Cirene dois tecelões, *poietés*, desse conhecimento transformador, eles inovaram em suas épocas e sociedades através de um entrelaçar de um *páthos* que continua nos transformando até os dias de hoje.

Ao nos referirmos ao *páthos*, não estamos destacando o valor da paixão, ou da dor física, como comumente esse termo é interpretado, mas o valor semântico de um toque atrativo e modificador, talvez definido melhor como *sympátheia,* ou seja, uma junção de sentimentos que nos definem e nos fazem identificar o valor desses homens para a continuidade dos estudos clássicos.

Fomos apresentados ao Junito, fisicamente, pois já conhecíamos suas obras, em 1994, quando fez parte da nossa banca do concurso para professor de Grego do Instituto de Letras da Uerj. Contudo, não ficou até o final do concurso, pois sua saúde estava muito frágil. Tomamos posse em 1995, ano em que deixava o plano físico o mestre que inspirou e inspira tantos brasileiros que buscam saciar sua sede de saber com o conhecimento clássico.

O que os nossos dois autores têm em comum? Ambos associaram as suas produções aos conceitos de *téchne* e *sophía*. Calímaco de Cirene, poeta nascido por volta de 310 a.C., iniciou sua carreira como professor em Elêusis e ganhou renome na corte de Ptolomeu Filadelfo. Em uma época em que o ideal de estética literária era Homero, Calímaco, com sua poesia consegue inovar, ao demonstrar todo o conhecimento literário anterior em um novo formato: o dos epigramas. O poeta de Cirene emoldura sua poesia em uma roupagem de erudição cujas palavras podem ser interpretadas através de múltiplos olhares: o estético, o gramatical, o fonético e, principalmente, o semântico.

O gênero epigramático é encontrado desde o período arcaico até o período bizantino, mas encontra maior aceitabilidade no período alexandrino, representando o ideal de uma época que apreciava a brevidade do gênero associado à sua simplicidade.

O epigrama, que, inicialmente, era uma inscrição tumular utilizada para preservar o nome e a lembrança de um morto, amplia a sua temática (funerários, votivos, eróticos, literários e morais) e é propagado por inúmeros poetas, como Asclepíades de Samos, Leônidas de Tarento etc.

Calímaco, porém, tem um posicionamento diferente, já que, parafraseando o epigrama 28, ele detesta o poema que é cíclico, as estradas que muitos trafegam, o amante possuído por muitos, as fontes em que todos bebem e as coisas excessivamente populares. Seus versos demonstram o quanto almejava por uma nova forma de criação poética que representasse o gosto por uma poesia breve, se comparada com a epopeia, e ao mesmo tempo que trouxesse a erudição que os outros autores não conseguiam expressar em seus curtos versos. E essa erudição se delineava no uso do metro e da língua homérica. Ou seja, em um momento em que o interesse está direcionado para outros gostos e saberes, Calímaco resgata o valor da estrutura homérica, demonstrando que podia usar a mesma técnica para criar algo novo (*sophía*). A poesia de Calimaco é tão inovadora e atemporal que utilizaremos o seu epigrama 2 para lembrarmos de Junito Brandão:

> Alguém me falou, Heráclito, da tua morte e isso me levou às lágrimas. Lembrei-me de quantas vezes nós dois, enquanto conversávamos, vimos o pôr do sol. Tu, estrangeiro de Halicarnaso, és pó há muito tempo. Mas tuas andorinhas vivem e Hades, o arrebatador de tudo, não lançará sobre elas suas mãos[113].

Poderíamos, tranquilamente, trocar o nome de Heráclito por Junito e o de Halicarnaso por Rio de Janeiro que esse epigrama representaria, assim, o nosso sentimento com a morte do nosso professor, estudioso e apaixonado pela cultura, literatura e mitologia clássicas. Uma valorosa parte do resgate que temos, diante de um país que não valoriza o alicerce da cultura ocidental, devemos às obras de Junito e, da mesma maneira que as andorinhas poéticas de Calímaco, não permitiremos com os nossos voos literários, etimológicos e mitológicos que Hades arrebate a lembrança de seu legado.

Salientamos, ainda, que todo o trabalho desses dois mestres, como brevemente apresentado nesse texto, é pautado no termo *téchne*, normalmente definido como arte manual, uso que, segundo Ésquilo, em *Prometeu acorrentado* (1953, p. 178, v. 506), é uma dádiva de Prometeu – aos mortais, todas as artes vêm de Prometeu. Para Platão, esse vocábulo está relacionado à forma de fazer que está associada essencialmente ao domínio de um método que leva a um fim específico. Podemos depreender este conceito a partir da leitura da declaração de Sócrates no *Teeteto*. Ao expor o seu ofício, ou

113. Trad. de Richard Hunter.

seja, a maiêutica, o "parteiro" induz e conduz o "parturiente" a descobrir a verdade: "[...] minha arte de partejar tem as mesmas características que a delas (a das parteiras), mas se diferencia no fato de que assiste os homens e não as mulheres, e examina as almas dos que dão à luz, mas não seus corpos" (150b-c).

Assim, podemos entender que o saber desses dois mestres não pode ser definido como um simples objeto, mas como a projeção que tiveram sobre outros saberes humanos, suas relações e as demais produções socioculturais atingidas por suas técnicas. O saber desses mestres, portanto, não é algo estático, mas um processo de produção, acúmulo e, principalmente, transformação.

Os atemporais devotos das Musas se sentem agradecidos a esses dois "fazedores" e propagadores do conhecimento clássico através da erudição de versos ou de verbetes de dicionários que encantam e, ao mesmo tempo se mostram encantados, como observamos no relato de Calímaco no prólogo dos *Aetia* – que apresenta uma coleção de mitos – em que o poeta reconhece a sua maturidade poética e diz que só não reconhecem o seu valor aqueles que são ignorantes sobre a Musa, pois não são seus amigos nem conseguem enxergar o valor de ser amigo das Musas, nesse caso os Telquines. Nos versos 29-38, Calímaco nos afirma:

> Por ele fui convencido: pois cantamos entre os que o som claro
> da cigarra, e não o barulho dos asnos, amam.
> Que da mesma maneira que a besta orelhuda zurre
> um outro; eu, que seja o leve, o alado,
> em tudo, para que da velhice, para que do orvalho que canto,
> orvalhado alimento do ar divino, me alimentando,
> dela outra vez me despoje, ela que para mim se tornou tão pesada quanto
> a ilha de três pontas sobre o destrutivo Encélado.
> Os que as Musas olham com bons olhos quando crianças –
> e não de viés – deles, quando grisalhos, elas não deixam de ser amigas[114].

Amar "o som claro da cigarra" remete ao reconhecimento dos dons das Musas, visto que, segundo a tradição mitológica, foram elas que ensinaram os homens a cantar belamente. Eles ficaram tão encantados com o aprendi-

114. Trad. de Douglas Cristiano Silva.

zado das músicas que só queriam cantar o tempo todo, esquecendo de comer, de beber e de dormir... e, consequentemente, morreram de tanto cantar. Contudo, as Musas, vendo a dedicação desses homens e como eles eram felizes cantando, resolveram imortalizá-los, transformando-os no animal que hoje chamamos de cigarra. Comparar-se às cigarras e não aos asnos, reconhecer que o orvalho é o alimento divino da inspiração e que se manteve amigo das Musas até a velhice demonstra a fidelidade de Calímaco como continuador da tarefa a ele concedida, pontuando o descrédito de seus críticos, que não tendo a inspiração divina só conseguem relinchar.

Da mesma forma, a obra de Junito pode ser comparável ao incessante canto das cigarras, pois, assim como o poeta de Cirene, ele foi imortalizado pelas Musas, e a sua obra é fonte de inspiração constante, principalmente para os brasileiros que têm poucos materiais em vernáculo para aprimorar os estudos clássicos; por isso, valorizar a obra de Brandão é valorizar a importância dos estudos clássicos para a cultura ocidental, visto que é fonte inesgotável e acessível do saber. Lembrar da sua importância é revisitar as palavras de outro mestre:

> Os mensageiros animais, enviados pelo Poder Invisível, já não servem mais, como nos tempos primevos, para ensinar e guiar a humanidade. Ursos, leões, elefantes, cabritos e gazelas estão nas jaulas dos nossos zoológicos. O homem não é mais o recém-chegado a um mundo de planícies e florestas inexploradas, e nossos vizinhos mais próximos não são as bestas selvagens, mas outros seres humanos, lutando por bens e espaço, num planeta que gira sem cessar ao redor da bola de fogo de uma estrela. Nem em corpo nem em alma habitamos o mundo daquelas raças caçadoras do milênio paleolítico, a cujas vidas e caminhos de vida, no entanto, devemos a própria forma dos nossos corpos e a estrutura de nossas mentes. Lembranças de suas mensagens animais devem estar adormecidas, de algum modo, em nós, pois ameaçam despertar e se agitam quando nos aventuramos em regiões inexploradas. Elas despertam com o terror do trovão. E voltam a despertar, com uma sensação de reconhecimento, quando entramos numa daquelas grandes cavernas pintadas. Qualquer que tenha sido a escuridão interior em que os xamãs daquelas cavernas mergulharam em seus transes, algo semelhante deve estar adormecido em nós, e nos visita à noite, no sono (Campbell, 2014, p. 73).

A obra de Junito remete aos xamãs das cavernas, como reduto de arquétipos que teimam em lembrar os pilares do que realmente somos. Esse "Poder Invisível" a que Campbell se refere e que guia a humanidade, através da compreensão de mundo, ganhou novas formas, não mais de animais presos em pinturas rupestres ou releituras infantojuvenis, mas de palavras que resgatam memórias de um mundo líquido que se desfaz e se refaz sem refletir no processo que mantém viva a identidade humana. O canto das cigarras mitológicas, eruditas, arquetípicas e amigas das Musas ecoam em Junito como facilitador da dura trajetória do reencontro com uma época cuja memória se esvai em uma sociedade cada vez mais aculturada, presa às artimanhas tecnológicas e volúveis. Hoje não precisamos ser iniciados nos mistérios, temos a obra de Junito para iluminar todos aqueles que desejam trilhar os caminhos dos estudos clássicos em vernáculo para reencontrar a essência de múltiplos saberes.

Campbel também nos assegura que:

> O mundo está repleto de mitos de origem e todos são falsos do ponto de vista dos fatos. O mundo está repleto, também, de grandes livros tradicionais que traçam a história do homem – mas restringindo-se ao grupo local – desde a época dos princípios mitológicos, passando por períodos de crescente plausibilidade, até uma época quase ao alcance da memória, quando as crônicas começam a registrar dados mostrando uma objetividade racional até o presente. Assim como todas as mitologias primitivas servem para validar costumes, sistemas de valores e objetivos políticos de seus respectivos grupos locais, assim também ocorre com esses grandes livros tradicionais. Na superfície, parecem ter sido escritos como história conscienciosa. No fundo, revelam-se ter sido concebidos como mitos: interpretações poéticas do mistério da vida de um certo ponto de vista (Campbel, 2008, p. 87).

Resgatar de forma poética os mistérios da vida, relembrar o essencial para continuar a fazer parte do gênero humano, identificar e evitar a insensatez dos "ingênuos", manter a memória que nos identifica como parte de um todo, esses atributos devemos àqueles que dedicaram suas vidas a desvendar, copilar e reler os mitos que ajudam os não iniciados pelas Musas a desvendar os mistérios da existência. Portanto, negar a importância de Junito e de Calímaco para além de suas épocas é se desvincular do conceito de verdade – *aletheia* em grego, ou seja aquilo que não pode ser esquecido – como nos rememora a fábula de Esopo intitulada *O viajante e a verdade*:

> Certo viajante encontrou num deserto uma mulher solitária, que mantinha os olhos baixos, e perguntou-lhe: "Quem és tu?" E ela respondeu: "A Verdade" "E por que motivo deixaste a cidade e habitas o deserto?" E ela redarguiu: "Porque, nos tempos de outrora, a mentira se encontrava somente junto de poucos; porém atualmente ela está entre todas as pessoas, quer no que se ouve, quer no que se diz".

Eis que a vida torna-se péssima e penosa para os seres humanos, sempre que a mentira prevalece sobre a verdade (Esopo, 2002, p. 353)[115].

Verdade, etimologicamente, é o que não é esquecido. Logo, quando rememoramos o valor da obra de Junito, que nos afasta do deserto da ignorância, ou da obra de Calímaco, tão singular e representativa em mundos em que *Pseudos* (mentira em grego) amantes do conhecimento ignoram seus nomes alegando sempre que "as uvas estão verdes". As uvas sempre estarão verdes para aqueles que "preferem" escolher a mentira no lugar da verdade, a ignorância no lugar do verdadeiro conhecimento.

Cabe-nos, aqui, mais uma vez, citar um epigrama de Calímaco: Quisesse os céus que não existissem naves rápidas; pois não lamentaríamos Sópolis, filho de Diocleides. Agora, porém, seu corpo é transportado pelo mar, onde quer que esteja, mas, no lugar dele, nós caminhamos ao lado de um nome e de um túmulo vazio (epigrama 17).

Embora o epigrama retome o trágico acontecimento que ocasionou a morte de Sópolis, pois vaga em algum lugar no mar e não em um túmulo, podemos refletir sobre a etimologia dos nomes: Diocleides é aquele que tem a glória de Zeus e Sópolis é o salvador da cidade. A indefinição do lugar em que está o corpo, associado ao túmulo vazio nos proporciona a ideia de que ele não está vinculado a um único lugar, mas caminha ao lado daqueles que levam o seu nome.

Assim são os nossos poetas, cujo en-canta-mento é perpetuado todas as vezes que os citamos, como nessa singela homenagem, cujo objetivo é demonstrar que seus túmulos estão vazios, pois seus nomes continuaram a preencher nossos corações, mentes e textos resgatando um *páthos* transformador e multiplicador da cultura clássica. Somos herdeiras desse legado e

115. Trad. de Manuel Aveleza de Souza.

juntas trilhamos o caminho delineado por eles. Que as Musas também sejam gentis conosco e que possamos sempre entoar a prece de Sócrates: "que o sábio nos pareça sempre rico; que nós tenhamos tanta riqueza quanto um homem sensato possa suportar e empregar" (Platão, 2007, p. 125). E que o conhecimento de nossos mestres continue a fluir!

Referências

BRANDÃO, J.S. *Mitologia Grega*. Vol. I. Petrópolis: Vozes, 2001.

BRANDÃO, J.S. *Mitologia Grega*. Vol. II. Petrópolis: Vozes, 2001.

BRANDÃO, J.S. *Mitologia grega*. Vol. III. Petrópolis: Vozes, 2001.

CAMPBELL, J. The way of the animal powers. *O poder do mito*. São Paulo: Palas Athena, 1990.

CAMPBELL, J. *As máscaras de Deus: mitologia ocidental*. São Paulo: Palas Athena, 2004.

CHEVALIER, J.-C.; GHEERBRANT, A. *Dicionário de Símbolos: mitos, sonhos, costumes, gestos, formas, figuras, cores, números*. Rio de Janeiro: José Olympio, 2003.

ESCHYLE. *Prométhée Enchainé*. Org. e trad. de P. Mazon. Paris: Belles Lettres, 1953.

ESOPO. *As fábulas de Esopo*. Trad. de M.A. Sousa. Rio de Janeiro: Thex, 2002.

JUNIOR, F.R.; SEBASTIANI, B.B.; SILVA, B.C. (coords.). *A poética calimaquiana e sua influência na poesia epigramática*. Coimbra: Universidade de Coimbra, 2021.

PLATÃO. *Fedro*. São Paulo: Martin Claret, 2007.

PLATON. *Théétete*. Org. e trad. De A. Diès. Paris: Belles Lettres, 1967.

SILVA, D.C. *Escrever, sobrescrever: metalinguagem nos epigramas de Calímaco*. Disponível em: https://repositorio.ufmg.br/bitstream/1843/ECAP-9KQHTX/1/vers_o_final_completa_escrever_sobrescrever_douglas_silva.pdf

13
São José de Anchieta e a cultura clássica na América portuguesa
Considerações sobre a recepção do humanismo renascentista português

Leonardo Ferreira Kaltner
Professor Associado IV da Universidade Federal Fluminense (UFF)

Melyssa Cardozo Silva dos Santos
Professora Substituta de Latim na Universidade Federal Fluminense (UFF)

Introdução: da "mitologia grega" à "mitologia brasílica"

A publicação da obra *Mitologia Grega*, em três volumes (1986, 1989 e 2005), pelo Prof. Junito Brandão (1924-1995), foi um marco para a formação de classicistas no Brasil do século XX e será objeto de nossas reflexões, para a interpretação do "pensamento linguístico e das práticas gramaticais" (linguistic thought and grammar praxis) (Swiggers, 2013; Batista, 2013) de São José de Anchieta (1534-1597), conforme o modelo teórico da disciplina de Historiografia da Linguística (HL), em perspectiva interdisciplinar com os estudos de mitologia e de Literatura Comparada, propostos na obra do Prof. Junito. Com uma proposta inovadora e interdisciplinar, à época, mas válida até os dias de hoje, o Prof. Junito trouxe ao debate contemporâneo o tema da mitologia grega, vinculado à interpretação de Carl Jung, por símbolos e arquétipos, como "caminhos simbólicos" para uma "Consciência

Coletiva", ou "identidade cultural" (Brandão, 1989, p. 9). Essa foi uma inovação para a crítica literária no contexto acadêmico do Brasil, que reverberou em gerações de classicistas que travaram contato com o pensamento crítico do autor. A obra *Mitologia Grega* do Prof. Junito teve repercussão nacional, com uma boa aceitação nos meios acadêmicos, sendo até os dias de hoje um texto fundamental para classicistas das novas gerações.

Nossas considerações no capítulo dizem respeito a utilizar a proposta hermenêutica da obra *Mitologia Grega*, em seu método interpretativo e formas de análise discursivo-simbólica, para desenvolver uma crítica dos *Monumenta Anchietana*, as obras completas de Anchieta (Moutinho, 1999), tendo como objeto de reflexões alguns dos textos deste vasto *corpus*, tema já desenvolvido em estudos anteriores (Kaltner, 2016; 2019; 2020a; 2020b). O que buscaremos evidenciar é que além do tema da cultura clássica, e da mitologia, o Prof. Junito desenvolveu também um método interpretativo, que valoriza a dimensão simbólica do mito e serve-nos na Modernidade como uma técnica interpretativa, no sentido lato de uma exegese, ao sabor da filologia clássica. O autor nos demonstrou que a mitologia grega é um conhecimento que pode ser sistematizado, o que permite uma visão teórica da mitologia como uma disciplina investigativa da "identidade cultural" (Brandão, 1989, p. 9). Se encontramos uma mitologia grega nas antigas obras dos gregos, também encontramos uma "mitologia brasílica", nas obras de Anchieta, por exemplo, hipótese que desenvolveremos em nossa análise. Essa hipótese de uma "mitologia brasílica", que agregou a cultura greco-latina, em suas dimensões históricas clássica e cristã, a cultura europeia ibérica, sobretudo a de base medieval, e a cultura indígena tupinambá, é uma das chaves de interpretação dos *Monumenta anchietana*, e este será nosso tópico de debate.

Para desenvolver esse debate interpretativo, selecionamos como *corpus* de análise excertos de dois textos do missionário quinhentista: *o poema epicum De Gestis Mendi de Saa* (Os feitos militares do governador e general Mem de Sá) (Anchieta, 1970) e o *Auto de São Lourenço*, que representam a identidade cultural da América portuguesa quinhentista, sendo produtos linguísticos de seu contexto específico (Kaltner, 2020c; 2020d; 2022). Por essas obras analisaremos a recepção da mitologia grega, e mesmo do pensamento grego, na formação de uma "mitologia brasílica", ao mesmo tempo em que apresentamos algumas evidências da recepção da mitologia grega nas obras que compõem os *Monumenta Anchietana*.

Quanto às culturas de matriz africana, particularmente as que se vinculavam aos reinos do Congo e da Angola quinhentista, no chamado ciclo da Guiné, podemos notar que tiveram uma influência indireta nas obras e no pensamento de Anchieta, pois sua atividade missionária se deu em regiões cuja maioria da população era indígena. As culturas de matriz africana, inicialmente as que se expressavam em quimbundo, formadoras da América portuguesa quinhentista, compunham também essa "mitologia brasílica" inicial, ainda que não tivessem sido registradas, diretamente, nas obras do missionário, pelo fato de este ter passado grande parte de sua vida na região da capitania de São Vicente, no século XVI (Viotti, 1980).

1 Chegada da mitologia grega à América portuguesa

A Cultura Clássica da Grécia e da Roma antigas chega à América portuguesa no século XVI, nas primeiras décadas de institucionalização da educação na colônia, por uma elite intelectual de missionários, com formação escolástica e humanística (Kaltner, 2022). Esse contexto intercultural entre a América portuguesa e a Europa quinhentista é intermediado pelas políticas culturais do rei Dom João III, que fomentou no reino de Portugal uma reforma educacional, tendo iniciado uma institucionalização das inovações da corrente de pensamento do humanismo renascentista europeu, na fundação do Real Colégio das Artes, em 1548, e na reforma da Universidade de Coimbra, à época (Tannus, 2007; Pinho, 2006). As influências da política cultural de Dom João III se fazem notar na primeira fase de estabelecimento da Companhia de Jesus em Portugal, o que reverberou também na América portuguesa quinhentista (Franca, 1952).

A intelectualidade missionária esteve presente na América portuguesa desde 1500, inicialmente com presença franciscana e posteriormente com a presença jesuítica. A fim de sistematizar o conhecimento sobre o pensamento, e as correntes culturais de pensamento, desse período, nos valemos da "periodização" (Swiggers, 2013; 2019) do pensamento linguístico e das práticas gramaticais desse contexto. Podemos dividir em três fases o contexto do desenvolvimento do pensamento de Anchieta, por "pontos de ancoragem" (*anchoring points*) históricos, o que nos dá um modelo teórico sintético, que, ainda em debate, apresentamos no quadro a seguir.

Fases do período missionário quinhentista da América portuguesa	**Pontos de ancoragem**	**Correntes de pensamento**	**Fontes principais**
Fase empirista (1500-1549): a ecologia do contato de línguas.	Chegada dos primeiros missionários franciscanos à América portuguesa, 1500 até o governo-geral (1549).	Escolástica medieval e empirismo franciscano.	Registro de cronistas e literatura de viagem.
Fase humanística (1549-1580): a *Respublica litteraria* de Anchieta.	Início do governo-geral e chegada dos primeiros jesuítas, 1549 até a União Ibérica (1580).	Humanismo renascentista português.	*Monumenta Anchietana.*
Fase racionalista (1580-1621): a filosofia escolástica ibérica.	Da União Ibérica, 1580, até a publicação da gramática de Figueira (1621).	Racionalismo jesuítico e segunda escolástica.	Gramática de Figueira, de 1621. *Ratio Studiorum.*

Quadro 1 – Protótipo do modelo teórico do pensamento no período missionário quinhentista

Na América portuguesa quinhentista, a recepção do humanismo renascentista português se deu, principalmente, nas obras que compõem os *Monumenta Anchietana*, as obras completas de Anchieta, humanista e missionário, vulto desse momento histórico, como supracitado. Suas obras são o principal registro da intelectualidade desse contexto histórico e da recepção da Cultura Clássica europeia, por seus mitos greco-latinos, na colônia ultramarina recém-fundada. Entre as obras que compõem os *Monumenta Anchietana* as que são mais evidentemente relacionadas ao humanismo renascentista são as que estão contidas no *Manuscrito de Algorta* (Moutinho, 1999), escritas em latim humanístico e categorizadas como poesia novilatina.

A partir das obras novilatinas do *Manuscrito de Algorta*, podemos identificar a recepção da poética clássica no contexto da América portuguesa quinhentista. O manuscrito registra o *poema epicum De Gestis Mendi de Saa* (Os feitos militares do governador-geral Mem de Sá), o poema elegíaco *De Beata Virgine Dei Matre Maria* (A Santa Virgem Maria, Mãe de Deus) e a sequência de poemas menores intitulada *De Eucharistia et aliis poemata varia* (Poemas eucarísticos e outros) (Anchieta, 1975), editados modernamente por Armando Cardoso, em um dos mais importantes trabalhos de Filologia Clássica do Brasil no século XX. As outras obras do missionário derivaram de fontes manuscritas diversas.

A presença da mitologia clássica pode ser notada nos *Monumenta Anchietana* sobretudo nos textos do manuscrito, que eram produtos da educação humanística, vinculada à formação teológica dos missionários da América portuguesa quinhentista e a uma "latinização" da identidade cultural da colônia (Molinari, 1992; 1997). Nesse sentido, a recepção da cultura clássica por esse círculo intelectual de missionários era parte da educação da época, e encontramos alusão aos autores clássicos da latinidade nas obras de Anchieta, assim como alusão também à mitologia grega.

As obras de Junito Brandão de mitologia grega podem ser uma chave de leitura e de interpretação do pensamento de Anchieta, tendo em vista que a mitologia grega está indiretamente presente nas obras poéticas do missionário. Em uma exegese do poema *De Gestis Mendi de Saa*, encontramos, por exemplo, a presença clássica da estética de Hesíodo e Homero, para descrever o contexto colonial da América portuguesa quinhentista, em uma alusão ao Mito das *Fortunatae Insulae*, tema também encontrado na obra de Simão de Vasconcelos, no século XVII (Vasconcelos, 1865 [1663]).

2 O Mito das *Fortunatae Insulae* na América portuguesa: o *De Gestis Mendi de Saa*

As relações entre mito, rito e religião foram desenvolvidas pelo Prof. Junito no primeiro volume da série *Mitologia Grega*. Estas categorias são a base teórico-crítica sob a qual a mitologia grega foi interpretada modernamente. O saudoso classicista, tendo o mitólogo Mircea Eliade (1907-1986) como referência, nos ensina que as interrelações entre mito, rito e religião estão na base de uma compreensão das obras poéticas da antiguidade clássica, e o mito não pode ser considerado apenas uma fábula, mas uma narrativa inspirada, à qual permite a organização de ritos, e mesmo da religião.

Nas palavras do Prof. Junito:

> É necessário deixar bem claro, nesta tentativa de conceituar o mito, que o mesmo não tem conotação usual de fábula, lenda, invenção, ficção, mas a acepção que lhe atribuíam e ainda atribuem as sociedades arcaicas, as impropriamente denominadas culturas primitivas, onde o mito é o relato de um acontecimento ocorrido no tempo primordial, mediante a intervenção de entes sobrenaturais. Em outros termos, mito, consoante Mircea Eliade, é o relato de uma história verdadeira, ocorrida nos tempos dos princípios, *illo tempore*, quando, com a interferência de entes sobrenaturais, uma realidade passou a existir, seja uma realidade total, o cosmo, ou tão-somente um fragmento, um monte, uma pedra, uma ilha, uma espécie animal ou vegetal, um comportamento humano. Mito é, pois, a narrativa de uma criação: conta-nos de que modo algo, que não era, começou a ser (Brandão, 1986, p. 35-36).

Nesse sentido, o mito brasílico é aquele que buscou descrever a fundação do Brasil, no contexto da América portuguesa quinhentista, na mesma medida em que o mito grego é a narrativa que descreveu a fundação do mundo grego, o seu "*cosmos*". Na perspectiva da América portuguesa, a intelectualidade de missionários, como Anchieta, atuava como uma vanguarda no estabelecimento de contato e posterior aliança com os povos originários, as nações indígenas do território. Nesse sentido, o mito brasílico derivou de uma transferência e adaptação do pensamento europeu renascentista à sociedade colonial ultramarina, com as matrizes culturais vinculadas aos povos originários, as comunidades indígenas, em um contexto plurilíngue (Faraco, 2016).

Um dos mitos antigos da região em que Anchieta viveu, as Ilhas Canárias, era o Mito das *Fortunatae Insulae*, morada das Hespérides, o mito da Ilha Atlante que também foi levado às Américas (Vasconcelos, 1865 [1663], p. 68-70). Esse mito foi referenciado pelo jesuíta Simão de Vasconcelos em sua crônica sobre a história da Companhia de Jesus e pode ter sido uma referência para Anchieta descrever a América portuguesa em seu poema épico, o *De Gestis Mendi de Saa*, que narrou os feitos militares do terceiro governador e general (governador-geral) do Brasil, Mem de Sá (1504-1572).

Sobre esse "mito brasílico" na obra de Anchieta, publicamos uma obra intitulada *O Brasil hespérico no De Gestis Mendi de Saa* (Kaltner, 2020a,

2022), derivada de pesquisa de mestrado em Letras Clássicas, na Universidade Federal do Rio de Janeiro, desenvolvida em 2007. Nessa pesquisa, há um estudo aprofundado do tema, que iremos retomar, para demonstrar essa percepção simbólica da América portuguesa quinhentista como parte das *Fortunatae Insulae*.

Anchieta ao descrever as missões jesuíticas, no *De Gestis Mendi de Saa*, emprega conceitos relacionados ao *tópos* da "*aurea aetas*" (Idade de Ouro), ao arquétipo natural da primavera e do inverno, em uma percepção do mundo e da ordem natural muito próximas à estética de Virgílio. Vejamos os versos no original e a tradução poética de Armando Cardoso, em um dos melhores trabalhos tradutórios da obra de Anchieta (1970, p. 148-149):

> Incipit adspirare polo iucunda uoluptas (1296a)
> Defessos leni mulcens spiramine sensus,
> Oblectans animos dulcedine, pressa dolore
> Corda leuans, placidoque quies illabitur anno,
> Pectora continuis pressosque laboribus artus
> Agricolis recreans, fundens noua gaudia menti
> Spemque nouam, multo ne uicta labore fatiscat.
> Producunt pulchros iam nunc Brasillica flores
> Arua, nec arenti mandantur semina arenae,
> Sed fructus fecunda suos dat terra, labore
> Culta iugi, quam latifluis rigat imbribus unda,
> Diuinoque fouet caelestis Flama calore.
> Aspera cessit hiems, gelidae cessere pruinae
> Solis ad ardorem, stricto nec dura rigescunt
> Corda gelu; foedis purgantur sordida culpis
> Pectora, et ardescunt animi; quaeque ante fuerunt
> Frigida, iam feruent diuino uiscera amore.
> Sic, ubi nimbosae cesserunt frigora brumae,
> Tranquillo incipiunt placidissima murmure terrae
> Flamina, solque igni faciem recreare tepenti;
> Fundit opes fecundas suas, gremioque uirenti
> Iam renouata nitet totis pulcherrima campis,
> Producitque hilari uiridantia gramina uultu:
> Tum laetae segetes tum formosissimus annus;
> Tum suus arboribus nitidissimus undique siluas
> Flos redit innectens: tum frondea tecta uirescunt,
> Et uolucris dulces effundit garrula cantus:

Tum parit et uitis teneros uberrima foetus
Laeta suas pandens frondes, tum brachia repens
Explicat, et fuso iam pullulat undique crine
Palmitibus fecunda nouis: tum pendulus exit
Clauiculus matris de cortice; pinguia crescunt
Et folia, et laetis oneratus pampinus uuis.
Iam nox atra fugit.

Uma alegria jucunda inicia a soprar do céu (1296a)
Amansando os sentidos cansados com suave brisa
Deleitando os ânimos com doçura, elevando
Os corações oprimidos pela dor, e o descanso adentra na plácida estação,
Recreando os peitos e os corpos oprimidos
Pelos trabalhos agrícolas, difundindo novas alegrias à mente
E uma esperança renovada, para que não se fatigue vencida por tantos trabalhos.
Já produzem agora os campos do Brasil flores belas
Nem são mandadas sementes ao deserto arenoso,
Mas a terra dá fecunda seus frutos, cultivada
Pelo trabalho do jugo, a qual a chuva irriga com torrentes vastas,
E a favorece a chama celeste com o divino calor (1300)
Cessou o áspero inverno, cessaram as gélidas geadas
Junto ao ardor do Sol, e não se enrijessem os duros
Corações pelo gelo, os sórdidos corações são purgados
Das terríveis culpas, e ardem os espíritos, tudo que antes fora
Frígido, já aquecem as entranhas com o divino amor.
Assim, quando as nuvens chuvosas cessaram as geadas
Começam a soprar as brisas mais quentes da terra
Com seu tranquilo murmúrio, e o Sol a recrear sua face,
Com o fogo que aquece, ele espalha suas riquezas fecundas, e com um afago
Verdejante, já a terra brilha belíssima, renovada em todos os seus campos
E produz uma grama verdejante em seu vulto feliz: (1310)
Assim, as alegres lavouras, assim, a mais formosa estação
Assim, a sua flor mais brilhante retoma, enredando-se,
As selvas por todos os lados, nas árvores, assim as copas frondosas vicejam
E a ave canora derrama doces cantos:
Assim, pariu também a videira, tão carregada de tenros frutos
Abrindo suas frondes, alegre, assim, expande seus ramos

A "rastejante", e já pulula por todos os lados suas folhas em uma crina difusa
Fecunda de novos palmitos, assim a suspensa
Gavinha sai do córtice da mãe; tanto crescem suas folhas
Oleosas, quanto o pâmpano está pesado pelas bagas vicejantes.
Já a negra noite foge[116].

A missão jesuítica é narrada, poeticamente, como uma retomada do Mito da *Aurea Aetas*, a Idade de Ouro, em que os campos arados na América portuguesa marcaram o início de uma nova civilização, o Brasil. A descrição da natureza, ou da ordem natural, é desenvolvida por imagens de uma conversão da "*nox atra*" (noite sombria) em um "dia" com o sol, em que os campos do Brasil passam a produzir belas flores: "Producunt pulchros iam nunc Brasillica flores arua" [Já produzem os campos do Brasil belas flores], e as sementes não são mais jogadas na areia: "nec arenti mandantur semina arenae" (e não são jogadas as sementes no solo arenoso). A partir de então, a terra fecunda apresenta os seus frutos: "Sed fructus fecunda suos dat terra" [Mas a terra fecunda dá os seus frutos].

Anchieta narrou o início das atividades agrícolas na colônia, um dos acontecimentos que fundou a "mitologia brasílica" da América portuguesa. Essa narrativa é intertextual com o *Gênesis bíblico*, com a obra de Hesíodo *Os trabalhos e os dias* e com as *Geórgicas*, de Virgílio. Culturalmente, em relação às culturas indígenas, podemos notar uma perspectiva assimilacionista, em que o indígena convertido se torna um agricultor, no contexto das missões quinhentistas, em que a prática agrícola era uma das atividades estabelecidas nas missões (Leite, 1965), como outrora ocorreu entre os assentamentos de hebreus, gregos e romanos nas narrativas de mitos de fundação do mundo ocidental.

O excerto inicia-se com a chegada de uma *iucunda uoluptas* (prazer jucundo) que vem do *polo* – isto é, do "céu" – metaforizado como o *cosmos* ordenado ou como o "Reino de Deus" na tradição cristã. Uma tradução alternativa para *iucunda uoluptas* é "alegria transbordante", que em sentido metafórico equivale ao termo *felicitas* (felicidade), a uma realização plena do ser. Essa alegria transbordante vem do céu, segundo o poeta. Há uma metáfora implícita de Anchieta nessa passagem do texto, pois era sabido, nas culturas indígenas da América portuguesa quinhentista, que as chuvas

116. Tradução nossa.

que vinham do céu eram um motivo de alegria, de comemoração e de dança, em suas cirandas circulares (Rodrigues, 1986). A chuva garantiria que não houvesse fome.

Essa alegria natural da chuva que vem do céu é uma das metáforas de uma alegria metafísica e transcendental que vem de um céu simbólico, em uma análise do excerto do poema do missionário. A agricultura, o conhecimento do calendário e das estações do ano eram elementos que os indígenas passariam a ter conhecido com o estabelecimento das missões na América portuguesa quinhentista. O trabalho no campo que cansava os corpos dos lavradores era recompensado por essa "alegria transbordante" que viria do céu: "Defessos leni mulcens spiramine sensus" (apaziguando os sentidos cansados com uma brisa leve).

Inicia-se na sequência da narrativa do poema o processo de aproximação do "ser humano" com o "céu", conforme a "brisa leve" passasse a barreira da percepção, os *sensus* (sentidos), e estes estivessem acalmados, após o trabalho. Esse *spiramen lene* (leve brisa) pode ser interpretado como um discurso, ou palavras ditas de forma leve, ou branda. No contexto missionário da América portuguesa quinhentista, o termo poderia ser interpretado como uma metonímia para a catequese intercultural, que teriam sido as palavras vindas do céu, como uma brisa leve, ouvidas após o trabalho no campo que acalmava os sentidos.

Essas palavras, como uma boa notícia, podiam chegar à alma e aos corações oprimidos, libertando-os: "Oblectans animos dulcedine, pressa dolore / Corda leuans" (deleitando as almas docemente, elevando os corações oprimidos pela dor). Após o trabalho campesino, essas boas palavras trariam um descanso ao agricultor, trazendo novas forças ao seu corpo cansado, por sua mente feliz com uma esperança renovada, que viria do céu: "placidoque quies illabitur anno, / Pectora continuis pressosque laboribus artus / Agricolis recreans, fundens noua gaudia menti / Spemque nouam, multo ne uicta labore fatiscat" (E o repouso penetra na estação de calmaria, recreando os corações e os membros oprimidos por trabalhos contínuos no campo, esparramando novas alegrias na mente e uma esperança renovada, para que não a fadigue vencida por tão grande trabalho).

Essa imagem da dignidade do trabalho no campo está presente em diversas tradições do mundo ocidental, desde Hesíodo a Virgílio, incluindo-se as *Escrituras*, na tradição judaico-cristã. A agricultura foi uma das formas de organização social e humana, em relação ao mundo natural, que permitiu que o *Caos* natural se tornasse o *Cosmos* humanizado, repelindo a fome que teria desagregado inúmeros grupamentos humanos antes do conhecimento das técnicas de agricultura. Cumpre salientar que o contexto institucional da América portuguesa quinhentista, como sociedade derivada dos ordenamentos jurídicos do absolutismo europeu, era ordenado pelas instituições da servidão e da escravidão ainda. Nesse sentido, o trabalho no campo era também visto como uma relação entre o "corpo" e a "alma", como uma relação entre *dominus* (senhor) e *seruus* (escravizado). Para libertar a alma, o corpo deveria servir. Dessa forma, o trabalho no campo era uma forma de permitir que a alma pudesse colher os "frutos celestes", nesse sistema de pensamento simbólico quinhentista, de base greco-latina.

Esse trabalho no campo, da Grécia e da Roma antigas, também da América portuguesa quinhentista, não deve ser confundido com o conceito moderno de trabalho das sociedades burguesas atuais. Era antes um trabalho relacionado ao mundo natural, a subsistência, para que houvesse um *placidus annus* (um ano de quatro estações farto). Havia o tempo de plantio, o tempo de espera e o tempo de colheita, conforme as estações do ano, o que permitia um tempo de *otium* para a apreciação e observação da natureza. Não era um trabalho pensado para a produção de excedentes, como havia, por exemplo nos engenhos de cana-de-açúcar, também na América portuguesa, cuja mão de obra era escravizada e o trabalho alienado. A agricultura era, inicialmente, uma atividade de subsistência.

A imagem descrita por Anchieta apresenta um inverno gélido, referente às geadas que não eram encontradas de forma comum na América portuguesa, ainda que a temperatura no inverno oscilasse, principalmente nas capitanias do Sul da colônia, como São Vicente. O missionário relata, assim, o final do inverno: "Aspera cessit hiems, gelidae cessere pruinae / Solis ad ardorem, stricto nec dura rigescunt / Corda gelu" (Cessou o áspero inverno, cessaram as gélidas geadas, junto ao ardor do sol, e não se enrijecem os corações endurecidos pelo gelo comprimido).

A analogia entre a paisagem natural (cosmo) e o ser humano (microcosmo) está no cerne dessas imagens poéticas de Anchieta, derivadas da recepção da estética de Hesíodo e de Virgílio. As quatro estações naturais correspondem também ao estado de espírito, aos quatro "humores" humanos, na compreensão renascentista do ser humano. Nesse sentido, a "noite" e o "inverno" da natureza equivalem à "noite" e ao "inverno" do coração (*pectora*) – isto é, à tristeza –, que poderia afligir tanto os povos originários, pela colonização, quanto os próprios colonizadores, por terem saído de seu reino. Para que esse "inverno", ou "noite", saísse dos "corações", por uma "alegria transbordante", vinda do "céu", os trabalhos agrícolas se faziam necessários, como na Grécia e na Roma antigas. Essa é uma das interpretações do excerto, que apresenta uma relação entre a ordem natural e uma ordem mental humana, como microcosmo.

Por fim, o excerto apresenta os "frutos" desse processo de conversão, em uma "primavera", que é a exuberância natural, também a felicidade: "Tum laetae segetes tum formosissimus annus; / Tum suus arboribus nitidissimus undique siluas / Flos redit innectens: tum frondea tecta uirescunt" (Então, as searas tornam-se alegres, em seguida a estação mais formosa, logo a sua flor mais brilhante retorna às florestas entrelaçada, resplandecendo nas árvores, por todos os lados, já as frondosas copas das árvores se tornam verdes). A observação da floresta e dos povos originários parece ter marcado essa descrição do missionário, que registrou a alegria das comunidades quinhentistas com o retorno da primavera, para além de um *tópos* poético.

A primavera da América portuguesa era também símbolo da primavera humana, e há uma metáfora implícita no poema sobre o termo "*Flos innectens*" (flor entrelaçada), que está registrado no singular. A flor que representava a primavera, metaforicamente, no sentido da tradição cristã poderia estar relacionada a Cristo, que traz a vida novamente, conforme o sistema de pensamento no contexto missionário quinhentista. Por fim, no último verso do excerto, há um fragmento de verso que sintetiza toda essa alegoria, ao sabor humanístico renascentista, inspirada em Virgílio, que descreve a natureza humana, após a conversão: "*Iam nox atra fugit*" (Já a noite sombria foge), tanto nas florestas quanto nos corações humanos. Essa humanização simbólica do mundo natural e naturalização do ser humano consistia no que Cícero pressupunha como *humanitas*, e era uma característica marcante do humanismo renascentista. Anchieta a descreve no plano individual, no excerto de seu poema. Veremos, na sequência, a dimensão social e como esse processo se desenvolveu na "pólis-aldeia" descrita no *Auto de São Lourenço*, texto também simbólico e arquetípico.

3 A "pólis-aldeia": o *Auto de São Lourenço*

Além do microcosmo individual, que era o ser humano, na perspectiva renascentista, podemos pensar em um microcosmo social, no caso da Grécia antiga, a *pólis*, e no caso do Roma antiga, a *urbs*. No contexto cultural da América portuguesa quinhentista, um microcosmo social teria sido formado pelas aldeias indígenas. Nos *Monumenta Anchietana*, encontramos obras que se referem a essa categoria no teatro de Anchieta, por exemplo. Faremos uma leitura e análise de um excerto *Auto de São Lourenço*, escrito no contexto quinhentista, uma das mais importantes obras do missionário que tem como cenário a "pólis-aldeia" de São Lourenço dos Índios, atual cidade de Niterói, no Estado do Rio de Janeiro.

O *poema epicum De Gestis Mendi de Saa* foi escrito, provavelmente, entre 1560 e 1562, Anchieta estava no Brasil há menos de uma década. Já o *Auto de São Lourenço* foi encenado em 1587, em um momento bem posterior à chegada de Anchieta ao Brasil, quando estava familiarizado há décadas com as comunidades indígenas (Anchieta, 1977). O *Auto de São Lourenço* tem como tema a representação do martírio de São Lourenço e de São Sebastião, santos da tradição católica, cuja devoção estava vinculada às comunidades indígenas que participaram das batalhas de fundação do Rio de Janeiro e de Niterói, ocorridas entre 1555 e 1567.

O lugar em que o auto foi encenado era a aldeia de São Lourenço dos Índios, em que havia uma capela, tendo sido a audiência do auto basicamente formada pela tribo de Arariboia, os temiminós, de cultura tupinambá, indígenas que lutaram por décadas como aliados dos portugueses, liderados por Arariboia (Rodrigues, 1986). O texto dramático é trilíngue e veremos um excerto, na edição de Armando Cardoso, trabalho fundamental de filologia para a difusão moderna do texto da América portuguesa quinhentista.

Vejamos o ato I (Anchieta, 1977, p. 143-145), que apresenta o martírio de São Lourenço, queimado vivo em uma grelha, pela perseguição do imperador romano Décio, também personagem no auto:

> Por Jesus, meu salvador,
> Morto por minhas maldades,
> Asso-me sobre esta grade
> Com fogo do seu amor.

Bom Jesus, quando te vejo
Em a cruz, por mim chagado,
Eu por ti vivo e queimado
Mil vezes morrer desejo.

Pois teu sangue redentor
Lavou-me toda maldade,
Que eu arda sobre esta grade
Com fogo do teu amor.

O fogo do forte amor,
Ó meu Deus, com que me amas
Mais me queima do que as chamas
E brasas, com seu calor.

Pois teu amor, por meu amor
Fez tanta sublimidade
Que eu morra sobre esta grade
Pelo teu, ó meu Senhor!

Esta é uma canção que foi executada durante a encenação do martírio de São Lourenço, ou na presença de uma imagem do santo. Segundo Armando Cardoso, a fonte de Anchieta foi a *Legenda áurea*, de uso comum no século XVI (Anchieta, 1977). O mais interessante do texto, que o caracteriza por seu caráter estético, é a sua expressividade poética e a sugestão da presença do santo na festividade, com alto valor simbólico e cultural, como no teatro clássico da *pólis* ateniense, nos pressupostos catárticos da poética aristotélica. A mensagem passada por Anchieta condiz com a retórica da moral judaico-cristã, assim, é um texto que apresenta a tradição cristã aos indígenas e se remete a uma comunidade indígena convertida e aliada aos colonizadores europeus, no século XVI.

A primeira estrofe tem como tema central a metáfora cristã do "fogo do amor", um fogo simbólico. A imagem de São Lourenço sendo assado vivo em uma fogueira remetia aos indígenas temiminós um antigo costume de Roma e dos inimigos tupinambás quinhentistas, costume que foi abandonado pela conversão cristã, de queimar seus prisioneiros de guerra. Esse costume era um traço identitário comum à duas culturas, tanto os antigos romanos como os tupinambás o faziam com o uso de fogueiras, inclusive para os rituais de antropofagia das comunidades indígenas, já então abandonados, após as batalhas. O fogo deixava de ser um instrumento de vingança e seu uso social na pólis-aldeia de São Lourenço dos Índios estava vinculado à memória do martírio do santo e à memória dos parentes indígenas perdidos nas batalhas, o santo foi morto por um imperador romano, inimigo da fé cristã. O fogo assim representava a vitória do mais fraco sobre o mais forte, signo do auxílio divino, como outrora havia ocorrido na vitória dos temiminós contra os tupinambás, nas batalhas de fundação do Rio de Janeiro.

Nesse sentido, podemos interpretar esses versos de valor fundacional: "Por Jesus, meu salvador, / Morto por minhas maldades, / Asso-me sobre esta grade / Com fogo do seu amor". O martírio de São Lourenço é redentor, pois as chamas não lhe ferem ao se lembrar de Cristo e sua crucifixão. Na segunda estrofe, a imagem que vem em sequência é a de Cristo crucificado, o que nos dá uma impressão de uma procissão feita na pólis-aldeia indígena. Temos a fogueira, a imagem de São Lourenço e a agora a imagem de Cristo.

O poeta expressa o sentimento de ver o "bom Jesus", na cruz e com chagas. Na narrativa, quem o vê é São Lourenço, que está em chamas na brasa, mas esse ponto de vista passa aos expectadores. Essa é uma imagem que de forma natural deveria ter sido muito rápida, pois é uma situação muito próxima da morte, mas em um contexto dramático e teatral torna-se uma cena duradoura, simbólica, como se marcasse a suspensão do tempo, de sentir-se também na mesma fogueira que o santo, em uma perspectiva de empatia. Essa suspensão do tempo permitiu a experiência mística do *illo tempore*, do tempo mítico. Então, o poeta canta o que São Lourenço em seu martírio sentia e pensava: "Bom Jesus, quando te vejo / Em a cruz, por mim chagado, / Eu por ti vivo e queimado / Mil vezes morrer desejo".

O jogo teatral e poético traz a presença de São Lourenço para a "pólis-aldeia", em um lapso temporal, que vai da América portuguesa para a Roma antiga, em que o martírio do santo ocorreu, segundo a *Legenda Áurea*. Não se trata de uma narrativa histórica, mas poética, ou mitológica. Após essa imagem, na terceira estrofe surge outro "signo simbólico", depois do fogo: o "sangue redentor", que lava tanto Roma quanto a pólis-aldeia de toda a maldade, o sangue de Cristo. São Lourenço se torna imune ao fogo pelo fogo do amor, e se torna imune à maldade por ser lavado no sangue de Cristo: "Pois teu sangue redentor / Lavou-me toda maldade, / Que eu arda sobre esta grade / Com fogo do teu amor". A cena que se abstrai desta passagem é um possível momento em que a fogueira é apagada, seja com água, ou mesmo com vinho, que represente, simbolicamente, o sangue de Cristo. O ato simbólico de "lavar a maldade", do líquido que purifica opõe-se ao fogo que condena. O choque de elementos no mundo natural possui um valor simbólico no mundo espiritual da "pólis-aldeia", que é purgada da maldade, do mal absoluto por sua adesão à fé cristã.

Um novo fogo é invocado: "O fogo do forte amor, / Ó meu Deus, com que me amas / Mais me queima do que as chamas / E brasas, com seu calor". Esse fogo "do forte amor" é simbólico, não mais físico, pois transcende as chamas e as brasas. A "pólis-aldeia" não precisa mais punir seus inimigos em uma fogueira, pois o "fogo do forte amor" de Deus, sobrenatural, é maior e queima mais do que qualquer fogo natural. Nesse sentido, em uma interpretação histórica, mesmo quando os indígenas temiminós ainda se lembravam de seus parentes mortos pelos tupinambás, nas batalhas de fundação do Rio de Janeiro, inclusive na fogueira, como prisioneiros de guerra, o martírio de São Lourenço lembrava que seus mortos viviam ainda no "fogo do forte amor", e não deveriam mais ser vingados. O tempo de guerra havia terminado.

Assim, o fogo passaria a significar o amor, e não mais a vingança: "Pois teu amor, por meu amor / Fez tanta sublimidade / Que eu morra sobre esta grade / Pelo teu, ó meu Senhor!" Essa estrofe final encerra o primeiro ato e marca o início de uma passagem para a ação no auto. Na sequência, as próximas cenas que também se passam na "pólis-aldeia" mostram o destino dos líderes inimigos dos temiminós, que ainda assombravam como fantasmas a "pólis-aldeia". Era uma descrição de uma batalha espiritual e simbólica, como continuidade da batalha física travada na Baía de Guanabara. Nessa batalha mítica, São Sebastião também se manifesta para auxiliar a "pólis-aldeia" a se reordenar nesse novo *cosmos*, que era a sociedade da América portuguesa quinhentista, uma sociedade convertida.

Conclusão

A título de conclusão, pudemos entrever como uma "mitologia brasílica" estava presente nas obras de Anchieta. Fruto de uma recepção da mitologia grega, os temas e processos de organização textual e simbólica seguiam padrões já estabelecidos em autores anteriores, como Hesíodo,

Homero e debatidos em filósofos como Aristóteles. A percepção e a leitura crítica das obras de Anchieta pelo método desenvolvido pelo Prof. Junito é um tema que carece de maior debate e aprofundamento, mas é possível desenvolver-se uma crítica por esses pressupostos.

As relações entre mito, rito e religião são fundamentais para se interpretar o pensamento da intelectualidade missionária da América portuguesa quinhentista, pois a identidade cultural complexa desse contexto é fruto de uma intersecção da mitologia clássica e da tradição judaico-cristã. Esse é um tema que a crítica especializada ainda está por desenvolver, tendo apoio em uma bibliografia interdisciplinar como o método interpretativo que o Prof. Junito desenvolveu na sua obra *Mitologia Grega*, texto fundamental no cenário acadêmico do Brasil. A recepção da cultura clássica no cenário nacional tem se tornado um fenômeno de interesse para os estudos historiográficos de classicistas das novas gerações, como ferramenta da renovação do debate acadêmico e mesmo de valorização do patrimônio cultural de textos do contexto colonial.

Buscamos com esse estudo contribuir para esse debate crítico sobre as obras escritas na América portuguesa quinhentista, por uma intelectualidade de missionários que era característica desse período histórico. Nosso estudo teve o intuito de demonstrar que formas de pensamento poéticas da antiguidade clássica tiveram uma recepção no contexto do Brasil do século XVI e estão presentes desde os primeiros mitos de fundação, ainda à época colonial, em sua identidade cultural, formada por símbolos antigos e polissêmicos.

14
Grafites do trágico

De *Marco Lucchesi*

Professor Titular da Universidade Federal do Rio de Janeiro (UFRJ), escritor, tradutor de diversas línguas, polímata e Membro da Academia Brasileira de Letras (ABL)

ao *Junito Brandão* – embaixador de Apolo

σ. *Junito Brandão* – πρεσβευτή του Απόλλωνα

Marcos do ensaio de Peter Szondi: "Desde Aristóteles existe uma poética da tragédia; só a partir de Schelling, uma filosofia do trágico". Pequena história do Ocidente. O *Logos* a defender-se do caos.

Domínios do divino: plurais e inconciliáveis.	*A língua impronunciável dos celestes. Difícil compreendê-la, ambígua e fugidia.
A equivocidade é ínsita aos deuses. Ou tão-somente incerta a escuta dos mortais?	*O Rei Creso, da Lídia, e o Oráculo de Delfos. A sua leitura cria uma ferida. O soberano ilustra uma falácia. A anfibologia o devastou. Perdeu o reino para sempre. E habita desde então os manuais de lógica. Destronado, ganhou eternidade.
A tragédia como ideal de um todo vivo, segundo Hölderlin (*das Ideal eines lebendigen Ganzen*), altamente concentrada e isenta de acidentes, como a mais rigorosa das formas poéticas.	*Como resumir o poema "Patmos"? *Fingo simul credoque.*
Não há outra saída, o sofrimento ensina: παθείν, μαθείν. Mas até onde, em que medida?	*Schelling: a mitologia não é alegórica, mas tautegórica. Os deuses nada representam além de si. Mas qual a proporção em Frínico e Eurípides?

Édipo. Teu nome, teu destino. O trágico pendor etimológico.	*Vernant e o enigma da esfinge: 2, 3, 4: não 4, 2, 3. E, contudo, o errado é certo. O enigma espelha o indagado.
Coéforas, 899: "Pílades, que devo fazer? Poupar minha mãe?" (Πυλάδη, τί δράσω; μητέρ' αἰδεσθῶ κτανεῖν) A lenta gestação do fantasma de Hamlet.	*Entre Hamlet e Orestes, Pirandello: "se no momento culminante, quando a marionete que encarna Orestes está para vingar a morte do pai sobre Egisto e a mãe, ocorresse um rasgo no céu do teatrinho, o que aconteceria? [...] Orestes ficaria terrivelmente impactado com aquele buraco [...]. Toda a diferença entre a tragédia antiga e a moderna consiste nisso: um buraco no céu".
A tragédia e a cultura judaico-cristã. As aporias, debaixo do tapete. O mistério do mal na salvação. *Diabolus in musica*. Por que se afasta a polaridade? Na contramão, o ensaio de Kovadloff: O irremediável, Moisés e o espírito trágico do judaísmo. A μεταβολή de Moisés e a sentença de Deus, inapelável, ao impedir-lhe a terra prometida.	*A complexa ἁμαρτία: a exclusão de Moisés e o sacrifício de Isaac. O Rei Cadmo aponta o excesso de Dioniso, nas Bacantes. Penteu errou. Já quem atravessou o Mar Vermelho.
Se o trágico tem fome de aporias, o *logos* se enamora de euporias.	*Segundo Jaspers, o trágico não habita a transcendência, mas acontece em sua temporal aparição.
Não emprestar caráter absoluto ao trágico. Medir a espécie de transcendência que o atravessa.	* Nietzsche: "munida com o chicote dos silogismos, a dialética otimista expulsa a música da tragédia: destrói a própria essência da tragédia, que tem de ser interpretada como manifestação e objetivação de estados dionisíacos, como simbolização visível da música como mundo onírico, de embriaguez dionisíaca".
Ou, ainda, no sonho de Sócrates e a música: "Haverá talvez um reino da sabedoria que não admita o lógico? Quem sabe se a arte é um complemento ou um suplemento necessário da ciência?"	*Em Guadalajara. Hécuba ergue os braços para o céu. A evocação da transcendência. Como esquecer o céu de Pirandello?
A cesura da Antígona genialmente recuperada por Hölderlin. O movimento interno em duas partes. E a mudança no coração (*Herzenänderung*).	*Sobre o tempo do trágico, em Beauffret, quando o deus não é mais um imenso "horloge de lumière qui mesure ce qu'elle manifeste et manifeste ce qu'elle mesure".

Mas os ponteiros digitais prosseguem. Cito a Canção do Destino de Hipérion. Os deuses antigos não cessam de nascer.

Referências

ANCHIETA, J. *De Gestis Mendi de Saa*. São Paulo: Loyola, 1970.

ANCHIETA, J. *Poemas eucarísticos e outros*. São Paulo: Loyola, 1975.

ANCHIETA, J. *Teatro de Anchieta*. São Paulo: Loyola, 1977.

BATISTA, R.O. *Introdução à historiografia da linguística*. São Paulo: Cortez, 2013.

BRANDÃO, J.S. *Mitologia grega*. Vol. 1. Petrópolis: Vozes, 1986.

BRANDÃO, J.S. *Mitologia grega*. Vol. 3. Petrópolis: Vozes, 1989.

BRANDÃO, J.S. *Mitologia grega*. Vol. 2. Petrópolis: Vozes, 2005.

FRANCA, L. *O método pedagógico dos jesuítas: o Ratio Studiorum – Introdução e tradução*. Rio de Janeiro: Agir, 1952.

FARACO, C.A. *História sociopolítica da língua portuguesa*. São Paulo: Parábola, 2016.

KALTNER, L.F. Latin in colonization of sixteenth century Brazil. *Cadernos de Letras da Uff*, n. 26(53), p. 39-60, 2016.

KALTNER, L.F. O Brasil quinhentista e a Historiografia Linguística: interfaces. *Cadernos do CNLF (Cifefil)*, n. 23, p. 424-439, 2019.

KALTNER, L.F. Monumenta Anchietana à luz da Historiografia Linguística: o trabalho filológico de Pe. Armando Cardoso, SJ (1906-2002). *Cadernos de Linguística da Abralin*, ano 1, n. 1, 2020a, p. 1-15.

KALTNER, L.F. *O pensamento linguístico de Anchieta e de Carl von Martius: estudos historiográficos*. Ponta Grossa: Atena, 2020b.

KALTNER, L.F. Por uma edição crítica da gramática de Anchieta (1595). *Revista Philologus*, Rio de Janeiro, ano 26, v. 2. n. 76, set.-dez./2020c, p. 717-731.

KALTNER, L.F. Regna Brasillica: contextualização da arte de gramática da língua mais usada na costa do Brasil (1595). *Revista da Abralin*, n. 19, p. 1-25, 2020d.

KALTNER, L.F. The place of Anchieta's Grammar in the history of linguistic thought in Brazil. *Cadernos de Linguística*, v. 2, n. 1, p. 610, 2022. Disponível em: https://cadernos.abralin.org/index.php/cadernos/article/view/610 Acesso em: 14/02/2022.

LEITE, S. *Suma histórica da Companhia de Jesus no Brasil (assistência de Portugal): 1549-1760*. Lisboa: Junta de Investigação Ultramar, 1965.

MOLINARI, E.L. Cristianização do mundo greco-romano em Anchieta. *Uniletras*, Ponta Grossa, n. 14, p. 7-25, dez./1992.

MOLINARI, E.L. Latinização do mundo indígena em Anchieta. *Uniletras*, Ponta Grossa, n. 19, p. 101-107, dez./1997.

MOUTINHO, M. *Bibliografia para o IV centenário da morte do Beato José de Anchieta, 1597-1997*. São Paulo: Loyola, 1999.

PINHO, S.T. *Humanismo em Portugal – Estudos I e II*. Coimbra: INCM, 2006.

RODRIGUES, A.D. *Línguas brasileiras: para o conhecimento das línguas indígenas*. São Paulo: Loyola, 1986.

SWIGGERS, P. A historiografia da linguística: objeto, objetivos, organização. *Confluência*, n. 44-45, p. 39-59, 2013.

TANNUS, C.A.K. Um olhar sobre a literatura novilatina em Portugal. *Calíope*, n. 16, p. 13-31, 2007.

VASCONCELOS, S. *Chronica da Companhia de Jesus do Estado do Brasil* [1663]. Lisboa: Lopes, 1865.

VIOTTI, H.A. *Anchieta: o Apóstolo do Brasil*. São Paulo: Loyola, 1980.

Sobre os/as autores/as

Amós Coêlho da Silva: mestre em Letras Clássicas (1985) e doutor (1992) em Letras Clássicas, ambos pelo Programa de Pós-Graduação em Letras Clássicas, da Universidade Federal do Rio de Janeiro. Atuou como professor titular na Universidade Gama Filho até 2006. É professor-associado da Universidade do Estado do Rio de Janeiro, com o vínculo de professor-voluntário, bolsista Papd (Programa de Apoio à Pesquisa e Docência) pelo Departamento de Apoio à Produção Científica e Tecnológica: Depesq, Pró-Reitoria de Pós-Graduação e Pesquisa (PR2), da Universidade do Estado do Rio de Janeiro. Tem experiência na área de Letras, com ênfase em Latim, atuando principalmente em: filologia e linguística, intertextualidade; português-literatura, didática; latim; português; texto clássico; filosofia; literatura comparada e recepção clássica. Um dos projetos atuais de pesquisa é *Inscrições vernaculares e literárias da tradição clássica da contemporaneidade*. Atua na Pós-Graduação em Letras *Stricto Sensu* e *Lato Sensu*, do Instituto de Letras, da Uerj – Universidade do Estado do Rio de Janeiro e presidente da Academia Brasileira de Filologia.
Lattes: http://lattes.cnpq.br/5108687360273549
Orcid: https://orcid.org/0000-0003-0685-6259

Carlinda Fragale Pate Nuñez: professora titular de Teoria da Literatura na Universidade do Estado do Rio de Janeiro desde 2018. Possui graduação em Português-literatura pela Universidade Santa Úrsula (1976), mestrado em Ciência da Literatura (1986) e doutorado em Ciência da Literatura (1991) pela Universidade Federal do Rio de Janeiro. Fez estágio de pós-doutorado na Universidade de Friburgo (março 1996-julho 1997), sob a supervisão do Prof.-Dr. Wolfgang Kullmann. Foi coordenadora geral do Programa de

Pós-graduação em Letras nos anos de 2005 e 2006. Ocupou as coordenações do Doutorado em Literatura Comparada e do Mestrado em Teoria da Literatura e Literatura Comparada, em gestões alternadas, entre 2002 e 2014. Foi supervisora dos estágios-sanduíche (PDSE) do PPG-Letras, entre 2003 e 2016. Participa do Diretório de Pesquisa História da Literatura do CNPq, tendo sido subcoordenadora de 2009 a julho de 2012. Foi bolsista do CNPq no triênio de 2009-2012 e procientista com bolsa da Faperj, de 2003 a 2018. Participa do LEC-UFF (Laboratório de Estudos Clássicos da Universidade Federal do Rio de Janeiro) desde 2021. Escreveu *Electra ou uma constelação de sentidos* (2000) e organizou mais de uma dezena de livros acadêmicos. As áreas em que mais atua e produz são Literatura Comparada, Teoria da literatura e Recepção Clássica.
Lattes: http://lattes.cnpq.br/7559773679777718
Orcid: https://orcid.org/0000-0002-7080-4667

Deonisio da Silva: doutorou-se em Literatura Brasileira pela USP (1989). Membro da Academia das Ciências de Lisboa (desde 2017). Vice-presidente da Academia Brasileira de Filologia. É autor de 43 livros, alguns deles publicados também em outros países. Trabalhou na Universidade Estácio de Sá (2003-2020), da qual era vice-reitor quando deixou o sistema Estácio, hoje Yduqs. Desde então coordena projeto editorial na Almedina Brasil, em São Paulo. Romancista e contista de referência na literatura brasileira, seu *magnum opus* é *Avante, soldados: para trás*, publicado também em outros países, que recebeu o Prêmio Internacional *Casa de las Américas* em júri presidido por José Saramago. Também é autor de livros infantojuvenis que contam a história das letras do alfabeto num agradável colóquio do avô com os netos, além de outros livros na área. Na pesquisa, suas obras de referência são *Nos bastidores de censura*, tese de doutoramento na USP (1989), *De onde vêm as palavras* (2021, 18. ed.,. 1.192 p. Edições 70, do Grupo Editorial Almedina), pesquisa permanente de etimologia, e *A vida íntima das frases & outras sentenças* (2020). Foi professor de Português e Inglês no ensino primário e no colegial nos anos de 1960 e 1970. De 1975 a 1981, foi professor na Universidade de Ijuí. De 1981 a 2003, por concurso público, foi professor da Universidade Federal São Carlos (UFSCar). Ali liderou a fundação do Curso de Letras e da Editora da UFSCar, dirigindo-os por vários anos, até aposentar-se em 2003. De 2003 a 2020, na Universidade Es-

tácio de Sá, no Rio, foi vice-reitor e professor titular de Língua Portuguesa, de Latim e de Literaturas de Língua Portuguesa, de onde saiu para trabalhar no Grupo Editorial Almedina, passando a atuar como editor.
Lattes: http://lattes.cnpq.br/0770495616737884

Dulcileide Virginio do Nascimento Braga: professora-associada de Língua Grega e Literatura Clássica na Universidade do Estado do Rio de Janeiro desde 2017. Possui graduação em Letras Português-grego pela Universidade Federal do Rio de Janeiro (1992), mestrado em Letras (Letras Clássicas) pela Universidade Federal do Rio de Janeiro (1997) e doutorado em Letras (Letras Clássicas) pela Universidade Federal do Rio de Janeiro (2007). Participa com destaque em discussões contemporâneas de temas candentes sobre identidade de gênero, o feminino da cultura clássica e o clássico em perspectiva trans-histórica. Membro da Academia Brasileira de Filologia.
Lattes: http://lattes.cnpq.br/3404121616300186

Felippe José Alves Carvalho Silva: graduado em Letras pela PUC-Rio, possui pós-graduação em Administração Escolar, Orientação Educacional, Coordenação Pedagógica e Supervisão Escolar (Inspeção Escolar) pela Universidade Veiga de Almeida. É graduando em Psicologia pela Universidade Veiga de Almeida. Foi bolsista-pesquisador de Iniciação à Pesquisa pela Fundação de Amparo à Pesquisa do Rio de Janeiro (Faperj) no projeto de pesquisa coordenado pela Profa.-Dra. Isabela Fernandes. Leciona na Educação Básica no colégio bilíngue canadense Maple Bear.
Lattes: http://lattes.cnpq.br/9881128848333743

Fernanda Lemos de Lima: doutora em Ciência da Literatura/Literatura Comparada, É professora de Grego Clássico, Literatura Grega e Literatura Clássica, *Koiné* Neotestamentária e Grego Moderno na Universidade do Estado do Rio de Janeiro. Atua igualmente no mestrado e no doutorado em Literatura Comparada e Teoria Literária do Programa de Pós-Graduação em Letras da Uerj e professora do mestrado e doutorado no Programa de Pós-Graduação em Letras Clássicas da UFRJ. Coordena a especialização em *Koiné* Neotestamentária da Uerj, em processo de instalação. Desenvolveu pesquisas relacionadas ao neoplatonismo em *Jâmblico de Cálcis*,

em Plotino. Desenvolve pesquisas voltadas para a permanência dos conceitos neoplatônicos no ambiente cristão do Império Romano do Oriente (no ambiente bizantino). Foi contemplada com fomento APQ1-Faperj pela pesquisa sobre a pintura eclesiástica bizantina e a tradução de livro de referência de Dionisio de Furnas (século XVIII). Membro da Academia Brasileira de Filologia.
Lattes: http://lattes.cnpq.br/6893027747443277

Isabela Fernandes Soares Leite: cursou mestrado (1989) e doutorado em Letras pela Pontifícia Universidade Católica do Rio de Janeiro (1999). Professora-adjunta do Departamento de Letras da Pontifícia Universidade Católica do Rio de Janeiro. Atua em pesquisa na área de Letras Clássicas, orientando alunos com bolsa IC com financiamento da Faperj. É coautora do livro *A vida, a morte e as paixões no mundo antigo*, e possui diversos artigos em livros publicados. É membro honorário do Instituto Junguiano do Rio de Janeiro. Atua em pesquisa e ensino na área de literatura grega e de mitologia ameríndia brasileira.
Lattes: http://lattes.cnpq.br/7988550606964353

Junito de Souza Brandão: quanto à tradução, ele mostra competência e desempenho, como se lê no ensaio *O lirismo: de Sólon a Cartola*, quando, depois de longo manejo de textos gregos e latinos, encontra Heidegger no ensaio *A origem da obra de arte* (*Chemins qui ne menent nulle parte*. Paris: Gallimard, 1962, p. 16 [trad. francesa do livro *Holzwege*])[117]. Assim, sintetiza, de modo preciso, no sentido de *uma tra-dução (trans-ducere, transpor para além)* (*Id., ibid.*). Ou seja, cada um vê o mundo por peculiar intuição e, daí, fixa-se uma particular dedução... Desse modo, lê o "compromisso romano", que, nele, na virtuosidade de Junito Brandão, apreendemos da ótica simbólica, por exemplo de Ovídio, entrevista no mitologema de Narciso, o qual o poeta aprofundou, quando acoplou a ninfa Eco à narrativa mítica helênica[118]. "A ninfa Eco era ausente na versão da oralidade beociana e, até mesmo, na variante do geógrafo Pausânias (século II d.C.)" (Ovide. *Les*

117. Sublinhemos a metáfora implícita da tradução dos títulos francês e alemão acima, respectivamente: *Caminhos que não levam a lugar nenhum* e *Caminhos de madeira*.

118. "Ovide est le premier poète, à notre connaissance, qui ait raconté cette legende de Écho et qui l'ait mise en rapport avec celle de Narcisse."

Metamorphoses. Tomo I. Org. e trad. de G. Lafaye. Paris: Belles Lettres, 1961, p. 81). Graças a este "compromisso ovidiano", identificado *passim* por Junito Brandão, "narcisismo" está dicionarizado em estudos psicanalíticos. Sobre o simbolismo da linguagem e interdisciplinaridade, ele destaca preocupação com sua didática, mas sem demérito na abordagem estético-literária, pois manifesta a atuação de temas, por exemplo, como a questão do engajamento – tão caro a Jean-Paul Sartre, como se lê tanto no verbete "engajamento" quanto em "Sarte, Jean-Paul" (Japiassú, H.; Marcondes, D. *Dicionário Básico de Filosofia*. Rio de Janeiro: Zahar, 2006). De modo que em mitos e poesias de ontem, temos: Sólon, o poeta e a política[119]; *Eros* como antropomorfização não só masculina como feminina; as Olimpíadas: o legado helênico; a importância da leitura realizada por poetas romanos quanto ao "novo" e sua presença em tempos hodiernos... Incluímos o seu panorama do universal: fez literatura comparada numa época em que no Brasil era corrente o termo "paraliteratura". Enfim, deu destaque às identidades nacionais, assinalou as subjetividades tão reprimidas ao longo de milênios. Folheando o *Dicionário Mítico-etimológico da Mitologia Grega*, verbete Hermafrodito, lemos a seguinte observação do Junito: "O espírito grego, curiosamente, quando está muito próximo de atingir a representação precisa e material de uma ideia, recria, retrocede e satisfaz-se com alusões e símbolos, entrincheirando-se nos arquétipos". Ocupou a Cadeira 29 da Academia Brasileira de Filologia.

Leonardo Ferreira Kaltner: professor-associado 3 (classe d) de Língua e Literatura Latinas e docente do Programa de Pós-graduação em Estudos de Linguagem da Universidade Federal Fluminense. Possui graduação em Letras – Português-Latim pela Universidade do Estado do Rio de Janeiro (2005). Especialista em Políticas Públicas (Ensino de línguas adicionais) pela Universidade Federal Fluminense (2016). Mestre (2007) e doutor em Letras Clássicas pela Universidade Federal do Rio de Janeiro (2009). Realizou estágio de pós-doutorado em Letras e Linguagem na Universidade do Estado do Rio de Janeiro (2013). Tem experiência nas áreas de Letras e Linguística, com ênfase em Línguas Clássicas, atuando principalmente nos

119. Põe em relevo, na p. 151 de *Mitologia Grega* (vol. I, 1986), o termo grego *seisákhtheia* e nos dá a etimologia: "retirar o peso, tirar o fardo de..."

seguintes temas: Historiografia da Linguística, Gramaticografia e Linguística Missionária. Membro da Academia Brasileira de Filologia.
Lattes: http://lattes.cnpq.br/1629212111945095
Orcid: https://orcid.org/0000-0003-3690-3132

Márcia Regina de Faria da Silva: obteve graduação e licenciatura em Português-Literaturas (1991) pela Universidade do Estado do Rio de Janeiro, graduação em Português-Latim (1994) pela Universidade Federal do Rio de Janeiro, especialização em Língua e Literatura Latina (1996) pela Universidade Federal do Rio de Janeiro, mestrado (2000) e doutorado (2008) em Letras Clássicas também pela Universidade Federal do Rio de Janeiro. É professora-associada da Universidade do Estado do Rio de Janeiro, tendo ingressado em 2002. Ocupou a chefia do Departamento de Letras Clássicas e Orientais (2012-2015), a vice-direção do Instituto de Letras (2016-2018) e a subchefia do Departamento de Letras Clássicas e Orientais (2019-2020). Ministra Língua Latina, Cultura e Literatura Clássica e Literatura Latina. Coordena projetos de extensão e orienta bolsistas. Tem experiência na área de Língua e Literatura Latina, inclusive em nível de especialização, com aprofundamento em Lírica Elegíaca Latina. Membro da Academia Brasileira de Filologia.
Lattes: http://lattes.cnpq.br/1945341139174936

Marco Americo Lucchesi: professor titular de Literatura Comparada no Departamento de Ciência da Literatura na Universidade Federal do Rio de Janeiro. Formou-se em História pela Universidade Federal Fluminense (UFF). Recebeu os títulos de Mestre e Doutor em Ciência da Literatura, UFRJ, com estágio de pós-doutoramento em Filosofia, pela Capes/Daad no Petrarca Institut da Universidade de Colônia, Alemanha. Experiência na área de Letras. Ênfase em Literatura Comparada. Atua, em especial, nos seguintes temas: poesia, língua e literatura, filosofia, discurso literário e histórico, construção crítica da Modernidade. Foi pesquisador-visitante, no ano de 2022, do Centro de Estudos da Ásia Central, Cáucaso, Turquia, Tibé e Irã, do Departamento de Ásia, África e Mediterrâneo da Universidade Oriental de Nápoles (UniOr). Membro da Academia Brasileira de Letras e a presidiu no quadriênio de 2018-2021. Presidente da Fundação Biblioteca

Nacional. Foi editor das revistas *Poesia Sempre*, *Tempo Brasileiro* e *Mosaico Italiano*. Diretor, entre 2012 e 2017, na fase VIII da *Revista Brasileira*, da Academia Brasileira de Letras. Editor de obras raras da Biblioteca Nacional entre 2006 e 2011. Sócio da Academia das Ciências de Lisboa (sociocorrespondente), Instituto Histórico e Geográfico Brasileiro, Académie de la Latinité, Academia Paraguaya de la Lengua Española (sociocorrespondente), Accademia Lucchese di Scienze, Lettere e Arti, da Academia Fluminense de Letras, Sociedade Brasileira para o Progresso da Ciência (SBPC). Presidente da Sociedade de Amigos do Museu de Imagens do Inconsciente. Desenvolve projetos literários e educativos em comunidades, associações comunitárias, escolas e prisões no Rio de Janeiro. Recebeu diversos prêmios e títulos durante a trajetória profissional; entre eles o Prêmio Internacional da Latinidade (2019), Jabuti (2004 e 2015), Alceu Amoroso Lima (2008), *Doutor Honoris Causa* da Universidade Aurel Vlaicu din Arad (2020) e *Doutor Honoris Causa* da Universitatea Tibiscus (2016).
Lattes: http://lattes.cnpq.br/5798338889765165
Orcid: https://orcid.org/0000-0003-1129-457X

Maria Fernanda Gárbero de Aragão: graduada em Letras– Português/Literaturas (2002), mestra em Teoria da Literatura pela UFJF (2005) e doutora em Literatura Comparada pela Uerj (2009). Em 2019, concluiu o pós-doutoramento em Poéticas da Tradução, na UFMG. É autora do livro *Madres de Plaza de Mayo: à memória do sangue, o legado ao revés* (NEA, 2020), coautora da Coleção Confluência (PNLD, 2018), de livros didáticos em língua espanhola para o Ensino Médio. Vem produzindo artigos científicos e capítulos de livros sobre tradução e recepção de personagens trágicas na literatura, no cinema e no teatro, e organizou o livro que versa sobre a peça *A fronteira*, de David Cureses (UFPR, 2021), por ela traduzida. É professora-associada de Teoria da Literatura na Universidade Federal Rural do Rio de Janeiro. Coordena o Projeto Travessias Críticas (UFRRJ, 2021), pesquisa e traduz textos teatrais em espanhol, italiano, catalão e galego, e integra os grupos de pesquisa Vortit Barbare (UFPR), Grupo de Tradução de Teatro (GTT/UFMG) e o Laboratório de Estudos Clássicos (LEC/UFF).
Lattes: http://lattes.cnpq.br/5726249446758076

Melyssa Cardozo Silva dos Santos: tem graduação em Letras, Português-Latim (2018) e Língua e Literatura Francesa (2022) pela Universidade Federal Fluminense (UFF). É mestre (2021) e doutoranda em Estudos de Linguagem, com ênfase em Historiografia da Linguística, pelo Programa de Pós-Graduação em Estudos de Linguagem (PosLing-UFF). Integra o grupo de pesquisa Filologia, línguas clássicas e línguas formadoras da cultura nacional (Filic/CNPq/ UFF); é diretora de publicações da *Revista Philologus* (CiFEFiL). Tem experiência na área de Letras, atuando nos seguintes temas: Historiografia Linguística e Línguas Clássicas.
Lattes: http://lattes.cnpq.br/9673692911928004
Orcid: https://orcid.org/0000-0003-0279-1611

Miriam Sutter Medeiros: graduada em Letras – Português e Literatura Brasileira, pela Pontifícia Universidade Católica do Rio de Janeiro (1983), possui mestrado em Língua e Literatura Latina (Letras Clássicas) pela Universidade Federal do Rio de Janeiro (1990) e doutorado em Língua e Literatura Latina (Letras Clássicas) pela Universidade Federal do Rio de Janeiro (1994). É professora-adjunta da PUC-Rio e supervisora da área de Letras Clássicas. Ministra as seguintes disciplinas: Latim I, Latim II, Literatura Latina, Gramática Histórica da Língua Portuguesa, Mitologia I, II, Cultura Greco-latina, Oficina de Teatro Antigo, Imagens, Mito e Literatura.
Lattes: http://lattes.cnpq.br/5363523298445922

Paula Pantoja Boechat: médica (UFRJ-1974), mestrado em Psicologia Clínica (PUC-RJ, 2001); especialista em Terapia Familiar Sistêmica (Núcleo, 1990); formação em Psicanálise Junguiana (SBPA, 1990); membro-fundador da AJB (Associação Junguiana do Brasil, 1991); membro da Iaap (International Association For Analytical Psychology, 1990; Zurique, Suíça); autora de artigos em livros e revistas nacionais e internacionais, e do livro *Terapia familiar: mitos, símbolos e arquétipos* (WAK, 2005); ministra aulas em cursos de formação, seminários e supervisões (AJB); coordena o Curso de Formação em Terapia Familiar Sistêmica e Junguiana.
Lattes: http://lattes.cnpq.br/2164664734867622

Simone Caputo Gomes: nascida na cidade maravilhosa do Rio de Janeiro, é professora-sênior de Estudos Comparados de Literaturas de Língua

Portuguesa da Universidade de São Paulo (USP). Doutora em Letras (Literaturas de Língua Portuguesa) pela Pontifícia Universidade Católica do Rio de Janeiro (1988), com mestrado em Letras pela mesma universidade (1979) e Graduação em Letras pela Universidade Federal do Rio de Janeiro (1975). Vários estágios de pós-doutorados (5) realizados, respectivamente, na Universidade de Aveiro, 2 na Universidade de Lisboa, na Universidade de Coimbra e na Universidade Jean Piaget, nas áreas de Literaturas Africanas de Língua Portuguesa (em especial, Literatura Cabo-verdiana e História da Literatura) e Poesia Portuguesa Contemporânea. Membro do Quadro Suplementar da Ordem de Rio Branco (condecorada com o Grau de Cavaleiro outorgado pelo Ministério das Relações Exteriores/Presidência da República, 2021), Brasil. Recebeu em 2007 a Medalha do Vulcão de Primeira Classe, condecoração outorgada pelo Presidente da República de Cabo Verde. Designada como Membro Honorífico da Academia Cabo-verdiana de Letras, pelo Plenário da ACL, em 2013. Membro-fundador do Pen Clube de Cabo Verde. Membro da Cátedra Eugénio Tavares, da Universidade de Cabo Verde. Membro Benemérito da Alaim (Academia Livre de Artes Integradas do Mindelo, Cabo Verde), Cadeira D4. Coordenadora dos convênios internacionais da Faculdade de Filosofia, Letras e Ciências Humanas da Universidade de São Paulo com as Universidades de Cabo Verde (Unicv), Universidade Jean Piaget (Unipiaget) e Universidade do Mindelo, todas da República de Cabo Verde. Conselheira (assessora), junto à Associação de Escritores Cabo-verdianos (AEC), para a criação da Academia Cabo-verdiana de Letras (fundada em 2013), bem como para desenvolvimento de projetos comuns relativos aos escritores cabo-verdianos no âmbito da Associação de Escritores Cabo-verdianos e da Academia. Comenda Oxum Muiwá, outorgada pela Universidade Estadual da Bahia (Uneb), 2010. Assessora de vários órgãos de fomento no país e exterior. Assessora *ad hoc* de universidades como Harvard, Michigan, Minnesota e King's College. Líder de grupo de pesquisa Estudos cabo-verdianos: literatura e cultura, CNPq/USP. Coordenadora-geral do Evento Contravento, Pedra a Pedra: I Seminário Internacional de Estudos Cabo-verdianos, 2008. Publicações: livros e ensaios no país e no exterior, destacando-se obras: *Uma recuperação de raiz: Cabo Verde na obra de Daniel Filipe*; *Cabo Verde: literatura em chão de cultura*; *Arménio Vieira*, Prémio Camões 2008; *Literatura Cabo-verdiana: seleta de poesia e prosa em língua portuguesa*

(org.); *Cabo Verde: 100 poemas escolhidos* (org.); *Contravento, Pedra a Pedra: conferências do I Seminário Internacional de Estudos Cabo-verdianos* 2008 (org.); *Cabo Verde: prosa literária pós-independência* (org.); *Luis Romano: Comentários litero-verdianos* (org.). Participa, como convidada, da equipe de National Epics, portal internacional sobre a épica dos países, com verbete, além de ensaio sobre Cabo Verde, a ser publicado.
Lattes: http://lattes.cnpq.br/4363363545701714
Orcid: https://orcid.org/0000-0002-4893-2937

Tereza Virgínia Ribeiro Barbosa: possui graduação em Português-grego pela Universidade Federal de Minas Gerais (UFMG), mestrado em Estudos Linguísticos pela UFMG (1990), sob orientação de Maria Helena da Rocha Pereira e John Robert Ross, e doutorado em Linguística e Língua Portuguesa pela Universidade Estadual Paulista Júlio de Mesquita Filho (1997), sob a orientação de Alceu Dias Lima e Maria Helena da Rocha Pereira (bolsa-sanduíche Capes, na Universidade de Coimbra). Realizou pós-doutorado na Universidade de São Paulo, com pesquisa sobre drama satírico grego (supervisão de Filomena Hirata) e, em 2011, realizou estágio de aperfeiçoamento em teoria da tradução com Andreia Guerini, UFSC. É titular da UFMG (língua e literaturas gregas), membro da Sociedade Brasileira de Estudos Clássicos (Sbec), coordenadora do Grupo de Pesquisa Tradução de Teatro (GTT/CNPq – dgp.cnpq.br/dgp/espelhogrupo/2619561454151060) e pesquisadora do Neam (Núcleo de Estudos Antigos e Medievais da Fale/Fafich-UFMG). Tem experiência na área de Letras, com ênfase em Tragédia Grega, atuando principalmente nos seguintes temas: teatro antigo, tradução, épica grega, drama satírico, mitologia, estudo do riso na Antiguidade, literatura clássica e outras literaturas, tradição e renovação no teatro antigo e tradição clássica na Literatura Brasileira. Participou da elaboração do *Dicionário Grego-português* e desenvolve trabalhos também nas áreas de Teorias da Tradução, Lexicografia, Semântica e Análise do Discurso. Traduziu (com comentários verso a verso) *Icneutas*, de Sófocles (Ed. UFMG, 2012), e produziu (em coautoria) uma tradução por imagens (história em quadrinhos) da *Ilíada*, de Homero: tradução em quadrinhos (RHJ, 2013) e a *Odisseia em quadrinhos* (Peirópolis, 2013). É diretora de tradução da Trupersa (trupe de tradução de teatro antigo) e co-organizadora do livro *Pescando imagens com rede textual: Hq como tradução* (Peirópolis, 2013) e do

livro *Ensaios sobre Mário de Carvalho* (Ed. da Universidade de Coimbra, 2012) e do livro *Violência e transgressão: uma trajetória da humanidade* (Ed. da Universidade de Coimbra, 2014).
Lattes: http://lattes.cnpq.br/9710472636673874
Orcid: https://orcid.org/0000 0001-8449-0411

Walter Fonseca Boechat: médico, diplomado pelo C.G. Jung Institut Zurich (1979) e doutorado em Saúde Coletiva pelo Instituto de Medicina Social (IMS) da Universidade do Estado do Rio de Janeiro (2004). É membro-fundador da Associação Junguiana do Brasil (AJB). Foi representante da AJB no Executive Committee (diretoria) da International Association for Analytical Psychology (Zurique, Suíça) no período de 2007 a 2013. Atua no Núcleo de Bioética e Ética Aplicada da UFRJ. É assessor técnico da Coleção Reflexões Junguianas da Editora Vozes. Também fez parte da equipe da Editora Vozes encarregada do lançamento no Brasil das obras de C.G. Jung: *O Livro Vermelho* e *Os Livros Negros*, como revisor da tradução do original alemão. Tem diversos artigos e livros publicados no Brasil e no exterior, incluindo: *O Livro Vermelho de C.G. Jung – Jornada para profundidades desconhecidas*. 3. reimpr. Petrópolis: Vozes, 2021. Também com edições em inglês (Londres: Karnac, 2017) e em espanhol (Buenos Aires: Letra Viva, 2019).
Lattes: http://lattes.cnpq.br/7525075089843612
Contato: walter.boechat@gmail.com

EDITORA VOZES LTDA.
Rua Frei Luís, 100 – Centro – Cep 25689-900 – Petrópolis, RJ
Tel.: (24) 2233-9000 – E-mail: vendas@vozes.com.br